新 文系ウソ社会の研究

悪とペテンの仕組を解明する

長浜浩明

展転社

はじめに

わが国には理解不能なことが多すぎる。「日本人の頭は悪い病気に蝕まれているのではないか」と思われる程だ。この臭気は子供の頃から感じており、故に理系を選択したが、それが幸いした。入った大学で江藤淳先生に巡り合えたからだ。先生の謦咳《けいがい》に接した私は衝撃を受け、理解不能な文系社会に興味を抱き、仕事の合間に学んできた成果を『文系ウソ社会の研究』、正、続　として出版したが絶版となって久しい。

その後、古代史の解明に取り掛かった。戦後、定説とされた「日本人のルーツ」や「日本の建国史」もウソと直感しており、それは解けそうで解けない、喉に刺さった魚の小骨のようなものだったからだ。手元には半世紀近く蓄積した古代史関連データがあり、それらに科学的・論理的検討を加え、約五年かけて、長いあいだ石棺に封印されていた古代史の真実を蘇らせた。もはや、日本人や韓国人のルーツ、神武東征から邪馬台国まで、解明不能と思われてきた古代史への疑念は一点もない。

その間、『脱原発を論破する』を出版した。福島原子力災害に端を発するバカ騒ぎと放射線や原発の何たるかを知らぬまま、いたずらに恐れる人々に呆れ、哀れだったからだ。

その後、グリスウォルドの『米国極東政策史』（昭和十六年訳）に依拠した、『日本とアメリカ　戦争から平和へ』上、中、下　三冊を上梓した。これは明治からソ連崩壊までの日米関係の通史であり、米国の対日政策を知ることで、私の内なる近現代史の疑念を解き明かすことができた。

そして今、かつての『文系ウソ社会の研究』正、続　を再構成し、新たなエピソードを加えた本書を出版する機会に恵まれた。

日本人は騙されやすい。それは、子供の頃から「ウソをつくことは悪いことだ」と教えられるため、「人というものはウソをつかない」と思っているからだ。だが日本書紀や古事記にもある通り、また歴史を紐解けば分る通り、ことに及んでは敵を欺《あざむ》かねばならぬこともある。

今も中共、韓国、北朝鮮などは平気でウソをついているが、それは別物、宿痾《しゅくあ》である。故に治癒の見込みはなく、彼らに接する場合、「騙された方が愚か」、「係わった自分が愚か」と心すべきなのだ。

そして戦前は右翼であり、戦後は左翼に転向した朝日やNHKなどは、日本を、即ち私たちを陥《おとしい》れ、貶《おとし》めるべく活動してきたことに気付いた方も多いのではないか。それは、ソ連崩壊という衝撃を受けた左翼が「日本を貶める為なら平気でウソをつく」変種になっていたからだ。その結果、ウソにウソが堆積され、日本もウソにまみれて奈落の底へ転落する恐れが出てきた。このままでは明日の日本は危うい。

今、ウソまみれの日本とマスコミ業者による「騙しのテクニック」を知ってしまったのに、知らんふりではこれほどの不誠実、不正直はありますまい。彼らの情報操作により、知らず知らずのうちに信じさせられている「ウソ」を、私たちが認識するようになれば、日本に堆積・腐敗し悪臭を放つ「ウソ」も徐々に解体・浄化されるのではないか。

そしていつの日か、朝日やNHKなどのご主人様が「祖国日本」になれば、明日への展望も開けるはずである。日本人なら誰もがその日が来ることを願っている。

目次

新文系ウソ社会の研究——悪とペテンの仕組を解明する

第三章　「右翼と左翼」の本質とは

第二部　歴史に学ぶウソと真実

第四章　「慰安婦強制連行」のウソと顛末

第五章　「朝鮮人強制連行」と云うウソ

第六章　戦後生まれのウソ「南京大虐殺」

第三部　ダマしのテクニック・解明から超克へ

第十三章　ファクタとファクタ・ディクタの峻別

第十四章　「ウソ」をつく者は偽写真も流す

第十五章　左翼とサタンは兄弟である

カバーデザイン　古村奈々＋Zapping Studio

凡例

一　日本人は、古来より日本列島に日本人が住んでいるから、「どこの国でもそうではないか」と思いがちだが、世界広しといえども、そのような国は希である。故に、この延長でシナ大陸の記述を行うと、話が分らなくなる。
・そこで地理的概念はシナ、支那を用いた。
・清以前は各王朝名を記し、人はシナ人（支那人）とした。
・一九一一年の辛亥革命の後の国名は中国（中華民国）、一九四九年に共産党がシナの権力を握った後は中共（中華人民共和国）とした。人をはいずれも中国人とした。

二　年代は原則として元号で表記した。西暦換算する場合は次を参照願いたい。
明治元年は一八六八年
明治四十五年と大正元年は一九一二年
大正十五年と昭和元年は一九二六年
昭和六十四年と平成元年は一九八九年

三　引用文の末にあるカッコ内数値は、引用文献のページを表す。

四　文の傍点は全て筆者にて加えたものである。

第一部　ウソ社会の基本構造

第一章　戦後日本「転落」の軌跡

検閲を暴いた巨星・江藤淳

正門から時計台を見上げ、本館に入って左に曲がると二百席ほどの平場の教室があった。前方を見ると薄灯りの中、教壇に立ち、俯《うつむ》き加減に話しておられた小柄な先生を今も覚えている。

何故、この大学に先生が迎えられたのか知る由もなかったが、私が学生の頃、先生は一般教養の「文学」を教えていた。

今にして思うと先生こそ戦後日本の虚構を暴いた巨星だった。それから三十年以上過ぎ、突然の自裁により旅立った先生の著作を読み直すことで、「これが元凶だったのか」と虚構の「根」を再認識した次第である。では先生はどの様な疑問を持ち、戦後日本の闇に光を当てて行ったのか、『閉ざされた言語空間』を通して概観したい。

昭和四十四年から五十三年まで、毎日新聞に文芸時評を書いていた先生は次のように語る。

《来る月も来る月も、その月の雑誌に発表された文系作品を読みながら、私は、自分たちがそのなかで呼吸しているはずの言語空間が、奇妙に閉ざされ、奇妙に拘束されているというもどかしさを、感じないわけにはいかなかった。

いわば作家たちは、虚構の中でもう一つの虚構を作ることに専念していた。そう感じるたびに、私は、自分たちを閉じこめ、拘束している虚構の正体を知りたいと思った。》

戦後社会には関係者が決して口外できない「暗黙の共犯関係」があった。だがそれは注意深く息を潜め、表舞台に姿を表さないまま表の世界を拘束していた。

先生は「検閲」の事実をつきとめた

戦後、あれほど広範かつ徹底的に行われ、朝日新聞（以下　朝日）やNHKを筆頭に多くのマスコミ業者が関与していたのに、日本には「連合国軍最高司令官指令本部（以下　GHQ）」の命令による検閲関連文献は皆無だった。主権回復後も、誰一人としてこの事実を詳《つまび》らかにする者はいなかった。

この異常さを肌で感じた先生は、「虚構の正体を知りたいと思うなら米国に行かなければならない、占領軍が行った占領政策の実態を見定めなければならない」と決意された。そして昭和五十四年秋から九ヶ月間、研究題目を『米占領軍の検閲とそれが戦後日本文学に及ぼした影響』と定め、国際交流基金の派遣研究員として渡米し、占領時代の文献を渉猟《しょうりょう》された。

対する米国は全面協力し、求められた資料は何でも提供した。そして先生の調査研究のお陰で、戦後の日本では徹底的な「検閲」が行われていたことが明らかになった。

昭和二十一年十一月三日に公布された日本国憲法第二十一条には次のようにある。

②検閲は、これをしてはならない。通信の秘密は、これを侵してはならない。

だがGHQの傀儡《かいらい》・日本政府はもとより、護憲を自認する共産党、社会党、左翼までもが違憲検閲に加担し、ジャーナリスト、マスコミ業者、出版社、歴史学者、教育者、小説家、映画監督、短歌や俳人に至るまで「検閲」を受けていたことを暴いた先生は、「一大センセーションが起こると思いきや、そうではなかった」と述懐された。

《メディアの反応は不思議なものであった。反論するでもなく、論争を挑むでもなく、反省や釈明をするでもなく、只ひたすら『さわらぬ神に祟《たた》り無し』と黙殺に終始し、逃げ回った。》

確かに戦前の検閲への言及は見かけるが、産経新聞（以下　産経）を除き、朝日やNHKなどによる戦後検閲をテーマとした記事やドキュメンタリー番組は見たことがない。彼らには強固な黙契があり、不思議なことに戦後検閲への言及は今もタブーなのだ。

検閲を禁じたポツダム宣言

昭和二十年八月十四日、日本はポツダム宣言を受諾することで敗戦を迎えた。その瞬間も日本の統治機構や社会秩序は維持され、都電も何事も無かったかのように都内を走っていた。

熱戦はその十三に明記されているとおり、日本政府が「全日本軍隊の無条件降伏」を受諾することで終結した。米国は日本政府に日本軍の武装解除を要求し、日本はこれを忠実に実行した。ここが日本とドイツの相違点である。

ドイツは統治機構が崩壊し、国家が無条件降伏したのだから戦勝国による分割統治や検閲が行われても「国内法や国際法への違背」という懸念はなかった。対する日本は、国体の護持と言論の自由が保証されることを条件に、ポツダム宣言を受諾したことは次の条文で確認できる。

> 十、（中略）日本国政府は日本国国民の間に於ける民主主義的傾向の復活強化に対する一切の障《しょう》碍《がい》を除去すべし言論、宗教及思想の自由並びに基本的人権の尊重は確立せらるべし

この宣言は「日米はもとより署名した連合国も守る義務のある国際協約であり、双務的拘束力を持つ」はずだった。だがスターリンの催眠から目覚めていなかった米国は、日本人を列島に閉じ込め、日本精神を破壊し、滅亡に導く戦いを決意していた。そのため、予《かね》てより計画していた占領政策、即ち、過去の日本を断罪する世論を形成する計画を実行に移した。

直ちに転向したマスコミ業者

戦後、朝鮮人による不法行為、米兵による殺人、レイプ、強盗などが頻発していた。衝撃的だったのは拉致された少女が二十七人もの米兵に輪姦された事件だった。だが警察は彼らの犯罪を取り締まれなかった。それに対し新聞は、ポツダム宣言の記す「言論の自由」を信じ、彼らの悪行を盛んに報じていた。

だが九月十四日、同盟通信社はGHQにより二十四時間の業務停止を命じられた。そして業務が再開されたとき、「同社の配信は国内に限られ、社内に駐在する米陸軍代表者によって百%の検閲を受ける」ことになった。GHQは、米兵の非行と実際の占領政策が海外へ発信されるのを恐れ、日本を情報封鎖したのだ。

九月十八日、朝日は四十八時間の発行停止処分を受けた。それは朝日が、米兵の悪行を報じたことがGHQの逆鱗《げきりん》に触れたからと云われる。その後、発行された朝日の紙面は一変していた。米兵の強盗、強姦等は頻発していたが、朝日は「米兵」という言葉は使わなくなった。

九月十九日から二十日までの二十四時間、ニッポン・タイムズは発行を停止させられた。

十月一日には東洋経済新報の九月二十九日号が回収命令を受け、裁断処分に付された。

十一月になると、GHQは同盟通信社を解体し、一般報道部門は共同通信社、経済報道部門は時事通信社に分割した。今も共同通信に反日色が強いのは、GHQにより産み落とされ「検閲済み一般報道機関」として活動し、且つこの事実を隠蔽し続けていることと無縁ではない。

これらを見れば、占領直後から「言論の自由」とは真逆の言論弾圧が加えられ、ポツダム宣言の保証した「基本的人権の尊重」など消え失せたことが分る。

これを境に日本の新聞、雑誌などの論調に一大転換が起こった。ＧＨＱの認める価値観での活動しか許可されないことを知ったマスコミ業者は、直ちに転向し、政治家や役人は勿論、教育者、歴史学者から左翼に至るまで進んでＧＨＱに協力し始めた。彼らは検閲を受けながら「言論の自由が訪れた」と言い出した。程なく芸術活動を含む全分野がＧＨＱの検閲に組しかれ、日本的価値観に基づく活動を停止した。それを嫌う者、例えば戦前に戦争画の名作を残した藤田嗣治などは「戦争協力者」と糾弾され、逃れるようにフランスへ移り住んでいった。

だから「業」を守るため、違憲の検閲済報道を繰り返し、今も真実を語らない朝日やＮＨＫなどを「業者」と呼ぶのに遠慮は無用である。

転向左翼・売国奴という醜業者

戦前、丸山真男や家永三郎は「皇国史観」を身に纏《まと》った完璧な右翼だった。虚弱体質故、徴兵検査不合格の家永などは「ペンを持って皇国の御盾とならん」と語り、戦争に協力し、若者を戦場に送り込んでいた極右だった。

ところが、日本が敗れると彼らは「食」と「職」を求めて直ちに寝返った。戦前の価値観をいとも簡単に捨て去り、左翼思想を身に纏うことで教職追放を免れ、この間まで忠誠を誓ったはずの祖国と決別し、ＧＨＱに尾を振りながら日本に向かって吠え出した。戦前は軍部に、戦後はＧＨＱに、次いで中ソに迎合する彼らは、「生活の糧を得るためなら時の権力者に阿《おもね》るのは当然」という思想の持主だった。

朝鮮戦争の勃発で、中島飛行機工場のあった私の町からも米軍は去って行き、売春婦も消えていった。彼女らは醜業から解放され肉体的自由を獲得していったのだ。

やがて日本は主権を回復し、マスコミ業者や文系業者にも思想的・人格的破産から回復する機会が訪れた。だから彼らも精神的自由を獲得し、日本人としての矜持《きょうじ》を回復すると信じられていた。だが彼らの破産はそんな生易しいものではなく、彼らの多くは元に戻らなかった。

その後の彼らは、国の名誉も国益も中ソや北朝鮮へと次々に売り渡す左翼になった。

「売った」というのは抽象的な意味ではなく、日本共産党などは中ソから多額の金銭を受け取り、売国活動に精を出した。金丸信のように、北朝鮮からと思《おぼ》しき金の延べ棒を受け取り、戦後補償を言い出した自民党代議士も居た。橋本龍太郎首相のように、中共女性との同衾《どうきん》関係の見返りに、多額の対中援助を行った疑念のある者もいた。

人は、国もそうだが、何を語るかではなく、何を行うかで本質が明らかになる。次々に相手を変え、日本の国益と名誉を売り渡し、対価を受け取る彼らが精神的売春婦と重なる理由がここにある。

ＧＨＱの犬になり下がった朝日やＮＨＫ

昭和二十年九月二九日、ＧＨＱは『新聞と言論の自由に関する新措置』を日本政府に通知した。これは恰《あたか》も、言論の自由を規制している従前の法令を撤廃するかのような印象を与えたが、それは「忠誠を誓うご主人様を日本からＧＨＱにせよ」なる指令だった。

この通知が業者に与えた特権とは、「占領軍の意を汲んだ如何なる政策ないしは意見を表明しようと、日本政府から処罰されることがない地位を与えられた」だった。即ち、「ＧＨＱの犬（回し者）」となる限りの自由、本物の自由とは似て非なるものだった。

マスコミ業者や言論人にとって、この通知はご主人様が代わったことを意味し、戦前から軍部に迎合し、虚偽報道を繰り返してきた朝日やＮＨＫにとってお安い御用だった。

《それが直接には占領軍の当局の実施した検閲の影響であることは自明だとしても、そのとき日本人の心の内と外で一体何が起こったのか、私はあたう限り正確に知りたいと思った。それは単に、好奇心からではない。（中略）私はその当時起こったことが現在もなお起こり続けている、という一種不可思議な感覚を、どうしても拭い去ることができなかったからである。》

先生は「この時を境に日本の言論機関、特に新聞は、世界に類例のない一種国籍不明の言論媒体に変質させられた」と指摘する。その後、彼らの多くは左傾した反日言論媒体へと変って行く。

「検閲」を隠蔽したマスコミ業者

昭和二十年九月三十日、『日本に於ける太平洋陸軍民間検閲基本計画』第二次改訂版が完成した。その概要は次のような徹底した検閲とその隠蔽だった（カッコ内　引用者補足）。

《1．新聞及び出版　日本の英字新聞は事前検閲を受ける。（検閲）要員事情が許す限り主要新聞は事前検閲される。

2．通信社　日本国内にある一切の通信社の頒布するニュースは事前検閲される。

3．ラジオ放送　ニュースの放送は全て台本を提出して事前検閲を受ける。

4．映画等　日本のニュース映画、娯楽を含む一切の映画は試写の段階で検閲される。

5．調査課　種々の報道に対する日本人の反応を査定（私信を含む郵便物の開封、電話盗聴をして調べる）する。》

更に『雑誌及び定期刊行物の事前検閲に関する手続き』で検閲の痕跡を残すことを禁じた。

《9．訂正は常に必ず制作者の組み直しを以てなすべく、絶対に削除箇所をインキにて抹消し、余白として残し、或いはその他の方法を以てなすべからず。尚、ゲラ刷りを提出せる後は、検閲部

の承認なき追加又は変更をなす事を得ず。》

その上で、「検閲済」新聞や書籍であることが気付かれぬよう具体的な注意が命じられた。

《出版社への注意書

一、削除を指令されたる場合は、左の如き行為をせず、必ず組み替え印刷すること

　1．墨にて塗りつぶすこと　2．白紙をはること　3．○○○等で埋めること

　4．白くブランクすること　5．ページを破り取ること

（以下略）

四、書籍は理由の如何を問わず事前検閲とす（中略）。

七、印刷後の納本は、理由の如何を問わず遅滞することを禁ず

民間検閲局　出版物検閲部》

十月五日、GHQは朝日、毎日、読売報知、日本産業新聞、東京新聞の在京五社の編集局長を呼出し、「九月十四日以来同盟通信社に対して実施していたニュースの事前検閲を五紙に拡張実施する」旨、申し渡した（ここに産経新聞が入っていなかったのは幸いだった）。そして違反者には青白きインテリの恐れる「重労働」という「厳罰」で威嚇した。

十月八日、事前検閲は開始され、以後、NHK、新聞、雑誌、全ての書籍、言論、歴史、古代史、教育、文芸から娯楽映画、歌詞に至るまで、全て「検閲済」のものだけが国民の知るところとなった。

戦前も検閲は行われていたが、その実態とは検閲箇所を○○等としたものだった。関係法令は公表され、検閲は公然と行われていたから誰もがその事実を承知していた。

戦後検閲の異質さは、表向きはポツダム宣言や憲法で「言論の自由」を保証しておきながら、徹底的な検閲が行われ、且つ検閲の事実を秘匿したことにある。

日本を拘束してきた「検閲基準」とは

昭和二十一年一月二十一日から二十六日まで検閲学校が開かれた。即ち、生きるため検閲官に応募した多くの日本人がいたことになる。同時に先生は次なる「検閲指針」が確立していたことを米国国立公文書館分室の資料から明らかにした。

《削除または掲載禁止の対象となるもの

一. 連合国最高司令官に対する批判

二. 極東軍事裁判批判

三. 占領軍が憲法を起草したことに対する批判

四. 検閲制度への言及・・・・・

五〜十一．合衆国、ロシア、英国、朝鮮人、中国、他の連合国、連合国一般に対する批判。
十二．満州での日本人の取扱いに対する批判
十三．連合国の戦前の政策に対する批判
十四．第三次世界大戦への言及
十五．ソ連対西側諸国の冷戦に関する言及
十六．大東亜戦争擁護の宣伝
十七．神国日本の宣伝
十八．軍国主義の宣伝
十九．ナショナリズムの宣伝
二十．大東亜共栄圏の宣伝
二一．その他の宣伝
二二．戦争犯罪人の正当化及び擁護
二三．占領軍兵士と日本女性の交渉
二四．闇市の状況
二五．占領軍軍隊に対する批判
二六．飢餓の誇張
二七．暴力と不穏行動の煽動

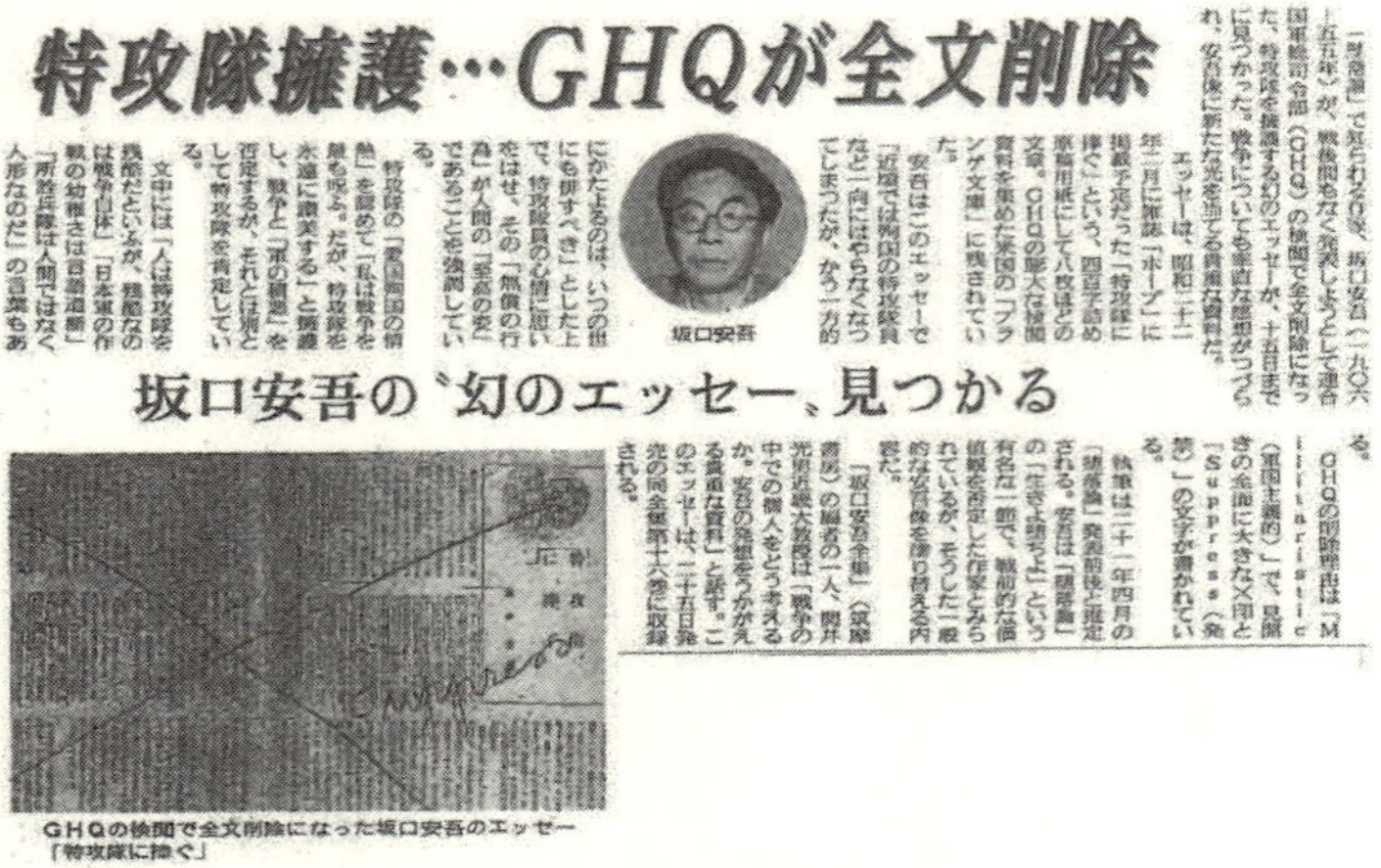

特攻隊擁護…GHQが全文削除

坂口安吾の〝幻のエッセー〟見つかる

『堕落論』で知られる作家、坂口安吾（一九〇六―五五年）が、戦後間もなく発表しようとして連合国軍総司令部（GHQ）の検閲で全文削除になった、特攻隊を擁護する幻のエッセーが、十五日までに見つかった。戦争について率直な感想がつづられ、安吾像に新たな光を当てる貴重な資料だ。

エッセーは、昭和二十二年二月に雑誌「ホープ」に掲載予定だった「特攻隊に捧ぐ」という、四百字詰め原稿用紙にして八枚ほどの文章。GHQの膨大な検閲資料を集めた米国の「プランゲ文庫」に残されていた。

安吾はこのエッセーで「近頃では例の特攻隊員など一向にはやらなくなってしまったが、かつ一方的にかたよるのは、いつの世にも排すべき」とした上で、特攻隊員の心情に思いをはせ、その「無償の行為」が人間の「至高の愛」であることを強調している。

特攻隊の「愛国殉国の情熱」を認めて「私は戦争を最も呪ふ。だが、特攻隊を永遠に讃美する」と断言し、戦争と「軍の暴虐」を否定するが、それとは別として特攻隊を肯定している。

文中には「人は特攻隊を残酷だといふが、残酷なのは戦争自体」「日本軍の作戦の幼稚さは言語道断」「特攻兵隊は人間ではなく人形なのだ」の言葉もある。

GHQの削除理由は「Militaristic（軍国主義的）」で、見開きの余白に大きな×印と「Suppress（発禁）」の文字が書かれている。

執筆は二十一年四月の「堕落論」発表前後と推定される。安吾は「堕落論」の「生きよ堕ちよ」という有名な一節で、戦前的な価値観を否定した作家とみられているが、そうした一般的な安吾像を塗り替える内容だ。

「坂口安吾全集」（筑摩書房）の編者の一人、関井光男近畿大教授は「戦争の中での個人をどう考えるか。安吾の発想をうかがえる貴重な資料」と話す。このエッセーは、二十五日発売の同全集第十六巻に収録される。

坂口安吾

GHQの検閲で全文削除になった坂口安吾のエッセー「特攻隊に捧ぐ」

「産経新聞」平成12年4月15日

二八．虚偽の報道
二九．占領軍または地方軍政部に対する不適切な言及
三十．解禁されていない報道の公表》

米国の検閲は厳しく、検閲下の日本人が、見たもの、聞いたもの、読んだもの、時には会話さえ、三十の検閲基準に合格したものだけとなった。文学作品、映画のセリフ、小説、詩、短歌、俳句、歌詞、評論、論文、回想録、手記、選挙演説まで検閲対象となった。坂口安吾の『特攻隊に捧ぐ』なるエッセイも全文削除となった。

焼け跡の菜園雨にうたれをり
一円と二十銭なる竹槍でみいくさせしも夢のまた夢

これらの作品も「米国の利益に反する」との理由で没になったことを先生は明らかにした。そして朝日やNHKなどは検閲を受けながら、言論の自由を謳歌している

ように装い、国民を欺きながら肥大化していった。

GHQによる公職追放と左翼の流入

日本軍の武装解除が完了すると米国は勝手に振舞うようになった。中共のチベット侵略を見れば明らかなように、ある国を支配するには占領政権に盲従する者を残し、反対する者は抹殺する必要がある。だがポツダム宣言故、米国は邪魔な日本人を抹殺できなかった。そこで使ったのが公職追放である。

昭和二十年十月四日、GHQは「政治的市民的宗教的自由に対する制限の撤廃」を発表し、内務大臣、警察幹部、特高警察全員を罷免して再任を禁止した。その目的は、共産主義者を抑えていた国家組織を壊滅させることにあり、以後、日本政府は彼らを取り締まれなくなった。これは占領軍民生局の社会主義者、ホイットニー局長とケーディス次長、ハーバート・ノーマン（ソ連のスパイ、一九五七年に自殺）の主導で行われた。

翌年一月四日、GHQは「好ましくない人物の公職より除去に関する覚書」を発し、次なる人物の追放を実行に移した。

A項：戦争犯罪人　B項：職業軍人　C項：極端な国家主義団体などの有力分子

D項：大政翼賛会などの有力分子

E項：日本の膨張に関係した金融機関並びに開発機構の役員

F項：占領地の行政官など　　G項：その他の軍国主義者および極端な国家主義者

《大量の戦犯処刑と「公職追放（パージ）」は第二次世界大戦の最大の特徴であったといわれる。一国の指導者を全部「公的な地位」から追放して新しい指導者と入れ替えた。（中略）

要するに、日本から陸海軍の現役将校をはじめ、軍国主義、民族主義、国家主義の団体に所属していた者、及び村長や市長など自治体の長や青壮年団の団長等、評論家までも含めて総数二十万九千九百人が公職から追放されたのである。（中略）

一切の公職から追放されたということは、生活権を奪われ、格子無き牢獄に繋がれたのである。私自身も『大亜細亜協会』に勤務しアジア諸国の独立運動を助力したため、G項パージとなり生活苦をいやというほど味あわされた経験がある。》（『靖国』平成十五年十二月一日）

これは田中正明氏の述懐であるが、追放された人々は社会的影響力を失い、生きるため農業を中心とする一次産業に従事するより他なかった。その後、公職追放は、地方政界、一般財界、言論界、有力会社、新聞社へと拡大し、その空白域に戦前に追放された左翼や転向左翼が流入してきた。

国内ではあらゆる分野での公職追放、国内外では証拠を無視した戦犯容疑者の拘留と大量処刑、更に東京裁判の最中でもあり、次に誰が拘留されるか皆戦々恐々としていた。

米国が憲法第九条に固執した理由とは

日本国憲法は、国際法上は戦争状態が継続している占領期間中に米国が強制したのだから、占領統治を行う原住民に、「戦力は保持させない」、「交戦権は認めない」は当然だった。日本軍との激戦の記憶が生々しい米国にとって、日本に軍隊を認めると、新生日本軍がＧＨＱや占領軍に銃口を向ける可能性もゼロではない、と危惧したからだ。

だが日本人は「日本国の憲法を作る」つもりでいたから、「軍隊の保持」は当然だった。

そこで米国は、米国起草の憲法九条を認めさせるため、国会議員に対して公職追放を含む最大限の圧力をかけた。先ず、幣原内閣の五人の大臣を追放、辞任させ、四月の総選挙では立候補予定の三百二十一名を公職追放し立候補させなかった。

昭和二十一年四月の総選挙では日本自由党が勝利し、鳩山一郎が次期首相になるはずだったが追放、六月にＧＨＱのポチ、吉田茂を首相の座に据えた。

その上で第九十回帝国議会が開かれ、憲法審議が行われたが、審議中の七月には反対しそうな貴族院議員百六十九名を追放し、その後の選挙で当選した者の十名を追放することで米国は、「米国製の憲法草案に賛成しなければ追放する」という圧力をかけ続けた。

同年八月二十四日、日本共産党の野坂参三は憲法「第二章　戦争放棄」に反対した。「我国の自衛権を放棄して民族の独立を危うくする危険がある、それ故に我が党は民族独立のためにこの憲法に反対しなければならない」と。

日共にもまともな時代があったのだ。それに対し米国は、吉田に「自衛戦争も認めないと答弁しろ」と指令した。このような政治状況の中で十一月に日本国憲法が制定されたが、そこに正当性などあろうはずがない。

なぜ大学や小中高は左翼の巣窟となったか

米国は日本兵の頑強さを戦前の教育に求めた。そこで、国の根幹、教育を破壊し、日本人の惰弱化、愚民化に向けた行動を開始した。それが次なる「四大教育指令」である。

①昭和二十年十月二十二日「日本教育制度に対する管理政策」
②三十日「教員及び教育関係官の調査、除外、認可に関する件」
③十二月十五日「国家神道、神社神道に対する政府の保証、支援、保全、監督並びに弘布の廃止に関する件」
④三十一日「修身、日本歴史及び地理停止に関する件」

中でも衝撃を与えたのが「教員及び教育関係官の調査、除外、認可に関する件」だった。

翌年一月四日、GHQの指令を受けた日本政府は「教職員の除外、就職禁止及び復職の件」、いわゆる「教職追放令」を発し、全教員を対象に「教職適格審査」を開始した。実施には教員の相互密告を伴い、その中核を担ったのが左翼教員だった。こうして約一年間の審査総数約五十七万名のうち五千二百十一名が追放されたが、その前に教員及び教育関係官吏の地位を辞したものは、十一万五千七百七十八名に及んだ。（小林正『日教組という十字架』）

民生局のノーマンは、旧帝国大学はじめ私立大学など、教職追放により空席となったポストに、戦前に追放された左翼を送り込んだ。その代表格が東大総長の南原、同矢内原、京大総長滝川、一橋大学学長都留、法政総長大内兵衛らだった。こうして大学の中枢は共産主義者と左翼の巣窟となり、彼らの教え子で左翼思想を持つものが次の教授になり、より良く洗脳された学生が優等生となり、他の大学、短大、小中高の教員として日本中に送り出されていった。そしてこの感染のサイクルは今も続いている。

またGHQは、共産主義者・羽仁五郎と密談を重ね（「史」一二七号）、昭和二十二年六月四日、日本教職員組合（日教組）を結成させた。その役割は、反日教育の徹底と「教職適格審査」対象者の監視と密告にあった。

こうして誕生したGHQの犬・日教組は、大学から小学校まで、教育関係者を恐怖のどん底に落とし入れ、多くの教員を日教組に加入せしめ、教育界に絶大な影響力を持つようになった。

日本原住民・洗脳計画始まる

米国は勝利が確定するはるか前から、「ウォー・ギルト・インフォメーション・プログラム」（大東亜戦争について罪悪感を日本人に植え付ける宣伝計画。以後　WGIP）を計画しており、勝利と同時に実行に移した。GHQは「検閲」などにより、障碍《しょうがい》となる言論を一掃し、その空白域をWGIPで埋める謀《はかりごと》を巡らせていた。

昭和二十年十二月八日、朝日などが米国製作の『太平洋戦争史』を掲載した新聞を配り始めると、翌日、NHKもWGIPに全面的に協力する姿勢を示し、『真相はこうだ』というラジオ番組を流し始めた。これを聞いた時の印象を先生は次のように語る。

《ベートーベンの「第五交響曲」の第一楽章の〝運命〟の主題からはじまる『真相はこうだ』の異様な印象を、私は今日に至るまで忘れることができない。つい半年前まで「東部軍管区情報」を伝え、玉音放送を伝えていた同じラジオの受信機から、『真相はこうだ』のどぎつい阿鼻叫喚が聞こえてくるのが、奇妙といえば奇妙でならなかったからである。》

『真相はこうだ』の内容は、昭和二十一年八月、雑誌『文学会議』創刊号での石川達三、中野重治、河上徹太郎の座談会からを窺《うかが》い知ることができる（平成十七年十二月二十一日　産経）。

《河上　『真相はこうだ』というのは……

中野　あれはいかんね。

河上　あれじゃもう一つ裏の『真相はこうだ』がいるな。
石川　あれは進駐軍の指図があったのだろう。
中野　どこの指金かしらんけれども……あれは嘘だ。》

『真相はこうだ』が始まると、「ウソだ！」なる抗議が殺到した。だがNHKは無視し、ウソを流し続け、次に新手《あらて》のウソ・『真相箱』をスタートさせた。NHKとは「業」を守るため、戦前は右翼、戦後は左翼となって虚偽放送を流し続けた犬に過ぎなかった。

伝統と歴史の破壊が始まった

昭和二十年十二月十五日、米国は『大東亜戦争』なる用語の使用を禁止した（『大東亜戦争』は昭和十六年十二月十二日、閣議決定した支那事変と日米戦争を含めた日本の公式名称）。すると左翼やマスコミ業者は直ちに「ワン」と従った。そして今日に至るまでこの命令を墨守し恥じることがない。だが先生はこの改変を次のように重大視する。

《用語の入れ替えは、必然的に歴史記述のパラダイムの組み替えを伴わずに措かない。しかし、このパラダイムの組み替えは、決して日本人の自発的意志によって成就したものではなく、外国占領権力の強制と禁止によって強制されたものだったのである。》

同年十二月九日から翌年二月十日まで、米国は『太平洋戦争史』や『真相はこうだ』や『真相箱』を媒体にWGIPを押し進め、その後、これを学校教育に浸透させ、同時に新聞とラジオを使って日本中に拡散させた。この「戦争の真相を詳述した」とされた内容は、戦争を始めた罪と「日本人に知らされなかった」とされる南京とマニラでの日本軍の残虐行為を強調していたが、何れも虚偽の宣伝文書に過ぎなかった。

他にも日本の伝統を断ち切る策謀はあらゆる点で進行していた。

昭和二十三年七月、「国民の祝日に関する法律」が施行されたが、この法律により昭和二年の勅令は廃止され、それまで国民の慣れ親しんできた祝日の名前は跡形もなく改変された。

元始祭、神嘗《かんなめ》祭、紀元節は廃止された（神武天皇が橿原の地に初代天皇として即位した日を記念した「紀元節」は昭和四十一年、「建国記念の日」として復活）。

平成十九年三月、内閣府大臣官房管理室が『国民の祝日』と題した十六頁のパンフレットを発行した。だが其処には「皇室の祝い事を国民も共に祝うからこそ祝日なのだ」という本旨は記載されず、「春分の日」や「秋分の日」が休日（日曜日等）ではなく祝日なのは、連綿と続く皇室での「春季皇霊祭」、「秋季皇霊祭」を国民も共に祝うからなのだ、という常識が消されていた。

皇室での「新嘗《にいなめ》祭」を国民も共に祝う日が「勤労感謝の日」と改変された。

明治天皇の誕生を国民も祝う「明治節」が「文化の日」と改変された。

明治天皇が汽船で北海道・東北へ御巡幸なされ、無事横浜に帰還された七月二十日が「海の日」である。

日本文化の基、皇室と国民との絆は左翼や官僚により切断され、歴史や文化の意味と価値は徐々に希薄になっていった。

文部省が通達した米国製反日教育

新聞掲載終了後、昭和二十一年三月と六月に高山書院から刊行された『太平洋戦争史』は十万部を完売したが、あの時代、旧敵国の歴史観を記述した歴史書が斯くも売れたのは次なるカラクリがあったからだ。

昭和二十年十二月三十一日、ＧＨＱのＣＩ＆Ｅ（米国民間情報教育局）は「修身、国史、地理ノ全テノ過程」の即時停止を指令した。これを受けて文部次官は、地方長官と学校長宛に「依命通牒」（ＧＨＱが日本政府に出した命令の通知）を出した。

翌年三月、ＧＨＱは連合国にとって不都合な史実を消し去る目的で、昭和十二年から十九年までに日本国内で発行された特定の図書を廃棄するよう日本政府に指令した。

その上で四月九日付、文部省学校教育局長の発した教科書局長発地方長官各学校長宛の依命通牒、「新期授業実施に関する件」は次の通りだった。

「連合国軍総司令部提供に係わる『太平洋戦争史』は高山書院にて近く発行、日本出版配給統制株式会社を通じて供給せらるる予定に付、各学校は夫々之を購入の上、国史等授業停止中の教材として適宜利用せらるべきものとす。」

即ち、CI&Eは先ず「修身、国史、地理ノ全テノ過程」の即時停止を指令した。次いで、『太平洋戦争史』なる宣伝文書への反論となる書籍類に目を触れさせないため、また授業で使われることの無いよう、日本の主張を記載した書物を廃棄させた。こうして作り上げた空白域に『太平洋戦争史』を嵌め込み、子供たちに教えることを指示したのだ。

《その目的は、本来なら「日本と米国の戦い」であった戦争を「日本軍国主義者と日本国民との戦い」という対立関係で捉えさせようとする意図が秘められている。

軍国主義者と国民の対立という図式を偽造することで「現在及び将来の国民の苦難は軍国主義者に責任があり米国にあるのではない」との理論構築が可能となる。「原爆も、無差別爆撃も軍国主義者から日本を救おうとした行為であり、米国は少しも悪くない」ということになる。》

先生は、「原爆や東京大空襲」の矛先が米国ではなく、日本に向かうことを予想していた。そして広島の原爆死没者慰霊碑の一文、「安らかに眠って下さい　過ちは繰返しませぬから」が米国の目論見が成就したことを表している。

私信開封、電話盗聴、当用漢字、新仮名使いの目的とは

先生はＧＨＱが「電話の盗聴、私信の開封」も大々的に行っていたことも明らかにした。

《昭和二十一年九月に、検閲局は日本を九つの地域に分割し、その各地について毎日五百通の私信をランダムに抽出し、開封して、あらかじめ定められた項目に関して世論の動向を調査していた。同年十二月には抽出されるべき私信の数が、各地区あたり千五百通に増加し、一ヶ月に三十三万七千五百通の多きに達した。この結果、ＣＣＤ（民間教育情報局）当局はいかなる世論調査機関が企てても果しえない、精密極まる日本の世論動向を把握するに至った。》

《更にＣＣＤ電信電話部は、毎月三百五十万通の電信を検閲し、二万五千に達する電話の会話を盗聴していた。》

ＧＨＱ技術作戦部は「無害な手紙は、鋏を用いて開封すること。必要とあれば、全ての私信を、蒸気を用いて開封し、秘密に封をした上で、無害な文面のみを鋏を用いて再び開封し、テープで封をすること」と巧妙で厳格な指示を与えていた。

その目的は、有害な手紙はそれと分らぬよう相手を油断させ情報を入手し、無害な手紙は検閲が行われていることを敢えて知らしめ、人々の軍政批判を萎縮させることにあった。

更にＣＩ＆Ｅが推進した「当用漢字表の強制と新仮名遣いの採用」には、「占領軍の私信の判読並びに検閲を容易にする目的があった」というから驚きである。「当用」とは「当分の間用いる」であり、将来は漢字全廃の含みを持たせての命名だった。お先棒を担いだのは「国語審議会」会長の土岐善麿、副会長の宮沢俊義らであり、反対したのが福田恆存や宇野精一らだった。戦後の国語改革でさえ「検閲」と無縁ではなかった。

これだけ大規模な私信の開封や盗聴という人権侵害、ポツダム宣言や憲法違反に対し、「ゴケン、ゴケン」と叫んでいた左翼も陰で協力していた。

米国は自らの戦争犯罪を自覚していた

日本は言論統制に服していたが、米国は従順そうな日本人の表情だけでは安心できなかった。徹底的な私信の開封や盗聴を行ったのは、彼らの戦争犯罪と反日行動が常軌を逸していた(次ページ写真)からだ。

考えても見るがいい。戦争中の日本は米国の非戦闘員に何をしたというのか。確かに真珠湾を攻撃したが、攻撃目標は軍事施設に限定していた。電力設備やオイルタンクを攻撃しなかった間抜けな海軍は、市街地攻撃など考えても見なかった。真珠湾で民間人を攻撃したとする米国映画があったが、それは自らの反撃砲弾が住宅地に着弾したものだ。

日本が真珠湾を攻撃したのは米英仏蘭の経済封鎖(パリ条約の云う戦争行為)が原因であり、東京裁判で「開戦責任」を日本に押しつけることができなかった。反面、米国の戦争犯罪は逃れようがなかった。

筆頭に挙げられるのが広島、長崎への原爆投下である。米国は、米国人やオーストラリア人捕虜、朝鮮人、日本人、子供、老人、妊婦など、其処にいたというだけで無差別・無警告に虐殺し、病院、寺社、キリスト教会を含む全てを破壊した。しかも原爆投下直後、トルーマン大統領は「これが原子爆弾である。我々は、現在日本が有する如何なる都市、如何なる生産施設も迅速かつ完全に抹殺する用意がある」と敗戦が決定的となった日本を威嚇した。

更に東京など、六十を上回る都市への無差別爆撃を行い、五十万人ともいわれる一般市民を焼き殺した。その他、病院船や学童疎開船の撃沈など、戦争犯罪の下手人は米国だった。

彼らが私信の開封や電話盗聴を大規模に行ったのは、日本人の心の襞《ひだ》までメスを入れ、米国の戦争犯罪に対しする反応を知りたかったからだ。ＷＧＩＰを繰り返し、私信の開封や盗聴を行うことで世論の動向を見ていた彼らは、日本政府とマスコミ業者の協力を得て確実に成果をあげていった。

戦地からの贈物（日本兵の髑髏）に礼状を書こうとしている少女（「ライフ」1944 年 5 月 22 日）

なぜ事後検閲へ移行したか

日本国憲法は占領下の昭和二十二年五月三日に施行された。永井荷風は十五日の日記で「米国の作りたる憲法が発布される。嗤《わら》うべし」と書きのこしていた。それでも憲法には米国合衆国憲法修正第一条の保証する「言論の自由」が明記され、第二十一条は次のように規定していた。

①集会、結社及び言論、出版その他一切の表現の自由は、これを保障する。

②検閲は、これをしてはならない。通信の秘密は、これを侵してはならない。

だが日本政府は、GHQの指令による検閲、盗聴、私信の開封に全面的に協力していた。これに対し、マスコミ業者、ジャーナリスト、学者、教育者、反米のはずの左翼や護憲団体までもが検閲を秘匿していたから、米国民もGHQの占領政策を知ることができなかった。

壁が破られ、日本で行われている検閲が知られるようになったのは、知日米国人の来日が原因だった。その結果、「日本での検閲」に対する批判記事が米国の新聞に載るようになったという。米国が検閲緩和に移行した主な理由は、米国が日本に与えた憲法第二十一条と検閲との矛盾が露見しそうになったからであり、次いで米国人によるGHQ批判が行われたからだ。

同年八月二日、放送分野での事前検閲は廃止された。だが検閲は生きており、検閲基準違反と判断された場合、放送停止と関係者の処分が待っていた。

十月十五日、書籍検閲は、極右極左出版社とされた十四社を除き、事後検閲に移行したが、この決定に米国は一抹の不安を抱いていた。それは大東亜戦争に関して米国の主張のみを公認し、日本の言い分は削除、改変してきた一角が崩れることを恐れたからだ。実際、懸念したことが起きた。

翌年四月五日、読売新聞記者団編の『二十五被告の表情』という東京裁判での清瀬弁護士の主張が載った出版物が刊行され、その後に検閲を受け、「基準違反」の判定が下されるまでに八十日を費やしたことで、初版本三千部が流出することになった。

だが朝日、毎日、読売などの事前検閲は、二十三年七月二十三日まで緩和されなかった。米国は、東京裁判を成功裏に終え、日本人を納得させるには新聞の事前検閲は不可欠と考えていた。

自己検閲による精神の改変

米国総司令部編の『軍事及び民間検閲の実施』によれば、日本の出版社は「事前検閲より事後検閲の方がいっそう困難である」と苦情を述べたという。

事前検閲では、「出版社は刊行しようとする書籍の校正刷りを二部米国検閲組織に提出し、許可を求める」のだが、好きなことを書いて検閲官の判断を仰ぎ、不許可になった部分を削除又は改変すれば良かった。

だが事後検閲では、完成した出版物を提出することになり、僅《わず》かでも検閲基準に抵触した場合、空欄や塗りつぶしは認められず、組換えが必要となり、経済的損失は少なくなかったからだ。新聞に至っては間に合わず、発行を停止せざるを得なかった。そのため彼らは検閲基準に抵触しそうな部分はあらかじめ削除し、事後検閲に備えるようになった。彼らは「三十の検閲基準」に抵触しないよう自己検閲を始めたのだった。

そして文字を書くたびに繰り返される「自己検閲」は、マスコミ業者、ジャーナリスト、学者、小説家、作家、歴史家、評論家、教育者、哲学者や思想家などの思考と精神を改変し、いつの間にか彼らは「三十の検閲基準」なる篩《ふるい》を通る表現しかできない木偶《でく》になっていた。
文芸評論を書く過程で、先生はこのことを感じ取っておられたのだ。

信用ならない検閲済文字媒体

先生は「出版社への注意書」に抵触した文芸春秋、岩波書店、明治書院などがＧＨＱに「始末書」、「遅延理由書」、「詫び状」などを提出し、許しを請うている資料も発掘していた。

《ここで看過することができないのは、このように検閲の秘匿が強制され、納本の遅延について釈明しているうちに、検閲者と被検閲者とのあいだに自ら形成されるにいたったと思われる一種の共犯関係である（中略）。新聞の発行を続け、出版活動を続けるという他ならぬそのことによって、被検閲者は好むと好まざるとに拘わらず必然的に検閲者に接触せざるを得ない。そして、被検閲者は、検閲者に接触した瞬間に「検閲の存在」を秘匿する義務を課せられて、否応なく闇を成立させている価値観を共有させられてしまうのである。》

彼らには、お互いが犯している「違憲行為の隠蔽」という黙契があり、表の世界では何食わぬ顔で接しながら「検閲の秘匿」という一点で堅く手を握りあっていた。

戦後の日本は、言論の自由を謳歌しているように見えたが、占領期の出版物は全て「検閲済み」であり、米、英、中、ソ、韓国、朝鮮の意向に沿わないであろう部分は、全て改竄された代物だった。

例えば、幣原首相の回顧録にある「憲法九条の非武装中立は幣原首相の発議だった」等は真っ赤なウソである。それは米国起草の憲法に明記されており、この時代、米国の意向に忖度《そんたく》したウソを書かなければ出版できなかった。この検閲による改変は、近現代史のみならず古代史や日本の建国史にまで及んでいた。

「検閲官」を雇っていた日本政府

では約七年間の「検閲」は誰が支えたのか。短歌、俳句、古文、漢文を含む文芸作品の読解、東北や九州等の方言を含む電話の盗聴、文語文と崩し字を含む私信の解読、これらを米国人だけで行うことは不可能だった。実は主たる検閲官は日本人であり、政府は彼らを雇っていた。

日本では長らく英語教育が行われなかったから、検閲書類を英訳してＧＨＱに報告できる日本人は特殊技能者であり、高給取りだった。そして検閲組織に勤務していた日本人は一万人を超えたといわれるが、このことを経歴書や履歴書に記載するものはいなかった。

《これらの人々に対してCCD（民間教育情報局）は、語学力と引き替えに少なくとも七百円、時には千二百円もの高給を提供した。そして、これらの人々がCCDの提供する報酬を手にしたとき、彼らは自動的にあの闇の世界に属するものになったのである。その中には既に故人となっている人々もあり、現存して活躍中の人々もいる。なかに革新自治体の首長、大会社の役員、著名なジャーナリスト、学術雑誌の編集長、大学教授などが含まれていることは公然の秘密になっているという。だが彼らのうち誰一人として検閲者として従事していた事実を語るものはいない。

検閲を受けたであろう者も、接していたであろう彼らの名をあげる者は一人としていない。検閲される側の新聞や雑誌や全ての出版社の社員が、検閲の事実を秘匿する義務が生じていたのと同じように、検閲を行う側の日本人にも秘匿の義務が課せられていた。その他の理由によるものかは判然としないが、戦後日本の文系の起点には、これらの人々の沈黙が潜んでいる。》

当時は糊口を凌がねばならず、自らの能力を利用したのは致し方なかった。そしてCCDを通して支払われる検閲関係者への給料は、日本政府が税金から支出していたという。検閲の闇は深く、関与した日本人全員が固く口を閉ざした。

朝鮮戦争で目覚めた米国・だが手遅れだった

真珠湾攻撃を契機に対独戦に参戦した米国は、ドイツの敵、ソ連に膨大な軍事援助を与え続けた。

またヤルタ会談に於いて「スターリンは、ドイツ敗北後、日ソ中立条約を破り、対日戦に参戦する意向である」ことを知ったルーズベルトは、ソ連が日本と戦うための膨大な軍事援助も開始した。

この援助物資はソ連船が米国西海岸に行き、堂々と日本近海を通ってウラジオストックに運び込んでいたが、日本は中立条約を締結したソ連船舶だったため臨検は行わなかった。

日本の敗北後、大陸では国共内戦が勃発した。そこでの四年を上回る殺し合いの末、ソ連が支援した中共が勝利し、中国は台湾へ追い落とされた。これは米国も追い出されたことを意味し、米国はソ連に騙されたことを自覚した。次いで決定的な事件が起きた。

昭和二十五年六月二十五日、北朝鮮は中ソの了解を得たうえで、韓国への侵略を開始した。朝鮮戦争の勃発である。

これを契機に、戦いの正面に立たされた米国はスターリンの催眠から目覚め、対日政策の大転換を余儀なくされた。東京裁判で日米の弁護人が主張したように、日本は共産主義に対する防波堤だったことが証明されたからだ。

日本潰しに熱中していた米国は、共産主義者容認政策をとったことで、日本に親中ソ・反米感情が醸成され、共産革命が起こるのではないかという状況が出現するに至った。

このことに気付いた米国は、日本を失うと朝鮮戦争すら戦えないことを自覚した。東京裁判どころではなくなり、東京裁判の中止と日本の早期独立を認める方向に舵を切った。米国の方針は逆転し、日本に再軍備を求めた。マッカーサーの後任、リッジウェーは「占領期間中、米国から日本に指令された諸法令の見直し権限を日本政府に与えた」が時すでに遅く、日本の世論は左傾化し、憲法改正を含む一切の変更を受け付けなくなっていた。

昭和二十七年四月二十八日、「日本国との平和条約」、所謂サンフランシスコ講和条約が発効したが、この第一章第一条には次なる一文が明記されている。

(a) 日本国と各連合国との間の戦争状態は、第二十三条の定めるところによりこの条約が日本国と当該連合国との間に効力を生ずる日に終了する。

(b) 連合国は、日本国及びその領水に対する日本国民の完全な主権を承認する。

読めば分る通り、この日を境に「戦争状態」は終了し、主権を回復したことになる。従ってそれ以前に制定された憲法を含む諸法令、教育的、社会的決定を、日本人自らが考え行動してきたと云うならそれはウソである。

主権を失った約七年間、日本社会は変質せられ、ソ連や中共の虚偽宣伝に惑わされた日本国民は「貧富の差のない共産主義国家」を夢想し、左傾化していった。そしてソ連崩壊まで、多くの日本人は左翼の振りまく虚偽幻想から目覚めることはなかった。

第二章　「ウソ」の拡大再生産メカニズム

主権回復後も隠蔽された戦後検閲

日本は晴れて主権を回復した。これは長らく待ち望んだ慶事のはずだった。漸《ようや》くGHQの拘束から解放されたのだから、親中ソで反米の護憲派、社会党や共産党は米国による「違憲検閲」を公表し、米国の悪行を白日の元に曝すものと期待された。

米軍により解き放たれた日本共産党員は、GHQ本部の前で声を震わせ「アメリカ解放軍万歳」と叫んだからといって、何時までも恩義に感じる必要はない。

日教組もGHQの犬として創設されたからといって、教育者であるはずの集まりが、「検閲」という違憲行為を隠蔽し続けて良いはずがない。

実際、GHQの指示で行われた憲法改正を含む諸改革には国際法上の疑義があった。無ければ米国は、堂々と「これが敗戦国の運命なのだ」と言えば良かった。だが、「検閲」は云うに及ばず、「GHQが憲

GHQにより釈放される日本共産党の幹部（昭和20年10月10日）

法を起草したこと」も隠さねばならなかった。

仮に護憲勢力が、「我々は護憲と言いながら違憲検閲を受けてきた。ウソをつき続けたことを謝罪する」と懺悔すれば正直者になれた。だが彼らも真実を語らず、全てを隠蔽した。後述するように、左翼の本質は「ウソつき」なのだから期待する方が無理だった。

左翼はさておき、主権回復は全ての文系日本人にとって慶事のはずだった。何故なら、この日を境に新聞、ラジオ、教育、文芸、評論、小説、映画、ドラマ、俳句や短歌、歌詞などが「検閲」から解放されたからだ。教育関係者も「密告」と「教職追放」に怯えることもなくなった。

検閲の主犯格、朝日やＮＨＫが事実を明かし、懺悔すれば日本は大きく立ち直っただろう。

「今までの俺たち（朝日やＮＨＫ）は、国民を欺き、憲法違反の検閲済み報道を行ってきた。どうか許して頂きたい。あのとき報じたのはウソ、あれもウソ、これもウソだった」と。

だが、ジャーナリスト、マスコミ業者、学者や評論家も「検閲の事実」と「検閲からの解放」を語らなかった。彼らは不都合な真実を覆い隠したのだ。

主権回復後も「言論の自由」は訪れなかった

主権回復の後、わが国に「言論の自由」が訪れたかというと決してそうではなかった。先生は続ける。

《この点でＣＣＤの実施した占領下の検閲は、従来日本で国家権力が行ったどのような検閲と比較しても、全く異質なものだったといわなければならない。「出版法」「新聞紙法」「言論集会結社等臨時取締法」等による検閲は、何れも法律によって明示された検閲であり、被検閲者も国民もともに検閲者が誰であったかを良く知っていた。》

だが戦後検閲とは、その存在の秘匿を命じられ、一万人もの関係者は、皆口をつぐんだ。それは自からの行為が違憲違法であると同時に、恥ずべき国民への「裏切り行為」と認識していたからに違いない。そして互に正体を知りながら、表の世界では何食わぬ顔で振舞い、この秘密を「闇から闇へ葬る」ことを決意した。

仮に彼らが、「検閲官と被検閲者を公表し、この記事やこの本は、本来はこの様な文面であったが、検閲の結果、文面を、映像を、放送を、こう変えた」と明らかにすれば「闇の世界」を「表の世界」に移すことが出来たのだが、このようなことは遂に起きなかった。

《米国の検閲は、検閲の秘匿を媒介にして被検閲者を敢えてタブーに接触させ、共犯関係に誘い込むことを目的としていた（中略）。要するに米国占領軍当局の究極の目的は、いわば日本人に我と我が目を刳り貫かせ、肉眼の代わりに米国製の義眼をはめ込むことにあった。》

先生は米国の目的をこう結論づけ、主権回復後、彼らは深く潜行し、新たな「汚染の中心」として行動を起こしたことを吉田満氏の著作を通して論証した。

「闇の検閲官」による言論界支配

戦艦大和から生還した氏は、占領中から『戦艦大和ノ最期』という長編詩を出版していた。だがこの詩は、検閲により原文と似て非なる内容に改変させられていた。主権回復後、この長編詩は再び刊行され、創元社版の「あとがき」で吉田氏は次のように記していた。

「約三年前、ある特殊事情のため、本編は極めて不本意な形で世に出ることを余儀なくされた。今日、それが本来の形で公にされることについて、力を尽くされた多くの方達に対して、心から感謝を捧げたい。」

主権回復と同時に検閲は終了し、氏の言動は憲法によって百%守られるはずだったが「約三年前、検閲を受けた」とは言えず、「特殊事情」と言葉を濁した。占領期の「検閲」を隠さなければ、彼の詩は闇の検閲官により「発禁」になったはずである。

先生は吉田氏のご家族の好意により、「発禁」となった文語体の詩を入手しており、氏の言う「本来の形」はウソであり、「闇の検閲官」により改変されていたことを知っていた。

《このときおそらく吉田氏のなかで、何かが崩壊したに違いない。（中略）換言すれば、吉田氏は、このときはじめて敗北したのである。それと同時に学生の指摘する「作者への戦後思想の流入」が始まった。》（『一九四六年憲法』）

学生とは、一般教養で「文学」を選択した東京工業大学の学生であり、この長編詩の変遷が研究テーマとして与えられた。

《だが、この様な敗北が吉田氏のみならず、いかに多くの人々の内部で起こったか。それを我々は敗北とは名付けず「平和」と「民主主義」の獲得と呼んだ。もしそうであるとすれば、この場合「平和と民主主義」は作品の決定的な価値を犠牲にすることによって、はじめて「獲得」されたのである。》

敗北した氏は「平和」と「反軍」のため、創作もするようになった。例えば氏の『太平洋戦記　戦艦大和』には「救助に向かった救助艇初霜が救助者で満杯になったとき、助けを求めて船べりにしがみつく遭難者の手首を日本刀で斬り捨てた」なる記述がある。

だが、これもウソであることが関係者の証言から確認されている（『ＷＩＬＬ』平成十七年四月号　吉田満「戦艦大和」の嘘　栗田仁雄）。こうして氏は「新たな汚染の中心」となって活躍を始めたが、それは彼一人ではなかった。

司馬遼太郎は「検閲と神道指令」に迎合

古代史研究過程で気付いたのだが、直木賞、芸術院恩賜賞、文化勲章などを受章した司馬遼太郎（本名福田定一）は、「神道指令」と「検閲基準」により誕生した検閲済み史観にどっぷり浸かっていた。

例えば、氏は「日本人の多くは朝鮮半島からやって来た」（『湖西の道』）と信じ、『韓のくに紀行』では「日本人の祖先の国にゆく」、「日本よりも古い時代から堂々たる文明と独立国を営んだ歴史を持つ朝鮮人」と書き、「神武天皇は無論架空の存在である」（『砂鉄の道』）と公言してはばからなかった。

そうではない。日本人の主な祖先は縄文時代から一万年以上に亘りこの地に住んできた人々であり、前五千年頃には朝鮮半島へも進出し、三千年以上に亘って半島の主人公であり続けた。更に、日本人と中国人や韓国人のY染色体ハプログループ（亜型）パターンは大きく異なることが、彼らは日本人の祖先ではない別民族であることを証明している。

更に、中韓の正史を如何に探しても「天皇の祖先は半島出身」なる話しは書かれていない。話は逆で、韓民族の正史、『三国史記』には、新羅王は日本出身と明記してある。また、大阪平野の発達史を調べれば、『記紀』にある神武東征の記述も正しい、と認めざるを得ない。

これらを、最新の科学と論理、日中韓の正史に依拠して解き明かした古代史論に対し、かつて筆者は公開論争を挑まれたことも、面と向かっての反論に出会ったこともない。

先生も司馬が放つ悪臭を感じ取っておられたのだろう。平成十年十一月二日、先生は産経のコラムで、司馬の「この国のかたち」なる言いように対し、「わが国のすがた」であろうに、と批評した。外国を「この国」と呼び、日本人が日本を「この国」と呼ぶ諸兄に尋ねたい。では一体あなたは「どの国」の人間なのかと。心に疼痛を感じないのかと問うていた。

実は昭和二十一年二月、GHQは「教科書検閲の基準」を発令し「わが国」の使用を禁じた。自分の家を「わが家」と言い、勤め先を「わが社」と言うが祖国に限って「この国」という。何か自分とは関係のない遠い存在のように聞こえる。しかも心なしか冷たく響くのは私の耳鳴りだろうか。

中共や韓国を「この国」と云い、祖国日本も「この国」という意識の底には、戦後多くの日本人が公教育を通じて信じさせられてきた「検閲済み史観」の蓄積があり、それに迎合し、時流に乗って人気作家になった司馬はアイデンティティを見失っていたのではないか。

主権回復後、なぜWGIPの影響は拡大したか

江藤先生は、戦後の日本に起きている「ことの本質」を次のように見ていた。

《占領初期にあっては、WGIPは必ずしもCI&E（米国民間情報教育局）の期待通りの成果を上げるにいたっていなかった。しかし、その効果は、占領が終了した一世代以上を経過した近年になってから、次第に顕著なものとなりつつあるように思われる。》

ＧＨＱが検閲の秘匿を命じた影響は、主権回復後も途絶えることはなかった。検閲時代に注入された「検閲済み史観」がサイクリックに伝染し始めたのだ。

《宣伝文書の言葉を、いつまでもおうむ返しに繰返しつづけているのは、考えようによっては天下の奇観というほかないが、これは一つには戦後日本の歴史記述の大部分が『太平洋戦争史』で規定されたパラダイムを依然として墨守しつづけているためであり、さらにはそのような歴史記述をテクストとして教育された戦後生まれの世代が、次第に社会の中堅を占めつつあるためである。》

《つまり、正確にいえば、彼らは、正当な史料批判に基づく歴史記述によって教育されるかわりに、知らず知らずのうちに「ウォー・ギルト・インフォメーション・プログラム」の宣伝によって、間接的に洗脳されてしまった世代というほかない。》

《教育と言論を的確に掌握しておけば、占領勢力は、占領の終了後もときには幾世代にもわたって、効果的な影響力を被占領国に及ぼしうるそのことを例証した。》（『閉ざされた言語空間』）

それは大学から小学校まで、教職追放により空席となったポストに、共産主義者や転向左翼が流れ込み、教育の場が反日自虐精神を持つ子供のインキュベーターと化したからである。

中共からも餌を貰っていた日共と左翼

日本共産党はソ連から金をもらい、その指令で活動してきたことは誰もが知っていた。だが、中共も日共や左翼に膨大な活動資金を与えていたことが外務省から公表された外交文書、『中共関係雑件』により明らかにされた。（平成十年十月二十日　産経）

《日本共産党への外国からの資金送金については、これまでソ連崩壊後のロシアで公開された文書にも記載されていたが、国内の外交文書から明らかになったのは珍しい。当時の日本政府が中ソの資金流入を日本の共産化工作の資金と見て神経をとがらせていたことがうかがえる。》

《この統計資料は昭和二十七年五月以降、警視庁に於いて調査したものを基礎に三十一年五月末をもってとりまとめたものである。従って、何れの調査も裏づけがあるもののみで、実際の金額はこれを遥かに上回っていると見るべきだ、と明記されている。》

日共系の団体・政治家らに
中国から3億円送金
昭和27―31年
外務省公開 外交文書に記載

産経新聞（平成10年10月20日）

四年間の合計金額は分っただけで三億円だった。当時の三億円は現価に換算すれば百億円を優に上回ると思われる。これが氷山の一角と言うから、いかほどの工作資金が流れたのか想像もつかない。では一体誰が中共から金を受け取っていたのか。

《昭和三年に日共に入党した難波英夫には昭和二十七年五月に三回にわたり合計八百九十八万三千八百六十二円が入ったと記述。共産党本部の小松勝子・元新日本婦人の会東京本部事務局長にも千百一万二千二十三円が流れたと明記されている。元朝日新聞北京特派委員で戦後は共産党系原水協代表理事の畑中政春には、昭和二十九年に二百万五千八十六円が流れた。》

《文書に登場する人物は元総評事務局長の岩井章、法政大学教授の拓殖秀臣、原水禁運動指導者の安井郁、アカハタ事務局長を務めた太田慶太郎のほか、日中友好協会の幹部、在日華僑の団体や個人名が多く、送金総額は二億九千四百八十七万円にものぼっている。》

《文書ではこのほか、中ソ両共産党が国際共産主義運動を日本で進める上での「対日工作組織図」「中共対日工作組織図」なども盛り込まれていた。日本の工作拠点として名前が挙がったのは「民青」などの共産党系団体、「日本教職員組合」、「自由法曹団」、「総評」などの名前もあった。》

戦後、日本の左翼を支えていたのは、ソ連と中共から流れ込んだ闇の活動資金だった。意味もなく金を出す国はない。彼らの目的は日本に共産革命を起こすことだった。

ここで注目すべきは、日教組が「中共の対日工作拠点」だったという事実である。そんな彼らに自浄作用があるはずもなく、次のように懺悔する者は遂に現れなかった。
「今までの教育は米国による違憲検閲を受けていた。中ソから金をもらい、その指令に基づく反日自虐教育も行っていた。今までウソも教えていたが、これからは真っ当な歴史教育を行います。子供や親御さん、国民の皆さん私たちをお許し下さい」と。

そのため主権回復後も「検閲済み史観」と「反日自虐」教育で洗脳された学生が世の中に送り出されていった。では、如何にして歴史教育は転落していったのだろうか。

「教科書誤報事件」と宮沢喜一

戦前の歴史教育は消え去ったが、執筆者、文部官僚や検定官の多くは戦前の教育を受けており日本人としての矜持《きょうじ》は残っていたのだろう。昭和五十七年以前は教科書検定が機能しており、出版社がいかに編集権を駆使して虚偽・偏向記述を試みてもその壁を突破できなかった。

左翼教師が副教材で反日教育に精を出していたが、中韓の検閲を受けていない歴史教科書は、今よりはるかに公平・中立だった。それが突破され、止め処もなくウソが歴史教科書に流入する切欠となった「教科書誤報事件」を江藤先生は次のように見ておられた。

《いったん検閲と宣伝計画の構造が、日本の言論機関と教育体制に定着し、維持されるようになれば、ＣＣＤが消滅し、占領が終了した後になっても、日本人のアイデンティティと歴史への信頼は、いつまでも崩壊をつづけ、また同時に何時でも国際的検閲の脅威に曝される。

これこそまさに昭和五十七年夏の、教科書問題のときに起こった事態であることは、あらためてここで指摘するまでもない。》（『閉ざされた言語空間』）

教科書誤報事件とは、「教科書会社が高校の歴史教科書に華北への〝侵略〟と書いたのを文部省の検定に於いて〝進出〟に書き替えさせた」というマスコミ業者の誤報に端を発した事件だった。この誤報を巡って朝日、ＮＨＫ、左翼などが吠えだした。

この件への国会質問に対し、小川文相は「その様な事実はない」と否定したが誰も耳を貸さず、「萬犬虚に吠える」様相を呈し、挙《こぞ》って文部省を非難し始めた。つられて中韓も吠えだした。

その後、小川文相の答弁が正しく、新聞報道は「誤報」と分った時点で、産経は大きく「謝罪と訂正」（九月七日）を行った。だが朝日やＮＨＫなどは訂正せず、ウソをつき続けた。

そうこうするうちに宮沢喜一官房長官は事実関係を無視し、ペコリと謝罪し「政府の責任で是正する」と発表した。学歴は立派だが「ウソ」を「ウソ」と云えない惰弱な男、これが宮沢の正体だった。

その結果、教科書の検定基準に次なる「近隣諸国条項」が加えられた。

「近隣アジア諸国との間の近現代史の歴史的事象の扱いに国際理解と国際協調の見地から必要な配慮がされていること」

これを見た中韓は、「日本の歴史教育に自分たちの歴史観（ウソ）を混入できる」と解釈し、日本の歴史教科書に干渉するようになった。以後、歴史教科書は、闇の検閲官に加え、中韓の検閲を受けるようになったことを先生は指摘されたのだ。

「俺様が変えさせた」と内幕を明かした韓国

歴史教科書が反日自虐の一途を辿ったのは、「近隣諸国条項」を根拠に、中韓は日本の歴史教科書を収集し、彼らの歴史観に基づき「書換え要望」なる検閲結果を外務省に通告したからだ。外国との摩擦を嫌う外務省は、それを「配慮」するよう文部省に通知した。その概要を『教科書制度と「近隣諸国条項」を見直せ』（平成十一年三月『正論』高橋史郎）から記す。

平成九年五月十三日、「日韓相互理解研究会」の場で韓国側代表の柳栽澤は「日本教科書の韓国関連内容の誤謬と是正の必要性」を発表した。

それによると、韓国は日本の歴史教科書を全量収集・検討した結果、即時是正要求内容十九項目と事後是正要求内容等を、外交ルートを通じて日本政府に通告した。これに対し昭和五十八年に日本側が韓国政府に「是正通告」したのは次の七項目だった。

①韓国「進出」→「侵略」　②三・一「暴動」→「独立運動」
③土地「収用」→「没収」　④日本語「教育」→「強制」
⑤神社参拝「奨励」→「強制」　⑥創氏改名「推進」→「強要」
⑦「徴用」→「強制連行」

日本が行った「是正」の実態とは、韓国の検閲に屈服し、歴史用語ではない「造語」を歴史教科書に混入させたことだった。

昭和五十九年には、「第二次日韓協約、高宗退位、日韓新協約、義兵、日韓併合、無断統治、徴兵、日帝の独占延長」の八項目の是正通告が行われたという。

更に平成四年には韓国外務省を通じて、未だ是正されていない項目及び日本側が是正を約束した内容の中で未了部分の指摘が行われ、翌年から使用されている教科書では「程度の差異はあるが是正された」との事だった。即ち、文部省検定済み歴史教科書は、韓国の「検閲」を受けて完成し、彼らが満足する歴史教科書になった、という嘘のような本当の話が明らかにされた。

自民党政府と政治家、文部官僚の頭も狂っていた。何故なら「是正」とは「間違いを改め正すこと」であり、韓国の要望による変更は用語の「捏造」だったからだ。例えば「徴用」、「斡旋」、「募集」が正しい歴史的用語であり、「強制連行」などという言いようや実態はなかった。

韓国に屈服した自民党、外務省、文部省は、国民に気付かれないよう少しずつ「用語と内容」の書き換えを認めていった。こうして教科書は年々悪化し、平成八年、韓国の「検閲」が満たされたことで偏向とウソに満ちた歴史教科書が完成した。だが話は終わらない。

『新編日本史』事件と中曽根康弘

「教科書誤報事件」以来、小中高の歴史教科書が反日自虐の一途を辿ったことに危機を感じた「日本を守る国民会議」（現「日本会議」）は、まともな高校用歴史教科書を誕生させるべく行動を起こした。以下、『新編日本史』の監修者、小堀桂一郎東大名誉教授の話（平成十三年三月『正論』「自らの歴史を自らの手に取り戻すために」）をベースに話を進めたい。

昭和六十年九月、『新編日本史』は「白表紙本」として体裁を整え、文部省検定審議会に提出することとなった。翌年一月末に条件付検定合格、その条件を満たした内閲本について文部省の調査官Aが三月に二度目の検定意見を伝え、小堀氏らは了承し、修正に応じた。後は判定結果の通知を待つばかりだった。

ところが五月二十四日、知る立場にないはずの朝日がこの教科書のことを報じた。不正に「白表紙本」を入手したアウトローが、「ご主人様、日本で怪しい動きがありますよ！」と報じたのだ。

二十七日に内閲本合格（文部省合格）と決定した。普通ならこれで合格である。だが三十日、文部省から再修正の要求（削除要求）があった。これは「違法検定」だった。

六月になると朝日は『新編日本史』を標的に連日非難を繰返した。中共の忠犬の如くワンワンとご注進に及んだ。

七日、中共外務省は北京駐在の日本大使に『新編日本史』の合格に抗議する覚書を手交した。

小堀氏は、「朝日報道に触発され、これは従来の歴史認識（反日自虐一辺倒）ではない内容を含む歴史教科書と判断して抗議したのではないか」と推測していた。

これを受け、中曽根首相から後藤田官房長官へ、後藤田から海部文相へ、「北京の指示に従え」と指令が飛んだ。海部は「それは検定制度の破壊だ」と抵抗すると思いきや、ワンと直ちに従った。この頃の自民党政治家はこの体たらくだった。

六月十日、文部省は小堀氏らに六箇所の再修正を要求してきたが、あってはならないことだった。それが証拠に「五月二十七日以前に出たことにしてもらいたい」と口裏合わせを求めた。これは中共を満足させるための修正だった。

六月十八日、中曽根首相は「（違法検定は）私が命じたものである」と出先で語り、ワンと北京に尻尾を振った。「中共様、海部ではなく私を褒めてください」と云うことか。

六月二十八日、文部省は三度目の修正要求を突きつけた。今度は韓国からの非難を恐れ、韓国を満足させるための修正要求だった。こちらのご主人様を忘れていた、と云うことか。

七月四日以降、四回目の修正要求を行った。今度は審議会の左翼メンバーの要求だった。いろんな犬が吠えだした。「これらを受け入れないと検定合格させせない」との圧力がかかり、妥協を重ねて七月七日に検定合格した。

事程左様に検定基準に「近隣諸国条項」が加えられて後、小学校から高校までの歴史教科書は、「南京虐殺」などのウソを平気で載せるようになった。それは、「ウソであっても国際協調の見地から中韓の歴史観に配慮している」と判断されるようになったからだ。その結果、全ての歴史教科書は中韓に配慮したウソと自虐の悪書と化していった。

なぜ歴史教科書は「反日自虐」一色となったか

では何故、全ての歴史教科書は反日自虐の悪書になったのか、その訳も解き明かしておきたい。

戦前は「国定教科書」だったが、戦後は「学習指導要領」などに基づき、教科書出版会社が編集出版し、教科書検定に合格すれば自由競争で販売される「商品」になった。本質に於いて八百屋の大根と同じになった。

では誰が客か。子供たちは自分の教科書を選べない。親御さんも選べない。ウソで塗り固められた教科書を選ぶ親はいない。親はこんな悪書で自分の子供が教育を受けているとは夢にも思っていない。第一、大阪府枚方市の中学教員長谷川潤氏は、意外と知られていない教科書採択の内幕を明らかにした（「教科書採択の内幕」『正論』平成九年二月）。

先ず、「採択」とは買うことであり、「採択権を持つ者」が教科書会社の客となる。法的には、「採択権は教育委員会が持っている」が形骸化しており、実質の権限は各社の教科書を調査・評価する「調査員」が握っている。調査員とは主に左傾した社会科の教員であり、多くが日教組か全教（共産党系）の組合員であった。だから売れる歴史教科書をつくるには、日教組や全教が目指すマルクス主義史観や中韓の反日史観に沿った教科書を造れば良い、となる。

そして検定の度に「出版労連」（共産党支持）と「大同協」（大阪市・大阪府同和教育研究協議会）は歴史教科書の評価を公表してきた。その結果、教科書出版社は、彼らから高評価を得ることを目指し、反日自虐度を高めた歴史教科書を作り続けてきた。彼らは買い手の顔色ばかりを窺い、子供のことなど考えてもいなかった。

こうして平成八年、中韓の検閲を受けた歴史教科書はウソと偏向を幾重にも書き連ねた悪書として完成した。その結果、日本中の歴史教科書は、程度の差こそあれ、「GHQの検閲基準」、「コミンテルンの三二年テーゼ」、「中韓の反日自虐史観」で満たされるようになった。

それは、「日本や日本国民を、限りなく、卑しめ、蔑《さげす》み、そして劣れる者とみなして罵《のの》り、見下し、国益を外国に売り渡すための洗脳文書」であり、それが日本中の子供達の手に渡ることになった。先生が予測した最悪の結果になっていた。

子供が受ける反日自虐教育の実態

日本の子供たちは、小学六年になると「日本の歴史」を学び始める。この分野で圧倒的シェアを持っていた東京書籍（平成十二年版）の歴史教科書を開くと、古代から現代までウソと偏向・反日自虐に満ちた洗脳文書になっていた。例示しよう。

①米作りは、

「福岡県の板付で、今から二三〇〇年ほど前の水田の跡が見つかりました」、「米づくりは主に朝鮮半島から移り住んだ人々が伝えました。」（註：紀元前十世紀、菜畑遺跡で水田稲作遺構と同じ地層から縄文土器が出土している。故にこれはウソ）

②下関条約は、

「清の領土である台湾などを（日本の）領土とし、多額の賠償金を払わせました。」（註：当時、敗戦国は賠償金を支払うことになっていた。また言い方がおかしい）

③日韓併合は、

「日本は、この抵抗を軍隊の力でおさえ、一九一〇年、とうとう朝鮮を併合する条約を結ばせました。」（註：多くの韓国人も望んでいたことを隠している）

④関東大震災は、

「朝鮮人が暴動を起こすといううわさが流され、日本人によって、多くの朝鮮人や中国人が殺害される事件がおこりました。」（註：新聞に煽動された住民が起こした。日本軍や警察は彼らを守ったことを明記していない。詳細は後述）

⑤南京戦は、

「日本軍は、首都ナンキン（南京）の占領を進めたとき、武器をすてた兵士や、女性や子供をふくむひじょうに多くの中国人を市の内外で殺害し、諸外国からきびしい非難を受けました。」

（註：日本軍による市民の違法殺害はゼロ。詳細は後述）

⑥朝鮮に関しては、

「多数の朝鮮人や中国人を強制的に連れてきて、工場や鉱山などで、ひどい条件のもとで、きびしい労働をさせました。」（註：彼らの多くは自由意思で働きに来ていた。詳細は後述）

「また、朝鮮人に対して、姓名を日本式の氏名に変えさせるなど、たえがたいことを強制し……」（註：これもウソ。詳細は後述）

「さらに、徴兵令を出して男性を日本軍の兵士として戦わせました。」

（註：当時の朝日新聞によると、彼らは待ち望んでいた。根拠は後述）

「若い女性も工場などに動員されました。」（註：これもウソ。詳細は後述）

⑧アジアに関しては、

「日本軍は、アジアの各地で、石油などの資源を取り立てました。また、多くの人々を戦争にかり出し、女性や子供までも協力させたのです。」（註：日本軍は東南アジアを植民地支配していた欧米軍を打ち破り、彼らが独立し、国家運営ができるよう、石油などを確保し、現地人の軍隊や行政官の育成に努めた。詳細は後述）

「東南アジアの地域を支配しようと軍隊を進め、……」

（註：これもウソ。東南アジアの解放を目指して欧米と戦った。詳細は後述）

⑨日米戦は、

「その一方では、ハワイのアメリカ軍港を攻撃しました」。「こうして……太平洋戦争を始めました」。（註：米国の罠にかかったと云うことだ）

⑩沖縄戦は、

「住民の多くが戦争に協力しました。しかし、住民の中には、日本軍からスパイの疑いをかけられて殺害されたり、多くの人々が集団で自決したりするなど、ひさんな事態が生じました。」

（註：実際、スパイがいた。自決は日本軍の命令ではなかった。詳細は後述）

⑪敗戦について、

「アジア、太平洋を戦場として十五年にもわたる戦争がようやく終わりました。そして、日本の植民地支配に苦しめられてきた朝鮮の人々は解放されました。」

（註：では何故日韓併合時代に、朝鮮の人口は二倍になったのか。詳細は後述）

加えて【解放を喜ぶ朝鮮の人々】なるキャプションで、日本の敗戦を祝う朝鮮人の写真を載せ、「八月十五日は、朝鮮が解放された記念日となりました」と記す。

（註：どこの国の歴史教科書か、ということだ）

⑫第二次世界大戦で亡くなったアジアの人々

「中国　約一千万人、朝鮮　約二十万人、東南アジア　約八九〇万人、日本　約三一〇万人と

推定されています」（註：特に、中国の数値には根拠のない捏造である。詳細は後述）

⑬新憲法については、

「この憲法は、新しく選ばれた国会議員によって決められ、平和と民主主義が日本の進む方向として定められたのです。」（註：既述の公職追放に触れていない。朝鮮戦争後、米国は日本に再軍備を求めたことが書かれていない）

ご覧の通り一方的な反日偏向記述で判断規制を行い、答えは決まっているのに、「日本がおこした、十五年にもわたる戦争について、感じたことをまとめてみよう」なる文章で締め括る。これは「日本は悪」と子供たちの頭に焼き付ける「洗脳の手法」（後述）そのものである。

巻末を開くと、この本の著作関係者代表が佐々木毅東大教授であり、増田宗東大名誉教授、吉田伸之東大教授を含む三十三名の教授や教諭が名を連ねていた。即ち、これが彼らの歴史観であり、それが伝染していることは平成二十六年の教科書を開けば良く分る。両書は同じ、反日自虐の歴史観で書かれているからだ。

そして各地の教育委員はこれを「最良の歴史教科書」として選定し、義務教育することで子供たちを苦しめ蝕《むしば》み続けてきたのだ。

精神的虐待ツールと化した歴史教育

佐々木毅東大教授らが執筆したこの教科書は、日本人の英雄を消し去り、日本と戦った朝鮮人を英雄として登場させ、日本の戦争を侵略戦争と断定し、アジア各国を被害者、日本人を恩知らずの加害者と規定してきた。このような教科書で学べば学ぶほど、子供たちは日本が嫌いになり、自らの出自を後悔し、頭が狂っていく。それを最もよく受け継ぎ、優等生となり、次世代に伝達させようとしているのが佐々木毅らであることをこの教科書が証明している。

一貫して歴史教科書の改善に取り組んできた藤岡信勝教授は、この様な教育を受けた子供の悲痛な叫びを次のように記していた。

「歴史の学習をしてきて、悲しい気分になることが多かった。特に明治に入ってからの出来事は悲しい気分になった」
「日本は世界の国に対して一番悪いことをしてきたと思う」
「昔のことを考えるとすごく恐ろしい国だと思った。卑怯なことや恐ろしいことをしてきたし、戦争とかもしてきたからです」（『汚辱の近現代史』）

子供たちは義務教育を通して親や祖父母、そして日本人である自らを蔑視し、中韓に贖罪感を持ち、子供が謝る理由は何一つないのに謝罪する卑屈な精神に改造されていく。こうしてソ連崩壊で破産した左翼は、将来にわたって日本人を反日自虐に洗脳する手段を獲得し、日本を分断し、滅亡に導く突破口を開くことになった。

この時代、宮沢や中曽根などは、自分の決定が反日自虐の歴史教科書を完成させ、この教科書を使った歴史教育とは子供への精神的虐待であり、日本衰亡の基底をなすことを理解していなかった。そして多くの日本人は、自分の子供がこのような教育を受けているとは夢にも思っていないはずである。

平成九年以降の「歴史教科書騒ぎ」の本質とは

平成九年、歴史教育の現状を憂慮した西尾幹二教授、藤岡信勝教授らが中心になって『新しい歴史教科書をつくる会』(以下 つくる会)を起ち上げた。この名前には「どうしても新しい歴史教科書を作って子供たちに渡さなければ明日の日本はない」との思いが込められていた。この呼びかけに多くの人が結集し、私財を拠出して教科書づくりに邁進した。

平成十三年、「つくる会」の中学歴史教科書が検定合格した。これはWGIP、右翼、左翼、日教組や全教、中韓、部落解放同盟等の影響を排除した斬新な内容となっていた。そこにはかつての歴史教科書では決して触れることのなかった「戦後検閲の証拠写真」さえ載っていた。これは反日左翼にとって衝撃的事件であったが、日本にとっての福音となった。

それ故、日本中がこの快挙を歓喜で迎えると思いきや、「つくる会」と新しい歴史教科書は、朝日を筆頭に、産経を除く殆どのマスコミ業者、一部の自民党議員、社共、公明党、日教組、全教、左翼、中韓などからの誹謗中傷と激しい反対運動に曝された。外交問題になることを恐れた外務官僚は、検定不合格さえ画策していた。

それでも検定合格すると反日左翼団体は動員をかけ、歴史教科書八社の中から「つくる会」の教科書だけに的を絞り、「採択しないように」という陳情活動を繰りひろげた。韓国人や在日が同様の陳情を行うと、教育委員会は外国人による教育への内政干渉を受理するていたらくだった。他の教科書が攻撃対象とならなかったのは、それらは日教組や全教、左翼、中韓の検閲に合格していたからだ。

朝日などの反日勢力は、「つくる会」の歴史教科書の出現に慌てふためき、学問的な真偽を論ずることなく力でねじ伏せようとした。読みもしないくせに「戦争を賛美する」とレッテルを貼り、喚き散らした。彼らは、検閲と宣伝計画の構造が、日本の言論機関と教育体制に定着し、もう少しで日本人の愚民化が完成し、復元力を失って転覆するのに、それを阻止する歴史教科書の登場に恐怖し、妨害に出たのだ。

その結果、教科書業界に地殻変動が起きた。左翼や日教組などからの高評価を得るため、最悪の反日自虐歴史教科書を作っていた日本書籍が倒産した。その後、この運動に紆余曲折はあったが、日本を立て直す光明が差したことは間違いない。この戦いはまだ終わっていない。

第三章　歴史に学ぶ右翼と左翼

戦前の朝日は右翼新聞社だった

日本を戦争に追いたてた朝日にもまともな時代があり、満洲事変以前は必ずしも戦争に賛成していた訳ではなかった。例えば昭和六年八月八日、朝日の社説は次のように論じていた。

「軍部が政治や外交にくちばしを容れ、これを動かさんとするは、まるで征夷大将軍の勢力が今日において得んとするものではないか。危険これより甚だしきはない。国民はどうしてこれを黙視できようぞ。」

しかし同年九月二十四日、軍をバックにした内田良平と井上藤三郎大阪朝日調査部長が料亭で会談、内田の忠告により大阪朝日の満洲事変に対する社論が統一されると、十月中旬から積極的な軍部支持に転向した。更に東京朝日も大阪に従うに至り、軍部の犬となった朝日は、自らが規定する「侵略戦争」に積極的に加担するようになった。

その結果、大阪、東京併せて百五十万部前後だった部数は鰻登りに増加し、昭和十六年には三百五十万部になった。この伸びは「戦争は新聞販売の好機」という読売の正力松太郎の正しさを証明した。彼らが国民を煽り、敵国への憎悪をかき立てたのは部数の増加に目が眩んだからであり、そのため先頭に立って戦争に協力した。

大儲けした右翼新聞・朝日は他社を上回る五機の飛行機を持ち、支那事変擁護の講演会を各地で七十回も開き、戦争ニュース映画を四千回以上も上映して延べ一千万人以上の観衆を動員し、慰問袋のキャンペーン、軍への募金活動など朝日の云う「侵略戦争」にあらゆる協力を行った。当時の新聞を開けばその様な記事は幾らでも出てくる。

「朝日が戦争反対だったたって⁉　チャンチャラおかしい。朝日は戦争中に国民を煽ってわしらを戦争に駆りたて、その結果部数が伸び、大儲けしたので大祝賀会を開いていたんだよ。」

これは当時を知る或る年輩者の話しだった。戦争に加担することで多大な利益を得ていたこの業者は、国民を煽り戦争に駆り立てていた。

天皇は反対し近衛や朝日が進めた三国同盟

昭和十五年二月、帝国議会において立憲民政党の斎藤隆夫代議士は「聖戦の美名に隠れ、国民的犠牲を閑却し……」と支那事変に異を唱えた。

この演説故、彼は議員を除名されたが、二年後の選挙（但馬選挙区）に立候補し、大政翼賛会の推薦候補を破りトップ当選を果たした。国民は戦争に反対していたが、朝日は戦争の臭いを嗅ぎ付け、ファシスト国家・ナチスドイツとの同盟に狂喜していた。

《「天皇陛下万歳！」「ヒットラー総統万歳！」「イタリア皇帝陛下万歳！」「大日本帝国万歳！」――降るような星月夜、露もしめやかに落ちる麹町の外相官邸に感激の声がこだました二十七日の夜だった。三国同盟締結の夜である。

まさしく歴史に残るこの夜の情景！決意を眉宇に浮かべて幾度か万歳を唱えて誓いの盃をあげる日独伊三国の世界史を創る人々。紅潮する松岡外相の頬、高く右手を挙げて「ニッポン！ニッポン！」と叫ぶオットー独大使、大きな手で堅い握手をして回るインデルリ伊大使、条約の裏に〝密使〟として滞在中のスターマー独公使がきょうは覆面を脱いでにこやかに盃を乾す。〝世界史〟転換の夜の感動であった。》

これは同年九月二十八日の致命的失敗、三国同盟締結に対する記事である。

近衛がこの条約締結を上奏した時、昭和天皇は「今暫《しばら》く独ソの関係を見極めた上で締結しても遅くないのではないか」と最後の抵抗を試みた。だが近衛は天皇の意向を無視し、瞬《また》く間に同盟を締結した。

最後の元老西園寺公望は、三国同盟締結を聞いて、「これで日本は滅びるだろう。これでお前達は畳の上で死ねないことになった。その覚悟を今からしておけ」と嘆いたといわれる。

その五年後、彼の予想通り大日本帝国は崩壊した。学歴エリートが指導者となったこの時代、経験から未来を見通せる人材が払底していたのだ。

「朝鮮人は徴兵に歓喜」と朝日は報じた

昭和十七年五月十五日、朝日は次のように報じていた。

《朝鮮に徴兵制実施　澎湃《ほうはい》たる民意に応う》

《多年の念願実現　半島同胞徴兵制施行に歓喜》

《朝鮮・徴兵制に感激の波高し　上京して宮城奉拝一死応え奉《たてまつ》らん》

「今こそ眞に日本人」
朝鮮の徴兵制に血書の感謝状

朝日新聞（昭和17年5月15日）

《「今こそ真に日本人」朝鮮の徴兵制に血書の感謝状》

《ああこの日本帝国に産まれ合わせた幸運、朝鮮人も祖国日本のため米英撃滅に参加できる喜びをお察し下さい。今こそ靖国の英霊の仇を討って見せま

す、天皇陛下万歳、大日本帝国万歳》

戦後の朝日は「日本は侵略戦争を行った」と主張しているのだから、この業者こそ戦争に向けて世論を喚起し、朝鮮人をも煽り、戦争遂行を主導していた張本人だったことが分る。そして朝鮮人は朝日に騙された被害者となる。

戦後に、「過去の罪状に対する真摯な反省」などと云うなら、右翼新聞だった朝日は国民の前に土下座し、自らの過去の罪状を告白して許しを乞い、反省しているなら他社を見倣い社名を変え、軍旗を摸した軍国主義的社旗も変えるべきであろう。

ナチスを賛美し、戦争遂行の先頭に立った朝日は、率先して国民と戦争被害者に償うべきである。その罪状に比し、反省も詫び方も補償もまだまだ足りない。

ファシストと共産主義者は兄弟である

戦争遂行に狂奔していた朝日は、敗戦を機にそれまで鬼畜と言っていた米国・GHQの下僕となった。そして左翼が「歴史的必然」とした共産革命に恐怖し、今度はソ連、中共等を賛美するようになった。一見、朝日は変節を繰り返したように見えるがそうではない。実は世の強者や全体主義者に迎合して生きて来たのだ。

実は、右翼と左翼、ファシストと共産主義者は兄弟である。ナチズムの英訳は〝National

Socialism"＝国家社会主義であり、ナチス党は"National Socialist Party"＝国家社会主義者党であるから、ナチスはソ連、中共、社会党、共産党と同類なのだ。彼らは地下水脈で繋がっており、噴出した場所により右翼や左翼、ファシストやマルキストと呼ばれたに過ぎない。

戦前も事情は同じで、右翼の論理的支柱といわれた北一輝は自を「純正社会主義者」と規定していた。大正八年、彼は『日本改造法案大綱』を著したが、その主張は華族制度の廃止、天皇財産の国家下附という皇室財産の国有化、私有流動資産制限制度という私有財産の規制、私有地所有限度の設定という不動産所有の国家統制、都市の土地私有制という市街地での私有の廃止、私企業資本金一千万を上限という大企業と基幹産業の国営化などだったが、これは共産国の政策そのものだった。右翼と云われる大川周明も『日本社会主義研究所』を設立した社会主義者だったが、これは「時流に乗った思想であった」と故山本七平氏は述懐していた。（『日本はなぜ敗れるのか』）

《私の青年時代は一種奇妙な社会主義時代だった。もちろん社会主義という言葉は禁句だが、近衛首相提唱の社会正義という言葉があり、一君万民のもと、一人の袍衣貪食者もなく一人の飢えた者もいない状態を実現するという天皇社会主義のようなことが政治の目標とされていた。》

軍中枢は、「天皇の下、国民は平等であるべきだ」という北一輝の社会主義思想を展開していた。その違いは「忠誠対象が天皇かスターリンか」であり、所謂インテリ、高級軍人は全体主義に魅了され、無自覚のまま共産主義のシンパになっていた。

近衛も共産主義者のシンパだった

中川八洋教授は、次なるファクトを提供し、近衛文麿の正体を暴いた。

《彼は、東京帝国大学（哲学科）に学んでいたが敢えて中退し、京都帝大（法科）に入り直しているが、その理由は近衛自身が述懐しているように『貧乏物語』の著者として有名な、当代随一の共産主義者の河上肇（京大助教授、共産党員、懲役五年の実刑）のもとで学びたかったからであった。それほどまでに近衛は共産主義に傾倒していた。

近衛は約一年間にわたる河上肇との師弟交流によって社会主義思想のエッセンスを学び共鳴するようになった。在学中ではあったが、近衛はオスカー・ワイルドの『社会主義下の人間の魂』を翻訳し、『社会主義論』の表題で、二回に分けて第三次『新思潮』の一九一四年五月号と六月号に発表した。この論文の中で近衛は、ワイルドの言葉を借りながら「私有財産制が諸悪の根源であり、財産と貧困の害悪を断ち切るには社会主義を実現するしかない」と主張している。近衛は立派な共産主義者になっていた。》（『大東亜戦争と開戦責任』）

故に、近衛は「ゾルゲ事件」で処刑された朝日の元記者、マルキストの尾崎秀実《ほずみ》をブレーンとしていた。また、戦後直ちに日本共産党に入党した西園寺公一《きんかず》（西園寺公望の孫）も近衛の側近だった。

支那事変が起こると近衛は、「雪計画」通り、「蒋介石を対手にせず」と交渉拒絶宣言を出し、日中戦争へと突き進んだが、それは日本軍を満洲からシナ大陸へ送り込むことを意味した。

更に昭和十六年九月六日の御前会議で、「十月上旬になっても日米交渉妥結の目途がつかぬ場合は、直ちに対米英蘭開戦を決意す」なる国策を決定した。それは近衛は次のように考えていたからではないか。

①対米戦争が起これば日本は必ず敗戦を迎える。
②敗戦の混乱に乗じてソ連軍が進駐することが可能となる。
③そうなれば社会主義と社会正義が実現される。

だが、留学で英国を知り、趣味は歴史と生物学だった昭和天皇はソ連や独伊を信用していなかった。故に九月六日の御前会議で、本来無言のはずの天皇は明治天皇の御製を詠まれ「米英戦に反対」の意向を表された。だが近衛は無視し、対米戦に向けて舵を切った。

ところが約一月後の十月十五日、ゾルゲと尾崎などが逮捕された。ソ連崩壊後の極秘資料によれば、尾崎は日米戦争を画策した「雪計画」の実行細胞であり、ソ連をマイホームと呼び、日本をソ連に貢ぐために行動していた。彼はスパイ交換で釈放されると信じていたが、役目を終えたカスをソ連が助けるはずもなく、ゾルゲと共に処刑された。

尾崎逮捕を知ると、近衛は直ちに職を放り投げ、追及を免れた。その後、大命は東條英機に下ったが、石原莞爾《かんじ》から「上等兵」と揶揄《やゆ》された彼は器ではなかった。東條は、陸軍がシナから満洲へ撤兵すれば日米戦は回避でき、天皇の願いが叶えられることを知りながら、陸軍のメンツを優先させて日米戦に飛び込んでいった。

右翼とは国体の衣をつけた共産主義者なり

ナチスや中共は、武装警察、軍隊という暴力装置を用いて人民を支配する独裁国家であり、そこに人権は存在しない。その残虐性は他民族に対しても躊躇なく実行され、「共産党＝ナチス」を自らの言動で証明している。

ところで「右翼＝左翼」を明言したのは両者を熟知していた近衛だった。彼は昭和二十年二月、昭和天皇に次なる『近衛上奏文』を提出した。

《国内を見るに、共産主義革命達成のあらゆる条件、具備せられゆく観これあり。英米に対する敵愾心昂揚の反面たる親ソ気分、これを背後より操りつつある左翼分子の暗躍。

これを取り巻く一部官僚及び民間有志（これを右翼というも可、いわゆる右翼は国体の衣を着けたる共産主義者なり）は、意識的に共産革命まで引きずらんとする意図を包蔵しており、無知単純なる軍人これに踊らされたり。》（山本七平『昭和天皇の研究』）

だが近衛は敗戦直後の昭和二十年十二月、次のような回想を残し、保身を謀った。

《日本国憲法というものは天皇親政の建前で、英国の憲法とは根本において相違があるのである。ことに統帥権の問題は、政府には全然発言権が無く、政府と統帥部の両方を抑え得るものは、陛下唯お一人である。》（前掲書）

これはウソである。昭和天皇は明治憲法絶対であり、二・二六事件とポツダム宣言受諾以外は立憲君主の立場を守り通された。天皇は一度だけ御製で「日米戦反対」のお気持を表したが、内閣の決定には決して容喙《ようかい》せず、必ず裁可された。それを良いことに近衛は天皇の意向に背き、三国同盟を推進し対米英戦を決定したではないか。

作戦計画は参謀本部が立案するが、政府が予算をつけない限り軍は動かせない。実際、盧溝橋事件の後、近衛は「不拡大方針」を出しながら、軍部が作戦を立案する前に膨大な「戦時予算」を閣議決定し、帝国議会で可決させた。近衛は戦争を嫌う軍人の尻を叩き、シナ大陸に追い立てたのだ。

近衛こそソ連のシナリオに乗り、日本軍をシナ大陸に送り込み、国力を消耗させた上で日米戦を決定し、日本を敗戦に導いた下手人だった。その上で敗戦直後に昭和天皇に責任を転嫁し、自らはGHQの追求から逃れようとした不忠者だった。

なぜ陸軍中枢は共産党に入党したか

戦争を指導した帝国陸軍中枢は共産主義に汚染されていた。敗戦間際の日本は、「共産主義革命達成のあらゆる条件、具備せられゆく観これあり」は事実だった。

《近衛の指摘の如く、官僚、帝国陸軍の社会主義化・共産主義化はひどく、敗戦でそれが解体されるや、これら陸軍のエリート将校は大挙して日本共産党に入党したように、一九四〇年代になると日本の社会主義化、東アジアの社会主義化を理念として帝国陸軍の中枢（主流）と日本共産党の間には、差異はほとんどなくなっていた。》（中川八洋『大東亜戦争と「開戦責任」』）

瀬島龍三、朝枝繁春、種村佐孝、志位正二（日本共産党・志位氏の叔父）などが代表格であり、一九四〇年代に入るや帝国陸軍のエリート将校の中枢は共産主義＝アカの巣窟となった、と中川教授は断言する。

こう考えることで、戦争を指導した彼らが敗戦後に共産党に入党し、中ソの資金援助を受けて戦後日本の共産革命を目指した謎が解けてくる。

今にして思うと朝日が日独伊の同盟に狂喜していた理由が分らないではない。

右翼は「国体の衣を着た共産主義者」という擬態で日本の中枢にまで浸透し、敗戦間際には近衛が記したように、共産主義革命寸前まで近づいていた。だが昭和天皇の聖断により、「ポツダム宣言」

の受諾が予想外に早く、ソ連の日本占領というシナリオは砕かれた。

東京裁判で喚問された近衛は服毒自殺したが、それはソ連のスパイの末路がそうであったように、正体が暴かれることを恐れたからではないか。無実なら、文民の彼には申し開きの道も開かれていた。

それに比べ、戦前は軍部と結託して日本を戦争へ導き、ウソを流し続けて敗北に導いた右翼、朝日やＮＨＫなどが命脈を保っているのは、常に時の強者に擦寄って転向を繰り返し、利得者になり、それを当然とする破廉恥さを持っていたからだ。

ＧＨＱや中ソなどから見て、日本人を騙し続けてきた彼らの宣撫能力は「利用できる」と評価された故、生き残れたのは確かなようである。

日本共産党は「ソ連の犬」として誕生

日本共産党は大正十一年、レーニンが定めた「コミュンテルン加入の二十ヶ条」に忠誠を誓うことで誕生したソ連の下部組織だった。

ソ連の犬となった彼らは、皇族の抹殺、伝統文化の破壊と内乱、日本人の不幸と日本の敗戦を目指して活動してきた。そしてソ連崩壊後もゾンビの指示で行動する不気味な一党独裁政党である。兵本達吉氏はその実態を次のように述べていた。

《わが国民に内戦・内乱を呼びかけた日本共産党を反戦平和の闘士として描きだすことほど事実に

反することはない。全く逆である。

有名な「三十二年テーゼ」のなかで「革命的階級はただ自国政府の敗北を願うだけである。政府軍隊の敗北は、天皇制政府を弱め、支配階級に対する内乱を容易にする」と述べている。日共は自国の兵士に対し自国への戦を呼びかけ、内乱への参加を呼びかけた。野坂参三がコミンテルンから米国に派遣されたのも、米国に対し日本への参戦を促すためであった。》（平成十四年十二月『正論』）

ソ連はこの日共に、反日活動資金という餌もふんだんに与えてきた。日共と左翼は、指示通り「日本の内乱と敗北」を目指して活動してきた。世界の共産主義者は例外なく愛国者なのに、日共と左翼に限って売国奴なのはソ連の犬だったからだ。

ソ連亡き後、西洋の共産党は消え去ったが、日本に残存する日共と左翼と云うゾンビの敵は今も日本なのである。

左翼の頭目・羽仁と向坂の本音

共産革命の実態とロシア人や中国人の残忍さを知る知識人は、彼らが歴史的必然と信じた共産革命が日本に起きた暁には、「共産主義に好意的でない知識人は虐殺される」ことを予測し、恐れた。

日本に「マルキストにあらざればインテリに非ず」の嵐が吹き荒れていた頃、雑誌『世界』の編集長、吉野源三郎は津田左右吉《そうきち》に論文の寄稿を求めていた。そして氏の『建国の事情と万世一系の思想』を見て仰天した。吉野は、「津田は天皇否定論者である」と思っていたが、彼は天皇を深く敬愛し、存続を強く主張していたからだ。

俗説と異なり、津田左右吉は戦前から皇室への敬愛の念は強く、戦後になってこの思いは益々強固になり、決して転向せず、転向左翼の丸山真男らと真っ向戦った古代史学者だった。

決断しかねた吉野が左翼のボス、羽仁五郎に相談すると彼は本心を明らかにした。

「それならば君は、日本の革命が成功した暁に、この論文を発表した責任を追及されてもいいのか。そのとき、君の頸に縄がかかってもいいのか」と。

羽仁の発言は、彼自身、共産革命の成就に恐怖を抱いていたことを吐露したに等しい。その言動から左翼や変節者の心中は次のように推察される。

「今の日本では基本的人権が保障されているので、共産党シンパのような発言をしても迫害を受けることはない。だが共産革命が成った暁には、中ソを見れば分る通り、左翼以外は惨殺されるだろう。だから左翼の仮面を被り、その衣を纏うのが安全で賢い生き方である。」

社会党は憲法九条を金科玉条とし、日米安保条約と自衛隊の消滅、即ち、非武装中立を目指した。

その論理的支柱、向坂逸郎《さきさかいつろう》は田原総一郎との対談で腹の内を開陳した。（『諸君』一九九七年七月号）

「今の日本では軍隊には反対だが、社会主義政権になれば再軍備は当然である。」

向坂の話は分り易い。日本が非武装中立で安保条約がなければ、容易に日本を中ソなどに「売り渡す」ことが出来るということだ。社共や左翼が「売国奴」と呼ばれる所以である。

ソ連崩壊で露見した左翼・社共・朝日らのウソ

戦後、左翼の主張が正しければ、やがて資本主義は淘汰され、共産主義にとって代わるはずだった。だが驚天動地の大事件が起きた。

奇しくも昭和天皇が崩御された昭和六十四年、社会主義国の優等生、東ドイツが崩壊した。二年後には鉄壁と思われたソ連も崩壊、分裂、後ろ盾を失った東欧諸国も次々に崩壊し、欧州の共産支配は潰え去った。その結果、ソ連の圧制に呻吟していたリトアニア、ラトビア、エストニアも独立を回復した。

鉄のカーテンが消え、白日の下に曝された共産国家とは「労働者の天国」とは真逆の「地獄」だった。ソルジェニーツインの『収容所群島』も事実だった。左翼学者、社共、大学から小学校まで、教師の話は全て真赤な嘘だった。

ソ連では貧富の差が大きく、約十%の共産党員が富の五十%を支配していた（『隷従への道』ハイエク・一谷藤一郎訳）。そして共産独裁国家、中共や北朝鮮の貧富の差は想像を絶する。

そこには基本的人権や三権分立も無く、有るのは国民の自由を殴殺する軍事力、武装警察、人権を無視した拷問と暴力、恐るべき環境破壊、貧弱な民生、異民族の略奪、虐殺、抑圧だけだった。

では、ソ連を打倒したロシアは歴史を直視し、スターリンの悪行により日本から奪い取った千島列島を返還すると思いきや、北方領土すら返還しなかった。即ち、ロシア人とは正義の何たるかを知らないケチな民族であることを証明した。本来、返還する必要のない沖縄や硫黄島までも返還した米国とは雲泥の差だった。

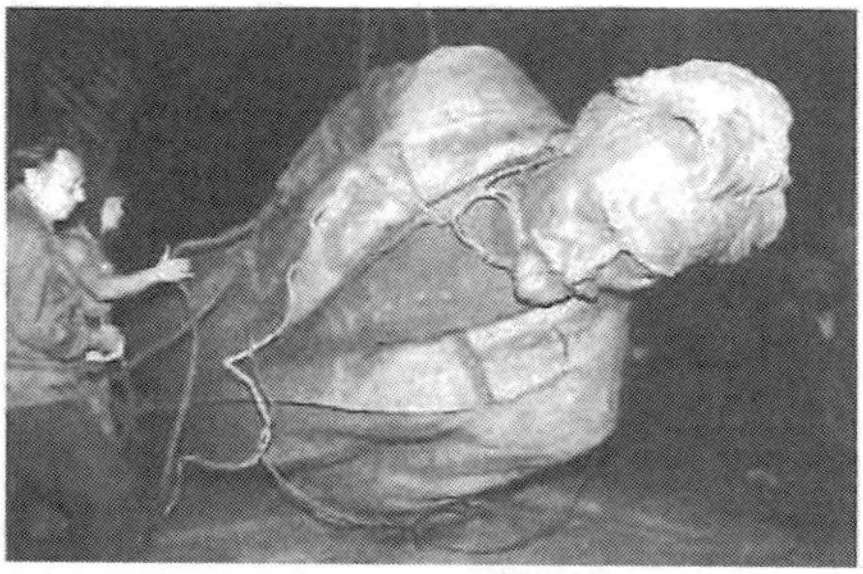

引き倒されたKGB創設者の銅像（1991年8月23日）

ソ連崩壊後も、朝日、日共、左翼などが白昼堂々と活動している姿は理解不能だが、ウソがバレても平然としていられる彼らを「真正のペテン師」と思えば腑に落ちる。

例えば日共は、「資本家による労働者階級の搾取をなくす」と言っているが、自分は堂々と共産党員を搾取している。「貧富の差をなくす」と云いながら日共幹部は特権を有し、専用施設さえ持っている。普通なら、中共や北朝鮮の人々が解放され、自由と人権を獲得する日が来ることを願うであろうに、日本ではあのような独裁国家を目指す人々が今も活動している。

左翼のウソと在日朝鮮人の悲劇

左翼や朝鮮人は、「自分たちはペテン師である」ことを世に知らしめた事件を起こした。それが「在日朝鮮人と日本人妻の北朝鮮帰還事業」だった。ではどのように騙したか、その手口を『正論』（平成十六年十月　兵本達吉）に沿ってお浚《さら》いしておこう。

自分で始めた朝鮮戦争の結果、北朝鮮では多くの若者が死に、日本が残した工業施設も壊滅した。金日成は原状回復の方法として、労働力と資金を日本から調達することを考えた。

彼は先ず朝鮮総連に指令し、総連川崎市中留分会に「祖国への帰還希望」を出させた。

昭和三十六年、総連議長は「北朝鮮は日本を凌駕」するとのウソを流し、北朝鮮が希望に溢れた労働者の天国であるとの虚偽宣伝を開始した。

朝日は直ちに呼応し、金日成の意を汲んで北朝鮮を「躍進する希望の国」としてウソを流し始めた。日共書記長、宮本賢治の秘書だった寺尾五郎は『三十八度線の北』を出版し、北朝鮮を「地上の楽園」と礼賛した。

程なく超党派による帰還協力会が結成されたが、その中心は当時三割を超える朝鮮人党員を抱える日共だった。

更に日共は、ウソの塊、「チョンリマ」という宣伝映画をつくった。この映画は日教組等の手で全国上映されたが、「この作品がインチキだったことを知るのは、それから何十年も経ってからだ」と兵本氏は述べていた。

吉永小百合の主演映画、「キューポラのある街」（共産党員の早船ちよ原作）は、生活苦と民族差別にあえぐ朝鮮人一家が希望に溢れ、北朝鮮に帰還する物語だが、これも帰還を煽るウソだった。だがこれらのウソが逡巡《しゅんじゅん》していた在日を決断させた。

昭和三十四年十二月十四日、新潟港の中央埠頭から九百七十五名をのせた帰還船第一便が出航したが、これが悲劇の始まりだった。北朝鮮は宣伝とは逆、「地上の楽園」もウソなら「北朝鮮帰還者の日本への里帰りを認める」もウソだった。そこは労働者の地獄だったからだ。

結局、九万三千人もの朝鮮人と日本人妻が送り込まれたが、殆《ほとん》どの人の消息も途絶えた。

金日成と朝鮮総連が在日を騙した片方なら、日本側の主役は朝日と社共だった。寺尾五郎が北朝鮮取材して著したという『三十八度線の北』も、日共の映画も全てウソだった。

犯罪国家・北朝鮮と日本人拉致

朝鮮人は悪辣でもあった。送り込まれた朝鮮人家族の弱みに付け込み、日本に残った家族を強請《ゆす》って様々な援助物資を北へ送らせた。

それればかりか北朝鮮は金日成の指令により、朝鮮総連を介して日本人拉致の手引きをさせていた（平成十六年六月二十二日　産経）。その結果、横田めぐみさんを始め、何人が渫われたか分らないほどの犠牲者が出ており、解決の目途すら立っていない。

社会党党首だった朝鮮出身の土井たか子は、「北朝鮮が拉致など行うはずがない」と主張したが、金正日の自白によりウソが証明された。日本人はそれほどの間抜けではなく、社会党の凋落と解体、土井の落選も当然だった。

多くの日本人は、朝鮮人と朝日や左翼は平気でウソをつくことを認識した。その結果、左翼雑誌の読者は激減し、『朝日ジャーナル』は廃刊に追い込まれた。

在日朝鮮人を地獄に送り込んだウソつき新聞・朝日はナベ、カマ、ビールを配り、時には現金まで渡して拡販に必死だが、ウソと偏向に満ちた紙ゴミを買う者は少なくなり、発行部数の減少に歯止めがかからない。

昔から日本人と朝鮮人は相容れなかった。ウソつきで人さらいの彼らが更正し、それを行動で示すまで、「関係は謝絶すべき」は今も正しかった。では、お隣の韓国人や中国人はどうなのか、確認してみたい。

第二部　歴史に学ぶウソと真実

第四章　「慰安婦強制連行」のウソと顛末

李承晩でさえ問題にしていなかった

在韓国日本大使館の改修設計でソウルへ行った時のことである。大使館に近づくにつれ機動隊が現れ、坂道を上ってゆくと狭い車道を挟んで大使館の反対側に十数名が集まり、何やらギャーギャー騒いでいた。大使館員の話では、彼らは元慰安婦と支援者で、「この騒ぎは毎週水曜日に行なわれており、卵やペンキを投げ込まれたこともあった」とのこと。大使館は一切対応せず、鉄門扉を閉め、騒ぎが通り過ぎるのを待っていた。

では慰安婦問題とは何なのか、以下『従軍慰安婦論は破綻した』（日本政策研究センター）、『コリア・タブーを解く』（亜紀書房）などを基に真実を明らかにしたい。

《李承晩政権は「反日」を国是としていた。その李承晩は昭和二十七年頃から日本との間で国交交渉を始め、当時の金で百億ドルとも二百億ドルともいわれる金額を掲げて、植民地支配の後始末を要求した。韓国の立場から見て少しでも根拠があると思われる話については、全て請求書を出すというスタンスだった。男性の徴兵や徴用については未払いの賃金を要求している。

しかし、その後十四年間にも及ぶ交渉の過程で「慰安婦」の補償は一切出ていなかった。対日交渉において、「慰安婦」の問題は全く出てきていない。慰安婦は貧困が原因だったことをみんな知っていたから、慰安婦で補償金がとれるとは誰も考えていなかった。

朴政権の手で日韓基本条約が締結される前年から、日韓国交正常化に反対する一大国民運動が起きたが、その反対論の中にも「慰安婦への補償がないから反対だ」という主張は只の一行もなかった。即ち、「慰安婦」問題は無かった。慰安婦の問題など一切話題にも上らなかった。裁判で日本を裁くなど、考えもしなかった。》（『従軍慰安婦論は破綻した』）

この時代、元慰安婦に配慮してあえて触れなかったという。それが何故問題になったのだろう。

朝日に潜む底知れぬ悪意

この問題を藤岡信勝教授は次のように総括した。（平成十年八月八日　産経）

《そもそも、慰安婦問題の発端から今日に至るまで、その主役は一貫して朝日新聞だった。慰安婦問題の全ての出発点は、被害者の訴えでもなければ韓国政府の要求でもなく、吉田清治という詐話師の書いた『私の戦争犯罪　朝鮮人強制連行』という偽書である。》

昭和五十二年、吉田清治は『朝鮮人慰安婦と日本人』を世に出したが、戦前を知る世代が現役だった頃は話題にもならなかった。誰もがウソと知っていたからだ。だが世代が移り変わる

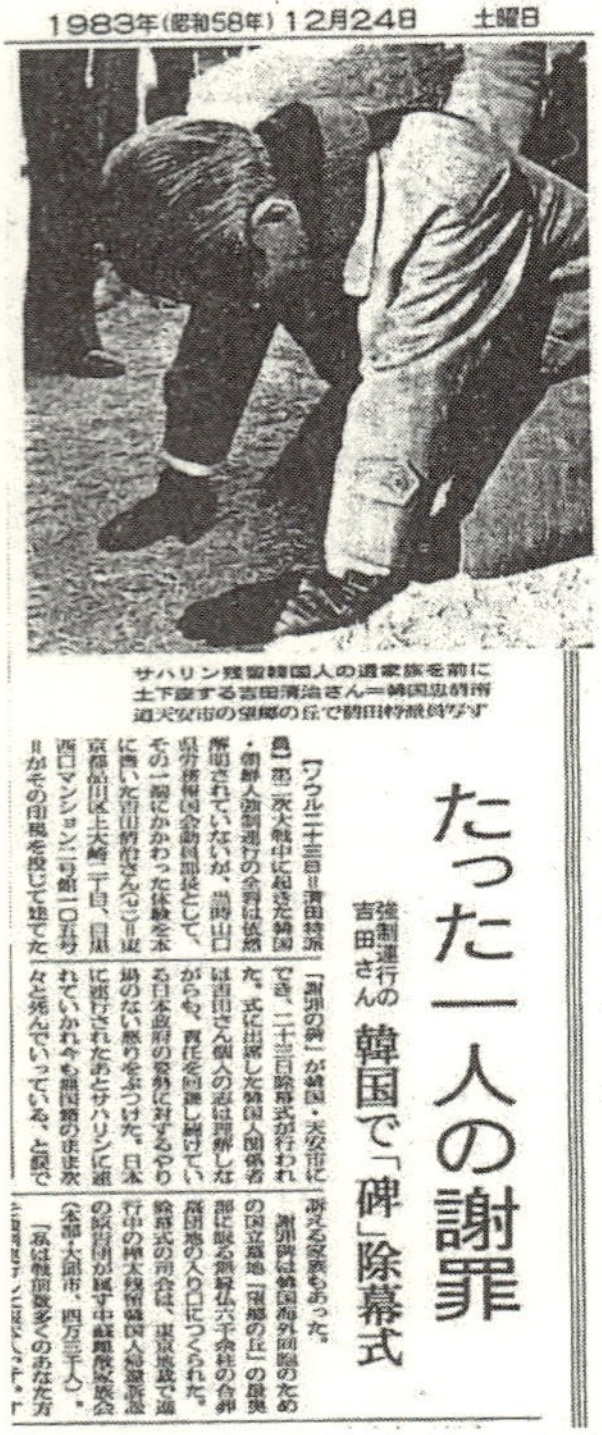
1983年(昭和58年)12月24日　土曜日

たった一人の謝罪

強制連行の吉田さん　韓国で「碑」除幕式

サハリン残留韓国人の遺家族を前に土下座する吉田清治さん＝韓国忠清南道天安市の望郷の丘で

「朝鮮人を強制連行した」と自白し韓国で土下座・謝罪する吉田清治氏。だが彼の自白はウソだった！

昭和五十八年七月、吉田の『私の戦争犯罪　朝鮮人強制連行』という一冊の本がこの問題を表舞台に登場させた。

この本は、吉田自らが「昭和十八年に済州島で赤ん坊を抱いた母親や若い未婚の女性を狩り立て、辺り構わずトラックで連行した」、「軍の命令で挺身隊として女性を強制連行した」という自白本だった。そのため誰もが反論の切欠を失った。

朝日は直ちに食らいつき、検証抜きで「良心的な元軍人の勇気ある告白」として宣伝を開始した。やがて御用学者などがこのウソを事実の如く語ることで、読者は次第に騙されていった。

その後の吉田は、反日団体の支援を受けて日本各地で「ウソ話」を講演し、米国や韓国にまで行って謝罪した。韓国のあるテレビ局が彼の「謝罪の旅」を放映したが、それは「さんざん悪事を働いた」と自白し、最後に彼が頭を垂れて謝罪する場面で終わったという。当時、現地で友人とこの番組を見

た西岡力教授は、店の女性従業員に感想を尋ねると次のように語ったという。

「この日本人は率直に罪の告白をし、謝ったから好感が持てたが、帰国して酷い目に遭うのではないか心配だ。いくら本当のことでも、外国まで来て自国の悪口を大々的に言い広めることは売国行為であるから、日本に知れたら大変な目に遭うだろう」。

外国では喩え共産主義者や左翼であっても皆愛国者であり、自国を貶める目的でウソをつく者や団体はいない。だからこそ世界中の誰もが思った。仮に「吉田の本がウソなら日本人は朝日をボイコットし、企業はスポンサーを降り、学者、外務官僚、政治家、NHKなども反論するはずだ」と。

だが、朝日へのボイコットは起きず、相変わらず企業は広告を出し、日本人は何ら反論しないNHKに受信料を払い続けている。だから「本当かも知れない」と外国人が思ったとて不思議はない。こうして人々は朝日のウソを次第に信じていった。

済州島民に否定された「吉田証言」

平成元年、吉田の偽書が韓国で翻訳出版され、この本を読んだ済州新聞の許栄善記者は真偽を確認すべく現地取材を行った。すると村の長老は次のように応じた。

「私は当時から住んでいるが、そんなことは知らない。もし我々の村でそんなことが一人でもあれば、私の耳に入っているはずだ。そんなことは絶対無かった！」

「吉田は嘘つきだ！」と島民は口を揃えて断定した。念のため、許記者が郷土史家を取材すると、「吉田の書いていることは事実ではないし、むしろ日本人の悪徳ぶりを示す軽薄な商魂の産物だ」と断じた。島民にとって、吉田、朝日、御用学者は「悪徳商人」に過ぎなかった。

同年八月十四日、事実確認を終えた許記者は吉田本を全面否定する記事を地元新聞に掲載した（『現代コリア』一九九二年六月号に全文掲載）。

こうして「吉田本はウソ」が証明されたのだから、朝日やＮＨＫ、韓国のマスコミ業者が真実を報じていればこの問題は終わっていた。だが彼らは日韓両国民に真実を知らせなかった。

多くの元日本軍兵士は、話が話だけに等閑視していたが、この問題が真しやかに語られる様になった。執拗に続く朝日らの虚偽報道に触発され、現地取材をしない、何の裏づけも取らない反日左翼が「吉田の話は本当だ」と言い始めた。

日韓離反を企てた確信犯

平成元年十一月頃、青柳という日本人女性が韓国に行き、原告探しをしていた。

「朝鮮人戦争被害者の中で日本政府を相手取って、公式謝罪と賠償を求める裁判の原告になってくれる人はいないか。裁判費用は全て自分たちが負担する」と。

平成二年、韓国の「太平洋戦争犠牲者遺族会」という団体と青柳とが組み、日本政府を被告とする訴訟が起された。同年一月、「韓国挺身隊問題協議会」の伊貞玉が、吉田や千田の本を読んでそこを尋ね、「挺身隊怨念の足跡取材記」というルポをハンギョレ新聞に書いたが、このルポが吉田の偽書をクローズアップさせた。

日本では高木健一らが日本政府を相手取って訴訟を起こす元慰安婦を探しており、平成三年八月十一日、大阪朝日新聞は次のように報じた。

「日中戦争や第二次大戦の際、女子挺身隊の名で戦場に連行され、日本軍人相手に売春行為を強いられた朝鮮人従軍慰安婦のうち、一人がソウル市内に生存していることがわかり……」。

だが〝女子挺身隊〟とは昭和十八年にできた制度であり、軍需工場などへ動員された〝女子勤労奉仕隊〟を指す。だから、「昭和十四年に女子挺身隊として強制連行された」はウソ。朝日がウソつき新聞と云われる所以である。

平成三年九月、元慰安婦・金学順さんが来日した。彼女はテレビや新聞に登場し、「日本軍に拉致され、慰安所に押し込められ、軍人の相手をさせられた」と語ったがこれもウソだった。

同年十二月六日、高木健一らは三人の元朝鮮人慰安婦を含む三十五人を原告とし、日本政府を被告とした第二次訴訟を起した。

「四十円で売られた」、「売春で大儲けした」

これを契機に朝日は本格的な虚偽報道を開始した。

済州新聞の調査を無視し、大見出しで「従軍慰安婦にさせられた朝鮮女性、半世紀の『恨』提訴へ」、「問われる人権感覚　制度の枠超え真の補償を　韓国人従軍慰安婦提訴」等と書き連ねた。論説委員、北畠清泰は『窓』（平成四年一月二十三日夕刊）で吉田証言を真実と論じ、己の無知を曝け出した。

何故なら、十二月の訴状によると金さんは「十四歳の時、母により四十円で（朝鮮人）養父に売られた」と書いていたからだ。韓国でも「売られた」と明言したように、金さんは「実母により朝鮮人に売られた」のだ。その後、人買いはキーセンにするために芸事を三年間仕込み、北京で女衒《ぜげん》に売渡した。

同時に提訴した文玉珠さんは、二年三ヶ月の慰安婦稼業で二万六千円を稼ぎ出し、加えて、朝鮮へ五千円を送金していた。売春稼業で大金持ちになった彼女は、「戦時郵便貯金を返還せよ」と日本政府を訴えた。文さんは日本兵に性的サービスを行う売春婦だった。

米軍の調査では、慰安婦の月収は千円から二千円だったという。当時、東條首相の月給は八百円、一般兵士の平均は十五から二十五円、二等兵は六円だったから、彼女らの儲けぶりが理解されよう。

これらの訴訟は原告敗訴が決定しているが、朝日などの虚偽キャンペーンにより日本人の頭に虚偽データが打ち込まれ続け、世の中は狂っていった。

朝日の「デマ」に狼狽える日本政府

平成二年六月、社会党の本岡参議院議員が「強制連行された者の中には、慰安婦もいたのではないか」と国会質問を行った。労働省の局長は「徴用の対象義務と従軍慰安婦の義務とは関係ない」、「民間人がそういう人を連れて歩いたようで、その関係については実状を明らかにすることはできかねる」と答弁した。

平成三年十二月六日、加藤紘一官房長官は「政府関係機関が関与したという資料はなかなか見つかっておらず、今のところ政府としてこの問題に対処することは非常に困難」と答えた。

翌年一月十一日、宮沢喜一総理の訪韓直前、朝日は朝刊一面トップで「慰安所　軍関与を示す資料」、「政府見解揺らぐ」と書いた。狼狽《うろた》えた加藤は新聞を読みもしないで十三日、一転軍の関与を認め「お詫びと反省」を行った。

十七日に訪韓した宮沢も、何故か米つきバッタのように謝罪を繰り返した。

ここでも彼らは「愚か者」ぶりを発揮した。というのもこの資料は「慰安婦を斡旋する朝鮮人業者が〈人さらい紛い〉のことをやって募集しているようだが、それは軍の威信にかかわるから業者の選定を厳しくせよ」との通告だったからだ。

当時、朝鮮では売春婦目的の人攫いが横行し、総督府はこれを厳しく取締まっていた（『サピオ』二〇〇七・五・九　水間政憲）。だから日本が謝罪する理由など何処にもなかった。

朝日が無知で悪質なのは、この報道にかこつけて次のような虚偽解説を載せた点にある。

「一九三〇年代、中国では日本軍兵士による強姦事件が多発したため、反日感情を抑えるのと性病を防ぐために慰安所を設けた。元軍人や軍医などの証言によると、開設当初から約八割は朝鮮人女性だったといわれる。太平洋戦争にはいると、主として朝鮮人女性を挺身隊の名で強制連行した。その人数は八万とも二十万ともいわれる。」

慰安婦問題の研究者、秦郁彦氏は、慰安婦総数は一万数千人であり、構成は日本人が四十%、現地人が三十%、朝鮮人が二十%、その他が十%と推定した（『慰安婦と戦場の性』）。即ち、朝日の報道はウソだったが、朝日はこのウソを世界中に拡散させていった。

「無いことは証明できない」が分らない

その後、政府の異常行動が顕在化してくる。宮沢喜一の謝罪から河野談話までの約一年半、告発された日本政府は、自らを有罪にする証拠を必死に探してきた。だが証拠は出てこない。やっていないのだから出るはずがない。

それでも彼らは「無いことは証明できない」というロジックが分らず、国内は勿論、米国国立公文書館まで行って「日本は悪いことをしたはずだ」と必死に証拠探しをしてきた。だが不思議なことに、二十万人の女性が強制連行されたという韓国に於いても、たった一人の目撃者も出てこない。

その時代、売春業者にとって日本兵相手の売春は性病のリスクが少なく、儲けも確実な良い商売だった。女工の月給が五十円の時代、慰安婦は数千円を稼いでいたのだから希望者は沢山いた。だから日本軍が「強制連行」をする必要などなかった。

平成四年七月、日本政府は中間報告を行うが、それは「今日に至るまで強制連行を示す客観的資料は一点も出ていない」だった。そんな法律も命令もないのだから、「無い」といえば良いのに、自民党政府や官僚は「無い」と公言できなくなっていた。

韓国から見れば、無いなら、なぜ宮沢首相が謝罪を繰り返したのか分らない、納得出来ない。だがウソはウソなのである。

身体検査に向かう慰安婦
昭和13年1月2日　上海市内
（麻生徹男『上海より上海へ』）

済州島住民は再び吉田本を否定

平成四年三月、秦郁彦教授は現地に赴き、済州新聞の許栄善記者が署名入りで書いた記事（平成元年八月十四日付）の再調査を行った。

《この本に記述されている城山浦の貝ボタン工場で十五

から十六人を強制徴発したとか、あちこちの村で行われた慰安婦狩りをした話を裏づける証言する人はほとんどいない。島民達は「でたらめだ」と一蹴し、この著述の信憑性に対して強く疑問を投げかけている（中略）。

八十五歳の女性は「二百五十余の家しかないこの村で、十五人も徴用したとすれば大事件であるが、当時はそんな事実はなかった」と語った。郷土史家の金奉玉氏は、「一九八三年に日本語版が出てから、何年かの間追跡調査した結果、事実でないことを発見した。この本は日本人の悪徳ぶりを示す軽薄な商魂の産物と思われる」と憤慨している。

「何が目的でこんな作り話を書くんでしょうか」と許女子に聞かれて私も窮したが、「有名な南京虐殺事件でも、この種の詐話師が何人か現に現れました。彼らは土下座して懺悔する癖があります」と答えるのが精一杯だった。聞くところによると、くだんの吉田も何回か韓国へ謝罪の旅に出かけ、土下座をしたり慰安婦の碑を建てたり、国連の人権委員会へ働きかけたりしているようである。》（平成四年年六月『正論』）

だが朝日やNHKはこの調査結果を一切報じなかった。彼らにとって、日韓両国民に本当のことを知られては困るからだ。

同年七月、韓国も『日帝下軍隊慰安婦実態調査中間報告書』を発表した。だが慰安婦の募集方法については彼女らの聞き書きは採用していない。矛盾が多すぎて信用できなかったからだ。

韓国側が、いくら調べてもたった一人の目撃者も現れなかった。根拠とされたのは吉田証言だけであり、この証言も済州島民は否定していたから、朝日などの報道はウソと確定したのも同然だった。平成二十九年八月十九日、日本テレビの「深層ＮＥＷＳ」は、吉田本を否定していた済州島民を放映していた。だがＮＨＫは取材も報道もせず、ウソつき業者であり続けた。

理解不能な自民党首脳の行動

日本政府が幾ら探しても、目撃証言、法令、命令書とう何もなかった。平成五年一月、この事実を踏まえ、呉駐日大使が帰任しソウルで記者会見を行い「慰安婦問題で日本政府は誠実に調査をしている。日本政府の中間報告は信用に値する」と述べた。だが宮沢首相の謝罪や「朝日の虚偽報道」以来、韓国では「女子挺身隊＝慰安婦」なるウソが定着してしまった。更に日本政府を相手取り、裁判や補償を要求することで飯を食っている運動体が存在するに至り、日本が強制連行したことにならないと彼らは食いはぐれてしまう。テレビでは、何も知らないディレクターが済州島民証言を無視し、吉田偽証に基づく『実録ドラマ』なるウソを放映していた。結局、呉大使は袋叩きにされ、彼らの頭も快復の見込みが無くなった。

然るに、強制連行の証拠が一切ないことで日本政府は困ったという。そこで最後の拠り所として韓国に行き、自称慰安婦の聞き取り調査を行った。

平成五年三月、外務省の課長が事前調整目的で韓国に行った時、先方の局長から「これに全部書いてある」と渡されたのが『証言集Ⅰ　強制で連れて行かれた朝鮮人軍慰安婦たち』だった。これはソウル大学の安教授を中心に「挺身隊研究会」を組織し、本格的な聞き取り調査を行い纏めた証言集であり、ここに「元慰安婦だった」と届け出た百五十人の証言が載っていた。

安教授は、生存者七十四人の中で、連絡可能な四十人を対象に裏づけを取りながら調査を行ったが、二十一人の証言を「信用できない」として除外し、十九人の証言が収録された。

この中で強制連行の可能性があるのは四人だった。その内二人は釜山や富山へ行ったとあったが、そこは慰安施設ではなかった。残りの二人が金さんと文さんだが、金さんは親により売られ、文さんは誘われて慰安婦になった。結局、強制連行された者は一人もいなかった。

これで決着がついたと思いきやそうではなかった。謝罪した手前、何としても日本を犯罪国家にしたい宮沢や河野は、私的な『韓国挺身隊問題対策協議会』から推薦された自称「強制連行された慰安婦」十六人から聞き取りを行い、根拠なきまま「強制連行はあった」と断定した。

「河野談話」を否定した吉田清治

政治家が自国民に向かって、国益を損なうウソをつくと犬なら狂犬、行く先はきまっているが、同様の運命が自民党にも訪れた。

平成五年七月十八日の第四十回衆議院議員総選挙で自民党は過半数を割り込み、八月九日、宮沢内閣は総辞職に追い込まれた。だが、総辞職直前の八月四日、河野洋平官房長官は「慰安婦関係調査結果発表に関する内閣官房長官談話」を発表した。その中に次なる一文がある。

「慰安婦の募集については、軍の要請を受けた業者が主としてこれに当たったが、その場合も、甘言、強圧など、本人たちの意志に反して集められた事例が数多くあり、更に、官憲等が直接これに加担したこともあったことが明らかになった（後略）」。

ところが河野は、自分の談話の根拠を提示できずに逃げ回っている。それもそのはず、平成八年五月、吉田清治は『週刊新潮』のゴールデンウイーク特集号で自著を否定したからだ。

「秦さんらは私の書いた本をあれこれ言いますがね。まあ、本に真実を書いても何の利益もない。関係者に迷惑をかけてはまずいから、カムフラージュした部分もあるんですよ。だからクマラスワミさんとの面談も断りました。事実を隠し、自分の主張を混ぜて書くなんていうのは、新聞だってやることじゃありませんか。チグハグな部分があってもしょうがない。」

やはりこの本は済州島民の言う「日本人の悪徳ぶりを示す軽薄な商魂の産物」だった。河野談話はウソ、根拠など無かったのである。

村山首相が謝罪――自民党下野へ

宮沢内閣総辞職の後、自民党は政権の座から追われた。続いて細川護熙《もりひろ》内閣が八ヵ月、羽田孜《つとむ》内閣が二ヶ月で崩壊したが、国民に見放された自民党は下野したままだった。

平成六年六月、そこで自民党は、社会党党首の村山富市を首相に祭り上げた。すると社会党は直ちに自衛隊を合憲とし日米安保条約に賛成した。左翼とはこんな者の集まりなのだ。

平成六年八月三十一日、歴史に無知な村山は「内閣総理大臣談話」を発表し、血税一千億円をドブに捨てる決定をした。これは左翼が売国奴である動かぬ証拠だった。

①私は、我が国の侵略行為や植民地支配などにより多くの人々に耐え難い苦しみと悲しみをもたらしたことへの深い反省を表明する。

②いわゆる従軍慰安婦問題は、女性の名誉と尊厳を深く傷つけられた問題であり、私は心から深い反省とお詫びの気持ちを表する。

③在サハリン「韓国人」永住帰国問題に対する支援、台湾住民に対する未払い給与や軍事郵便貯金等、長い間未解決であった、いわゆる確定債務問題への対応を行う。

④そのために今後十年間で一千億円の事業を展開する。

平成七年六月、村山談話を合図に五十嵐広三官房長官は「女性のためのアジア平和国民基金」に関する声明を発表した。

①元従軍慰安婦の方々への償い金を民間から基金が公募する。

②元従軍慰安婦の方々に対する医療、福祉支援事業を、政府の資金で基金が行う。

③政府が元従軍慰安婦の方々に国として率直な反省とお詫びを表明する。

④政府は過去の従軍慰安婦の歴史資料を整え歴史の教訓とする。

同年七月、総理府と外務省の管轄下で「女性のためのアジア平和国民基金」が発足。以後、売春婦への優遇政策が実行に移されたが、こんなバカげた国は何処にもない。

阪神淡路大震災への対応等で、無能が証明された村山内閣も見捨てられ、その後、自民党の橋本内閣が誕生した。

平成八年七月、あの橋本龍太郎が『元「慰安婦」の方への総理のお詫びの手紙』を発表。

平成九年一月、韓国人元慰安婦へ、この手紙を添えて見舞金支給（三百万円／人）を開始。

同年一月三十日、参議院で片山虎之助議員が「強制連行や強制募集の事実が確認できたか」と再度質問したとき、平林外政審議室長は明快に答弁した。

「政府は、二度にわたりまして調査をいたしました。一部資料、一部証言ということですが、今先生御指摘の強制性の問題ですが、政府が調査した限りの中には軍や官憲による慰安婦の強制募集を直接示すような記述内容は見いだせませんでした」と。

では、なぜ売春婦に「総理のお詫びと見舞金」が必要なのか。こうして根拠なき謝罪と税金投入が開始され、村山の方針を橋本、小渕、森、小泉といった歴代首相が引き継いだ。その過程で社会党は消滅し、売国政党と化した自民党も見捨てられていく。

「あった派」の吉見教授も強制連行を否定

橋本内閣が元慰安婦への「見舞金支給」を開始した平成九年一月、私はテレビ朝日の討論番組『朝まで生テレビ』を見ていた。すると「強制連行あった派」の吉見教授は、西岡教授との会話で「朝鮮半島での慰安婦強制連行説」をあっさり否定した。

吉見　官憲による奴隷狩りのような連行もなかったとは言えないわけです。これは国内と植民地では違った訳ですが、占領地では有ったという例は出てきておりますが植民地では確認されていません。

西岡　今の〝植民地で確認できていない〟と言うことは、朝鮮半島では確認できていない、と言う事で宜しいですか。

吉見　官憲による暴力的な……そうですね確認されていません。

西岡　もう一つ言わせて下さい。この本について先ほどユンさんが言ったことですが、この本について挺身隊と言う名前で連れていったという事ですがこれは全く根拠のない話です。吉見先生に是非聞きたいのですが、挺身隊という名前で慰安婦にされた例は有りますか。それを証拠づけるものはありますか。

吉見　現在のところは確認されていません。

「確認されていない」は「なかった」であり、次の二点で両者の意見は一致した。

①半島において官憲による強制連行はなかった。

②挺身隊という名前で慰安婦にされた女性はいなかった。

即ち、平成三年八月の朝日の記事、「女子挺身隊の名で戦場に連行され、日本人相手に売春行為を強いられた」や十二月の記事、「朝鮮人女性を挺身隊の名で強制連行した……」はウソだった。

序《ついで》ながら吉見教授の「占領地では強制連行が無かったとはいえない」の事例を紹介しよう。日本軍がインドネシアをオランダから解放した時、ジャワのスマランで数人の軍人と民間人が司令部の指示、「自由意志の者だけを雇うように」を無視し、オランダ人捕虜の女性を約二ヶ月間、売春婦として働かせたことがあった。それを知った軍上層部は責任者を厳罰に処し、慰安所を閉鎖した。戦後、オランダによる裁判で、この慰安所に関係した軍人五人、民間人四人が懲役刑に処せられ、一人が死刑になり決着がついている。だが朝日やＮＨＫは事の顛末を報じなかった。何故なら、この事実は日本軍が「慰安行為の強制」を禁止していた証拠となるからだ。

石原氏が暴露した「河野談話」の舞台裏

平成九年三月、当時の石原官房副長官は産経や桜井よしこ氏のインタビューに答え、「河野談話」の内幕を明らかにした。

「とにかく強制連行を認めてくれ、そうしないと韓国世論を納得させられない」という悲鳴が韓国政府から出てきた。金大統領は〝事実を認めよ〟といっていたが、それは本当の事実を認めよ、というのではなく、強制連行を認めてくれ、ということだった。

つまり、韓国が信じている強制連行を、証拠がないことを理由に日本が認めてくれなかったら、韓国政府が妥協したことになる。お金は要らないから、もうこれ以上外交問題にしないから、韓国の固定観念に合わせてくれ、と要求してきた。

そこで、日本政府は官房長官談話の文面を韓国側に見せるなどして調整し、合意の上で官房長官談話を発表したというのが真相である。韓国がもう二度と取上げないと言っているのだから、外交問題の処理として、強制連行に当たる文書を入れることに同意した。」

自国の名誉を棄損するウソを公認することが「外交問題の処理」とは狂気の沙汰だった。密約による「河野談話」の後半で河野は次のように語っている。

「我々はこのような歴史の真実を回避することなく、むしろこれを歴史の教訓として直視してゆきたい。我々は、歴史研究、歴史教育を通じて、このような問題を長く記憶にとどめ、同じ過ちを決して繰り返さないという固い決意を改めて表明する」。

河野から「歴史の真実」とは笑止千万。この男に残された道は、真実を語り両国民に詫びることしかない。

「偽善者」のもたらす二重の害毒

河野のような偽善者は二重の害悪をもたらす。慰安婦の強制連行など「無かった」のに「有った」と嘘をつく、これが第一の害毒である。同時に「無いものは無い」という正直者を嘘つきにしてしまう。これが第二の害毒である。

「やった」のに「やりません」とウソをつくのは犯罪者の常套手段だが、河野や宮沢、外務官僚は「強制連行の証拠などない、やってもいない」のに「やりました」と謝罪した。済州島の村民が否定し、吉田清治が否定し、学者も「強制連行はない」と否定しても「強制連行した」と主張する者の頭は狂っているとしか言いようがない。

宮沢等は「教科書誤報事件」でも「ウソを本当」として韓国に屈服した前科がある。理解不能な売国的偽善者が他にもいる。

大勲位中曽根康弘が首相の時、中共から「靖国参拝を止めてほしい」と内政干渉された時、簡単に屈服し、参拝を取止めた初の腰抜け総理大臣となった。中共が「A級戦犯合祀が許せない」と発言すると、鸚鵡返しに「A級戦犯は分祀すべきだ」と真顔で発言する。この男は分祀の何たるかも知らない。

更に、中共から「教科書に〝南京大虐殺があった〟と書いて欲しい」と頼まれると、中共との「友好関係のため」とばかり、検定合格した高校の歴史教科書会社に対して「書き替えないなら検定合格を取消す」と脅し、「南京大虐殺があった」なるウソを記述させてきた。

彼らは歴史の重要性が分っていないから、靖国神参拝を取止め、歴史教育を外国の検閲下に置くことを恥辱と思わない。国のトップによる「偽善と売国」が化合し、最悪の結末へと向かっていった。

「嘘を本当」と教える日韓愚民化教育始まる

平成八年、全ての中学歴史教科書に「慰安婦の強制連行」なるウソが載るようになった。東京書籍の中学歴史教科書は、《従軍慰安婦として強制的に戦場に送り出された若い女性も多数いた》と記していた。

第一、従軍慰安婦など存在しない。主語は欠落しているが、文脈から「日本軍により」は明らかであり、また新たなウソが子供たちの頭に強制注入されることになった。非行、いじめ、不登校を憂える声があるが、義務教育を通してウソを注入し続けるのだから、子供の頭が狂うのも致し方ない。

平成九年、韓国の国定教科書に次のようなウソが書き加えられ、彼らの頭も完全に狂ってしまった。

「わが民族は戦争に必要な食料と各種の物資を収奪され、わが国の青年は志願兵という名目で、また、徴兵制と徴用令によって日本、中国、サハリン、東南アジアなどの地へ強制動員され、命を失い、女性たちまで挺身隊という名でひっぱられて日本軍の慰安婦として犠牲になった。」


では日韓併合時代に朝鮮人の人口が千三百万人（一九一〇）から二千五百万人（一九四二）と、僅《わず》か三十数年間で約二倍になったのは何故か、自問して見るがいい。

平成十三年度の中学歴史教科書検定で、韓国は外交ルートを通じ、わが国の全ての歴史教科書を検閲し、三十五項目の修正を要求した。慰安婦関連の意見は次の通りだった。

・日本軍にほしいままにされた過酷な行為の象徴である軍隊慰安婦の問題をわざと記述から漏らし、残酷行為の事実を隠蔽。
・最近、国連人権委員会に報告された「戦時の軍の性奴隷問題に関する特別報告書」、及び「戦時の組織的強姦、性奴隷、奴隷的行為に関する特別報告書」でも、軍隊慰安婦を戦争犯罪と糾弾。
・日本政府も一九九三年八月の軍隊慰安婦に関する「官房長官談話」で、日本軍が慰安所の設置及び運営に直接・間接的に関与したこと、募集、移送、管理が甘言や強圧によって、相対的に本人の意志に反してなされたことを認めている。

河野談話で一件落着したと思ったのも束の間、口約束は反古《ほご》にされ、韓国に騙された日本政府は為す術を知らなかった。だが天に唾する報いはこれで終わらなかった。

米国に飛び火した慰安婦賠償訴訟

平成十七年一月、「女性のためのアジア平和国民基金」の村山富市理事長は、二百八十五名の慰安婦に償い金を支給、インドネシアへの事業が終了するのを待って同年三月に解散を宣言した。こうして「償い事業」は終了したが、ウソは海外に飛び火していた。

平成八年、国連人権委員会のクワラスミ氏は、朝日が報じた「吉田証言と朝鮮人慰安婦二十万人が日本軍の制奴隷として強制連行された」を事実と認定し、報告書を発表した。この報告書は日本政府に「元慰安婦への国家賠償と謝罪、関係者の処罰」を求めていた。

以後、国際社会では、「日本は十二歳の少女を含む二十万人もの女性を性奴隷とした」というレッテルが張られた。だが日本政府はもとより、産経を除く他の新聞やNHKが反論しないため、世界中で連鎖反応が起きた。

平成十二年九月、日本軍の「慰安婦」にさせられたと主張した中共、韓国などの女性十五名が米国内で日本政府を相手取って損害賠償裁判を起した。彼女らは先ず、首都ワシントンの連邦地裁において、「誘惑、詐欺、強制により、日本軍から性奴隷として扱われ、身体的障害を負った」と訴えた。

実に奇妙な裁判だったが、それは米国法の隙をついた告訴だった。米国では外国の主権国家の行為は裁けないが、こと商業活動は例外とする規定があり、国際法違反への訴訟も可能となる。そこで慰安婦問題には「商業的要素があった、国際法上の違反があった」と主張した。

日本政府は例によって事実関係には踏込まず、この種の賠償問題は講和条約で解決済みとした。米国もこの考えを支持し、翌年十月、地裁は原告の訴えを却下した。控訴、棄却を繰り返し、平成十八年二月、米連邦最高裁は原告の訴えを却下し、今後この種の提訴はできなくなった。

この裁判の日本側中心人物が第四次安倍内閣の法務大臣、山下貴司議員である。彼は、一等書記官兼法律顧問として、他に戦時捕虜訴訟の日本側窓口として米国司法省と情報を交換し、作戦を立て、勝訴に導いた功労者だった。

米国で再燃する朝日発のウソ

話しはまだ終わらない。自称日系二世のマイク・ホンダ下院議員は、下院に「慰安婦決議案百二十一号　第百十米国議会二〇〇七―二〇〇八　二〇〇七年一月三十一日」を提出した（以下要約）。

「日本政府により強制された軍事売春である慰安婦制度は、その残酷さと規模の大きさにおいて前例のないものと見られるが、それは集団レイプ、強制堕胎、性的恥辱、性暴力を含み、結果として身体障害、死亡、最終的な自殺にまで追詰めた、二十世紀最大の人身売買事件の一つであった。日本官

民の役職にある人々は最近、真摯な謝罪と反省を表明した河野談話を薄め、若しくは撤回したいという願望を表明した。それ故
①日本政府は事実を認め、謝罪し、歴史的責任を受入るべきである。
②日本の首相は公的な資格で公式に謝罪すべきである。
③慰安婦の性的奴隷状態と人身売買は無かった、という主張に公然と反論すべきである。
④日本政府はこの恐るべき犯罪に対して、学校で教育するべきである。」

この決議は日本人左翼と中韓の反日団体が暗躍した結果だった。下院外交委員会決議を経て下院に上程されたが、事ここに及んで売国新聞・朝日が登場した。

平成十九年三月三十一日付、社説『歴史から目をそらすまい』で次のように賛意を表した。

「日本軍が直接に強制連行したか否か、という狭い視点でこの問題をとらえようとする傾向を批判し、全体として強制と呼ぶべき実態があった」と。

この業者は決して真実を語らず、自ら蒔いたウソを大きく育て、世界中を騙しきって反日侮日に向かわせた。それは、中共の日米離反の策謀にそった動きだったことが明らかになる。

米国での陰の主役は中共だった

平成十九年四月十二日、産経のワシントン駐在ジャーナリスト古森義久氏は、産経紙上で「米国の良心が現れて来た」と次のように報じた。

《米国議会調査局は、日本の慰安婦問題に関して議員向けの調査報告書をこのほど作成した（中略）。焦点の「軍による女性の強制徴用」について同報告書は「日本軍はおそらくほとんどの徴募を直接実行しなかっただろう。特に朝鮮半島ではそうだった」と述べ、所謂《いわゆる》慰安婦問題での日本糾弾の決議案が「日本軍による二十万人女性の性の奴隷化」という表現で非難する日本軍による組織的、政策的には強制徴用はなかったという主旨の見解を明らかにした。（中略）

同報告書は特に賠償について政府間では既に対日講和条約や日韓関係正常化で決着済みとの見解を示し、もし諸外国が日本に今公式の賠償を求めれば、「日本側は戦争中の東京大空襲の死者八万人や原爆投下の被害への賠償を求めてくる潜在性もある」とも指摘した。（中略）

同報告書は河野談話や歴代首相の「アジア女性基金」賠償受取り女性への謝罪の重要性を強調し、「それでも不十分とする批判者達は何故不十分なのか理由を明示していない」として、謝罪要求への懐疑を明確にした。》

このような状況を踏まえ、真実が明らかになることを恐れた朝日のご主人様が正体を表した。同年六月三日、古森氏は次のように伝えた。

《ニューヨーク　タイムズ　五月二十八日付けは、第十九面の右半分に米国下院に出ている慰安婦決議案への支持を訴える意見広告を掲載した（中略）。

同広告を掲載した具体的な当事者としては「抗日連合会」の名が先ず記され（中略）。

米国ではこれまで慰安婦決議案推進ではもっぱら「ワシントン慰安婦連合」という韓国系組織が前面に出て、中国系の「抗日連合会」は背後に隠れた形となっていた。それが新聞広告に組織名を出すという格好で表面に登場してきたのは、同決議案の上程などが意外に難航し、組織をあげての宣伝工作が必要とみなされるようになったためと見られる。》

六月十四日、ワシントン・ポストに「THE　FACCT」なる全面意見広告が掲載された。これは「慰安婦関連の歴史的事実」を米国民に訴える目的で論点を五つに絞り、証拠を添えての事実発信だった（『WILL』二〇〇七年八月）。

七月三十日、米下院は本会議で「慰安婦問題に対する対日非難決議」を採択した。この決議への共同提案者は、議員総数四百三十五人のうち百六十七人に上ったが、議場に出席したのは十人に過ぎなかった。その後、ホンダ議員は自らを支えてくれた「抗日連合会」に謝意を表明し、同時に「中共政府の指示に従っているわけではない」と弁明することで黒幕を明らかにした。（八月一日　産経）

十一月、オランダとカナダの下院で同様な決議案が採択された。

十二月十三日、フランスのストラスブールでのEU欧州議会において、第二次大戦中の旧日本軍の「慰安婦問題」をめぐり、日本政府の公式謝罪などを求める決議案を賛成多数で可決した。これは加盟二十七ヶ国の「民意」を代表しているとのことだった。

翌年月十一日、フィリピン下院の外交委員会でも同様の決議案が可決された。

これは中共による日米離反の宣伝戦である。この戦いで、中共の側に立つ朝日やNHKは日本の敵であることが分るだろう。

なぜ朝日新聞はウソを「自白」したのか

平成二十六年八月五日と六日、朝日は「自社報道がウソでデタラメだった」と自白した。誰もが金正日が「日本人拉致を認めた」くらい驚いた。

この件に関し、朝日がウソをつき始めたのは昭和五十七年九月だから、何と三十二年間も世界中にウソを流し続けたことになる。「世界中」というのは、朝日は英字新聞でもウソを流してきたからだ。

この間、産経は朝日と対立してきたが、やはり産経が正しかった。ネットでは、朝日やNHKが決して報じない真実が流れていた。

朝日は、「一部の論壇やネット上に朝日の捏造といういわれなき批判が起きている」と言及したが、そうではない。団塊の世代とは異なり、ネット世代の若者は真実を知っており、嘘つき新聞を買う者はいない。その結果、朝日のウソに嫌気を差した購読者が次々と離れ、発行部数の減少に歯止めがかからなくなってしまった。では何をどう自白したのか。

【吉田証言のウソ】

「済州島で慰安婦にするため女性を狩りだし、強制連行した」を事実のごとく報じたのは、確認されただけでも十六回に及んだが、「読者の皆様へ」で、吉田証言はウソだったと自白し、取り消した。

【慰安婦は挺身隊というウソ】

朝日新聞は「女子挺身隊などの名で朝鮮人女性を強制連行した」と繰り返し報じてきたが、「女子挺身隊を慰安婦は全く別」と自らのウソを遂に自白した。

朝日が世界中に流布した二十万人の慰安婦強制連行もウソだった。

【強制連行について】

「朝鮮や台湾では軍などが組織的に人さらいのように連行した資料は見つかっていない」と今までの報道はウソであることを自白した。

平成二十六年、朝日の発行部数は三十一万部減少し、今や四百万部を割り込んだ、ともいわれる。

この新聞は日本と世界にとって有害な「ウソつき新聞である」と気付いた人が増えている。

安倍政権が表明した真実

平成三十年二月二十七日、国連欧州本部で開かれた女子差別撤廃委員会の対日審査で、堀井学外務大臣政務官は、「日本の立場と事実関係」を明らかにした。（以下、要旨）

《これに関連して、日本政府は、日韓間で慰安婦問題が政治・外交問題化した一九九〇年代初頭以降、慰安婦問題に関する本格的な事実調査を行いましたが、得られた資料の中には、軍や官憲によるいわゆる「強制連行」を確認できるものはありませんでした。

「慰安婦が強制連行された」という見方は、一九八三年、「私の戦争犯罪」という本の中で、故人になった吉田清治氏が、「日本軍の命令で、韓国の済州島に於いて、大勢の女性狩りをした」という虚偽の事実を捏造して発表し、当時、日本の大手新聞社の一つにより、事実であるかのように大きく報道されたことにより、国際社会にも広く流布されました。

しかし、これは、後に、完全に想像の産物であったことが証明されています。この大手新聞社自身も、後に、事実関係の誤りを認め、正式にこの点に付き読者に謝罪しています。》

この「大手新聞社」とは朝日であることは云うまでもない。これが安倍政権によって明らかにされた真実、わが国の最終結論である。だが朝日やNHKはこの見解を隠蔽し、国内外に発信し続けることはなかった。彼らには、「反日マスコミ業者」と呼ばれる所以《ゆえん》である。

治らない朝日の虚偽体質

平成三十年七月六日、産経は次なる報道を行った。

《米カリフォルニア州弁護士でタレントのケント・ギルバート氏らは六日、朝日新聞電子版の英語報道が「慰安婦強制連行・性奴隷説を流布するような内容だとして、東京・築地の朝日新聞本社を訪れ、約一万人の署名とともに表現の修正などを申し入れた。朝日新聞側は「重く受け止める」として二十三日までに回答すると応じた。

申し入れは朝日が慰安婦の説明で「forced to provide sex（性行為を強制された）」としている表現を今後しないことや、朝日が朝鮮半島で女性を「強制連行した」と虚偽を語った吉田清治氏の証言に基づく記事を撤回したことの英語発信を求めた。ギルバート氏は申し入れ後の記者会見で「世界の歴史をみても間違った報道によってこんなに国益が損なわれた例はほとんどない。それだけ重大な問題だということを朝日新聞に理解してもらいたい」と述べた。》

実は平成二十六年九月、朝日の木村社長は記者会見を開き、「事実を旨とする報道であるべきでした。

誤った報道と謝罪が遅れたことに、お詫び申し上げます」と虚偽報道を認めたから、この申し入れを受け入れると思われた。ところが二十五日の産経は次のように報じた。

《慰安婦問題をめぐる朝日電子版の英語報道に修正を申し入れていた問題で、朝日新聞社は二十四日までに「申し入れに応じることはできない」と回答した。》

この時朝日は、英文による告知に関して、「二〇一四年八月五日付け記事の英訳版は『朝日新聞デジタル』で二〇一四年八月二十二日に掲載し、現在も下記のＵＲＬで全文閲覧できます」と回答したため、ギルバート氏らは一旦引き下がった。そこで氏はＵＲＬを確認したが、肝心の記事は見当たらなかった。八月二十五日、産経はその理由を報じた。（概要）

「朝日新聞の慰安婦問題にからむ英語版記事がインターネットで検索できないような設定になっていた。それは平成二十六年八月五日付朝刊の特集「慰安婦問題を考える　上」に掲載された記事の英語版二本である。一つは、朝鮮半島で女性を強制連行したと虚偽証言した吉田清治の記事を取り消した記事。次は、女子挺身隊と慰安婦の混同を認めたことを伝えた記事だった。」

朝日の謝罪は口先だけ、部数減対策として国内だけに示したお芝居だった。日本では虚偽を自白したものの「海外では今までの報道がウソだったことを何としても隠したい」が朝日の本音だった。しかもこの姑息さを恥と思わぬ新聞社だった。産経の指摘を受け、朝日は二〇一四年以来検索不能としていた設定（メタタグ）を解除せざるを得なくなった。程なく黒幕が明らかになる。

それは中共による日米離反の企てだった

平成三十年八月十四日、産経新聞に「中国スパイ　慰安婦問題糾弾の戦法」なる小森義久氏の報文が載ったので、要点を記しておく。

上院民主党カリフォルニア州選出のダイアン・ファインスタイン議員は八月五日、連邦捜査局（FBI）から、「五年前に私の補佐官の一人が中国諜報機関にひそかに情報を提供し、対米秘密工作に協力している」と通告を受け、独自に調査した結果、すぐに解雇した。機密漏れの実害はなかった、という声明を発表した。

上院で二十五年も議席を保つ最長老の有力女性政治家に二十年も仕えた補佐官が実は中国のスパイだったことは全米に強い衝撃を与えた。そのスパイは中国系アメリカ人のラッセル・ロウという人物だった。ただ彼を逮捕するに十分な証拠はなく、彼はサンフランシスコに本部を置く「社会正義教育財団」の事務局長として活発に活動している。

この団体は反日活動を続ける中国系組織「世界抗日戦争史実維護連合会」とも密接なつながりを保

ち、学校教育の改善という標語を掲げながら、実際には慰安婦問題に関する日本糾弾が活動の主目的であることが財団の紹介サイトにも明記されている。同サイトは「日本は軍の命令でアジア各国の女性約二〇万人を組織的に強制連行し、性奴隷とした」という事実無根の主張も掲げている。

ロウ氏は、議員補佐官としても慰安婦問題で日本を非難する多彩な動きを取ってきた。昨年十月にはマイク・ホンダ前下院議員と共に韓国を訪問した。そして「日本は反省も謝罪もせず、安倍政権は嘘をついている」という日本非難を繰り返した。

だがこういう人物が「実は中国のスパイだ」と米国で断定されたことは、慰安婦問題の中国当局の政治操作を改めて物語るといえそうだ。

朝日とNHKは中共のスパイと歩調を合わせていた。朝日は国内向けに自白したが、何としても英語でウソをつき続けないと、ラッセル・ロウを始め「慰安婦の強制連行」なるウソを宣伝し続ける海外の反日活動家＝中共のスパイのウソが明らかになってしまうからだ。

そしてNHKが内外に向けて、日本政府の立場を繰り返し報じないのは、「中共や反日勢力に加担しているからだ」と理解する他ない。こんな反日売国業者が公共放送であるはずがない。

第五章　「朝鮮人強制連行」と云うウソ

その出鱈目さに思わず息をのんだ

新井佐和子氏はサハリンへの朝鮮人強制連行は「ウソ」を暴いた方だ。「『サハリン残留補償』をデッチ上げたのは誰だ」（『正論』平成六年十二月号）から分る通り、彼らは自らの意思で渡っていった。そして戦後、彼らが帰れなかったのはソ連が帰国許可を出さなかったからだ。

この件に関連し、新井氏は岩波書店の虚偽体質を次のように炙り出した。（『「広辞苑」が載せた「朝鮮人強制連行」のウソ』平成十年五月、『正論』）

《そのころ既に「サハリン問題」の解明に取りかかっていた私は、戦時中、朝鮮半島から樺太（サハリン）へ渡っていった人たちの実態を調べてゆく中で、「強制連行」はありえなかったと確信を持つに至り、そのころ問題になり始めた「強制連行」という言葉がいかに世に流布されようとも、一過性の現象で、それが辞書にさえ載らなければ歴史に残ることにはなるまい、そう思った。

そのときから数年後、新しい広辞苑の朝鮮の項目に「朝鮮人強制連行」の文字を見出したときの衝撃は大きく、さらにその内容を見るに及んで、あまりの出鱈目さに息をのんだ。

そこには、「【朝鮮人強制連行】日中戦争・太平洋戦争期に百万を超える朝鮮人を内地・樺太・沖縄などに強制的に連行し、労務者や軍夫などとして強制就労させたこと。女性の一部は日本軍の従軍慰安婦とされた」とあった。一体誰が何を根拠にこんなことを書いたのだろう。こうなると、明日までにやり終えなければならぬ仕事の途中ではあったが、興味が先に立って、新旧広辞苑の比較をやらずにはいられなくなった。そこでまず、「朝鮮」の項目を比べてみると（中略）どうも歴史に関する記述のみが入れ替わっているようであった。》

《朝鮮の項目で新たに加わった「朝鮮人虐殺事件」には、「関東大震災の際、在日朝鮮人が暴動を起したという流言が伝えられ、自警団や軍隊、警察により数千人の朝鮮人が虐殺された」とある。震災による大混乱で、流言による不幸な突発事件があったのは事実だが、治安維持に当たった軍隊や警察が加わることは有り得ない。それに「数千人」というが、当時の東京・神奈川の在日朝鮮人は六千八百八十八人しかいない（内務省資料）。広辞苑の記述は、事件をより残虐に、規模をより大きく歪曲しようという意図がありありしている。》

これは反日業者がウソを固定化させる手口である。先ず朝日などがウソを喧伝し始め、御用学者が「ウソを本当」と語ると、反日左翼や中韓などが腐臭を嗅ぎ付けブンブン飛び始める。やがて岩波、朝日等が偏向虚偽本を売り出し、反日ほど売れることを知っている教科書会社がウソを載せ始める。その結果、子供の頭にウソが注入され、子供が大人になる頃にはウソが本当になってしまう。

『広辞苑』は改訂を重ねる度に中韓の意を反映させたウソつき辞書となっていった。だから真実を知りたい人は『広辞苑』を使ってはいけない。これを使えば「ウソ」で頭が汚染されてしまうからだ。

日本の失敗、日韓併合

最貧国の李朝を併合した日本は愚かだった。なぜこんなバカげた決定をしたのか振り返ってみたい。嚆矢《こうし》は明治二十六年、樽井藤吉の『大東合邦論』にある。この「論」の要旨は「侵略する白人国家に対抗するため、黄色人種（日中韓）が団結して戦う他は無い」というものだ。そのため、「日韓が先ず合邦し、清国と同盟して白人勢力の侵略を防ぐべきだ」と主張した。

一見もっともらしいが、彼は歴史から何も学んでいなかった。何故なら、翌年、日清戦争という「黄」対「黄」の戦争が勃発したではないか。

明治三十五年には「白」対「黄」の日英同盟が締結されている。そして支那は「黄」の日本と手を組まず、「白」と組んで「黄」の日本に戦争をしかけた。独仏のように、「白」対「白」の戦争も盛んにやっていたことを樽井は忘れている。今も「黄」の中共は「黄」のチベットを武力併合し、「黄」のベトナムに戦争をしかけ、「黄」の台湾や「黄」の沖縄の武力併合を公言している。

二つ目は、当時の朝日新聞が汚い言葉で朝鮮人を差別し、韓国史の抹殺を企てたからだ。

「韓国の歴史はいずれかといえば二千年来常に汚れたる歴史なり。韓国人のためにはむしろこれを

ことごとく忘れる方、徳用なるくらいのものなり」（一九〇七年八月三十一日東京朝日新聞）

事実であるが侮蔑が過ぎる。右翼新聞、朝日の韓国抹殺論に世論は流され、福沢諭吉、尾崎行雄、桂太郎、山縣有朋、寺内正毅らも併合を推進した。だが彼らは、朝鮮人やシナ人に関わって良いことは何一つ無かった、ことを忘れていた。

日本へ押し寄せた朝鮮人

では事実を確認しておこう。以下、『明日への選択』平成十四年十一、十二月号等による。明治三十八年、朝鮮は日本の保護国となり四十三年に日韓は併合した。これは英米も認めた併合だったが日本には何のメリットもなかった。

何故なら赤貧の朝鮮人が大挙して日本へやって来たからだ。併合時、在日朝鮮人は二千五百人だったが大正十年末には三万八千人、昭和二年末には十六万五千人、十三年末には七十九万九千人に達した。朝鮮人は自らの意思で豊かな日本を目指した。黄文雄氏は次のように語る。

《たしかに戦時中、大勢の朝鮮人労働者が日本に渡っている。しかしそれを「強制連行」と見なすのはとんでもない間違いである。「連行」どころか朝鮮人労働者は、厳しい渡航制限を破りながら、勝手に日本へ殺到していたのだ。

日韓併合後、日本国民と見なされた朝鮮人は、よりよい暮らしと職を求めて日本列島を目指した。そこで混乱を恐れる内務省警保局は、朝鮮人流入の阻止に躍起となり、渡航を規制した。だが、法的に日本国民である以上、とても防ぎきれるものではなかった（中略）。

渡航制限に対して当時の民族紙「東亜日報」（一九二一・九・九）などは社説で、「朝鮮人全体を無視する悪法」だとして撤廃キャンペーンを張り、一九二四年五月十七日には釜山港で（日本への渡航）制限即時撤廃を訴える五万人の市民集会が開かれた。》（『正論』平成十五年六月）

朝鮮人は日本に来たかった証拠はいくらでもある。

昭和十四年、「国民徴用令」が発せられたが、その時までに約八十万人の朝鮮人が自由意志で日本に移住していた。その後「国民徴用令」は三段階に亘って実施された。

先ず九月から「自由募集」が始まった。十六年までの三年間に、動員計画二十五万人に対して集まった朝鮮人労働者は十四万七千人に過ぎなかった。だがこの間に百七万人が日本に渡航していた。即ち、九十二万人が自由意志で日本にやって来たのだ。

昭和十七年一月、募集に替わって「斡旋」、即ち行政の責任に於いて労働者を募集するシステムがとられた。募集や斡旋で来日した朝鮮人に、日本政府は参政権を保証した。

昭和十九年九月、斡旋は「徴用」に切り替わる。徴用の場合、「徴用逃れ」は「徴兵逃れ」と同じであり、一年未満の懲役または千円以下の罰金に処せられた。徴用は総督府による徴用令により出頭し、指定された職場で働く義務を伴うが、留守家族の収入減の場合は国から補償が与えられた。内地と異なり、朝鮮人女子には最後まで徴用は適用されなかった。

昭和二十年三月末、日本は制空権も制海権も失い、徴用も関釜連絡船が止まったことにより、実質七ヶ月で終了した。

昭和十七年一月から二十年五月まで、斡旋や徴用により内地への動員された五十二万人は、指定職場で働かなければならなかったが、その職場にいたのは約三十二万二千人に過ぎなかった。即ち、約二十万人は逃亡して別の職場に移ったが、それが可能だったのは、日本の若者は徴兵により戦場へ送られ、労働力不足が顕著になり、彼らを受入れる素地があったからだ。また自由労働者となって職場を選んだ方が、高収入が得られたからでもあった。

この間、来日朝鮮人は百三十万人。即ち、約八十万人が自由意志で働きに来ており、その中に自由労働者となった約二十万人が紛れ込んだから、百万人が自由意志で働き、三十万人が指定職場で働いたことになる。この経緯を見れば「強制連行」は虚構に過ぎないことが分るだろう。日本が中共や北朝鮮の様な国なら、大勢の人が自由意志でやって来るはずがない。

悪辣な韓国と腰抜けの日本政府

昭和三十四年七月十二日、外務省は在日朝鮮人の渡来及び引揚についての経緯、特に戦時中の徴用労働者の実情を発表した。翌日、朝日は次のように報じた。

《在日朝鮮人の北朝鮮帰還を巡って韓国側等で「在日朝鮮人の大半は戦時中に日本政府が強制労働させる為につれてきたもので、今では不要になったため送還するのだ」との主旨の中傷をいっているのに対し、外務省はこの程「在日朝鮮人の引揚についての経緯」について発表した。

これによれば在日朝鮮人は総数六一万人で、関係各省で来日事情を調査した結果、戦時中に徴用労働者として来たものは二四五人に過ぎないとされている（中略）。現在日本に在住しているものは、犯罪者を除き、自由意志によって残留したものである。》

読売新聞は、外務省がこの統計数値を発表した背景も報じていた。それは韓国による虚偽宣伝を覆そうとする試みだった。

《韓国方面から日朝帰還協定の妨害や、抑留邦人漁夫を釈放しない口実として、在日朝鮮人の大部分は日本政府が強制的に労働させるために連れてきたものであるという悪宣伝が、世界的に流布されている現状に対抗して、その実情を公表したものである。

そのため、この発表はきわめて詳細、具体的に在日朝鮮人の渡来、引揚の内容を示しており、いわば在日朝鮮人の出入国白書ともいえるものである。》（十三日）

米国は、日本の主権回復と同時に竹島を含む海域を日本に返還した。しかし韓国は李承晩ラインを引き、日本国憲法故に日本が非武装であることを知った上で、その海域に入った日本漁船を次々に拿捕し、漁民は抑留、漁船や漁具は没収、という海賊まがいのことをやっていた。だが、非武装の日本は漁民を守れなかった。(平成十九年『正論』三月号　下條正男　参考)

拿捕の最中、銃撃で五人、フリゲート艦を日本漁船に衝突させて二十一人の漁民を殺害したうえ、三百九十二九人もの漁船員を抑留し体罰に処していた。その上で国際社会に「在日は強制連行された子孫だ」とウソを流し、抑留漁夫を釈放しない口実とした。この悪辣な虚偽宣伝への反論として外務省は統計データを公表したのだ。

漁船員の釈放を求める日本に対し、韓国は、現価に換算して八兆一五〇〇億円ともいわれる「韓国での日本財産の請求権の放棄」(平成十四年九月十三日　産経)、「在日韓国人の法的地位」等の譲歩を引き出した。

日本は竹島問題に関して国際司法裁判所にて決着を計るべく提案して久しいが、居直り強盗の如く韓国は応じない。ならば「経済的報復」は当然であろうに、泣き寝入りしている日本政府は「愚かで腰抜け」と言う他ない。

強制連行された在日は一人もいない

昭和八年から十三年までの間に百八万人もの朝鮮人が日本への渡航出願をしていたが、大正十四年から昭和十三年までの間、書類が整わない等の理由で十六万三千人が渡航を差し止められていた。内務省統計に依れば、昭和五年から十七年までに分っただけで六万人以上が違法入国しており、日本は彼らを摘発し、半島に強制送還していた。強制連行してまで労働力が必要なら、見つけ次第これ幸いと厳しい職場に送り込むはずだが、日本は経費をかけて送り返していた。

だから「朝鮮人強制連行」とは朝鮮人を日本に動員したことではなく、密入国した朝鮮人を捕え、送り返した行為を指す。

終戦時に約二百万人の朝鮮人が日本に残留していたが、日本は彼らに国籍選択権を与えた。その結果、昭和二十三年までに約百四十万人が帰国し、約六十万人が自らの意志で残った。このことは外務省資料や一九八二年から八三年に亘る「在日大韓民国青年団」の一世から直接聴取した調査結果によっても裏づけられている（西岡力『コリア・タブーを解く』）。

即ち在日とは、戦後の密入国者を除き、自由意志で日本に残った者とその子孫である。徴用で日本に来た朝鮮人の二百四十五人も自由意志で日本を選択した。

わが国には強制的に日本に残留させられた韓国朝鮮人は一人もいない。だから日本が嫌なら好きな国へ行けば良い。日本は、ソ連のように出国を妨げることはない。

なぜ中共にチベット人兵士がいないのか

時々「植民地朝鮮」という言葉を聞くが間違いである。併合後、朝鮮人も日本国民となり、斡旋や徴用で日本に来た朝鮮人には参政権を与えられた。その結果、昭和十七年の衆議院選挙や地方議会選挙に百十一名の朝鮮人が立候補し、三十八名が市町村議員に当選している。衆議院議委に当選した者もいたし貴族院議員にも一人が在籍していた。

同時代、欧米植民地の原住民が本国に来たからといって参政権を与えることはなかった。また北米、中南米、南米のインディアンや黒人奴隷に参政権を与えることもなかった。当時、黒人、原住民、有色人種で、欧米諸国の国会議員や上院議員になれた者はいなかった。

外国で宿泊する時、日本人と朝鮮人は western で白人扱いだった。他の有色人種は native であり western はあり得なかった。

当時、日本人の若者には徴兵の義務が課せられていたが、朝鮮人にはその義務がなかった。だが戦争も激しさを増し、参戦希望の朝鮮人が多数いたため志願兵を募集した。

昭和十七年、募集人員四千七十七人に対し、二十五万四千二百七十三名の応募があった。実に六十二倍の倍率である。この動向をみて昭和十九年十月に朝鮮人に対する徴兵が実施され、優秀なものは士官学校に入学できたから朝鮮人将校も多数存在した。朴大統領、全大統領、盧大統領も日本軍将校だったから、彼らの指揮下で戦った日本人兵も沢山いた。陸軍中将になった朝鮮人もいた。だが、悪政を行っている国は被征服民に武器を与えない。

例えば、中共はチベット人やウイグル人を軍人や警察官に採用しない。彼らを将校にするなど問題外である。武器を与えたとたん、残忍な圧政に苦しむ彼らの銃口は、中国人に向けられることを恐れているからだ。だが善政を施していた日本は、朝鮮人や東南アジアの人々に武器を与えても、将校にしても、何の心配もしていなかった。

韓国・朝鮮が独立して清々した

朝鮮人は日本の敗北を喜んだというが、私たちにとっての福音でもあった。その訳を記してみよう。

第一は、朝鮮人が日本人ではなくなったことだ。私達はあの朝鮮人と一所にされるのは真っ平ご免である。価値観、文化、ＤＮＡも異なる別民族だから離れて当然なのだ。

二つ目は、朝鮮人が日本人のような名前を名乗らなくなったことだ。

韓国を併合した明治四十四年十一月、朝鮮総督府は布令第百二十四号「朝鮮人の姓名改称に関する件」で、日本風に名前を変えることを禁止した。その後、三十年も禁止し続けたのは、朝鮮人が日本名を使い、日本人になりすますことに我慢ならなかったからだ。だが強い要望があり、昭和十五年、「創氏改名」で日本式にすることが許された。無論、朝鮮式でも問題なかった。改名も認めてあげたが、これは有料だった。

例えば、洪陸軍中将は終生「洪」であり、思翊《しよく》なる「名」も変えなかった。この場合、「氏」は自動的に「洪」となり、彼の妻も洪夫人となった。だから「創氏改名」は強制ではなく、自由選択だったことが分るだろう。今は半島人を「ぺ」とか「チョン」とか呼ぶので助かった。日本式に名前を変えて悪事を働く者がいるので、朝鮮人や中国人は帰化しても姓を変えないでもらいたい。

例えば、獣医師会から百万円の献金をもらい、加計学園による獣医学部新設を阻止しようとしていた福山哲郎の正体は、昭和五十年八月二十九日に日本に帰化した朝鮮人であり、旧姓は「陳」だった。このことを知れば彼の反日的言動が理解できる。彼も「陳」でいれば分りやすかった。

三つ目が、これで日本から韓国への持出しが無くなった点である。何処の国でも植民地とは搾取対象だった。例えば、英国の植民地インド統治では英国本国からの財政支出は一切なかった。インドに駐留する英軍の経費全てをインド政庁が負担し、一定額を本国に送金させていた。退官者の恩給、赴任費用、インフラ投資に対する利子も全て植民地からの上りで賄った。

だが植民地経営能力のない日本は逆で、保護国にした時代から、破綻した韓国財政を支えるべく巨費を投じてきた。彼らが独立したお陰で、貧乏人の面倒を見る必要がなくなった。

四つ目が、無駄なインフラ投資がなくなったことだ。日本は鉄道一本通っていなかった韓国に、膨大な資金と労働力を投じて多くの鉄道を開通させてあげた。他に、橋、港湾、道路、ダム、工場、鉱山、水田、灌漑施設も造ってあげた。韓国が独立することでその必要がなくなった。

五つ目は、日本の人材を韓国に注ぐ必要がなくなったことだ。併合当時、韓国には旧式小学校が百校程度有ったに過ぎなかった。それを昭和十八年には五千近くまで増やしてあげた。そこで併合前、両班から「愚か者の使う文字＝諺文《おんもん》」と蔑まれた朝鮮文字を普及させてあげた。それは彼らにピッタリだったからだ。何故なら福沢諭吉や井上角五郎は「漢字・ハングル混合文」まで作って広めようとしたが諺文以外は無理なのか、今もって採用に至っていないからだ。

加えて各種の高等専門学校や京城帝国大学まで作ってあげ、教育向上に努めた。そのため多くの人材が日本から出て行き学問を教えてあげた。

六つ目は、日本が整備した水田からとれた安価な朝鮮米などが日本に逆輸入され、日本の農民を苦しめたが、それが無くなったことだ。

他に金融財政改革、司法制度改革、監獄改善、農地改革、植林、電信・電話・電気の普及など、近代化のため莫大な費用を支出したが、その必要は無くなった。朝鮮を植民地という者もいるが話は真逆、日本は彼らに搾取されていたのだから、手が切れて清々した。

日本人が学ぶべき歴史の教訓

戦後、韓国朝鮮人は、大恩ある日本人が満洲から祖国日本への帰途、朝鮮領内で日本人への暴行、略奪、婦女子への強姦・凌辱を繰り返した。その為、女性は髪を切り、顔に墨を塗り、胸にはきつくさらしを巻き、小用も立って行わなければならなかった。座ると女であることがバレ、朝鮮人による集団強姦の餌食になるからだ。(『竹林はるか遠く』)

時に拉致され、泣く泣く朝鮮に残った女性も多かった。大きなお腹をかかえ、途方に暮れ、祖国日本を目前に海に身投げする女性もいた。その為、日本は上陸する女性が強姦により妊娠している場合、全員に堕胎手術を施した。だから、ロシア人、中国人、韓国朝鮮人強姦犯の血は日本人の中に流れていない。

「歴史に無知」=「愚か」という意味であるが、これは日本人に当てはまる。その証拠に、今も韓国に謝罪する者がいる。彼らの本性をケロリと忘れ、あんな国に投資する経営者もいる。ただ同然で技術を教える者もいる。工場を建てる会社もある。後述するが、戦後補償を何度蒸し返されても懲りない者もいる。

北朝鮮による日本人拉致問題など霞んでしまう話もある。統一教会の合同結婚式で騙され、韓国に渡った六千五百名を上回る日本人女性が拉致同然、行方不明になっている(櫻井義秀『統一教会 日本宣教の戦略と韓日祝福』北海道大学出版会)。それでもあのような危険地帯に行く女性がいる。昔の人は偉かった。「バカは死ななきゃ治らない」は日本人にピッタリだ。

第六章　戦後生まれのウソ「南京大虐殺」

支那事変の遠因・北清事変とは

明治三十三年、支那で義和団の乱が起きた。中共の『中国青年報』の附属週刊誌はこの暴動を次のように批判した（平成十八年一月二十六日　産経）。

「彼ら（支那人）は扶清滅洋をスローガンに、北京の外国居留民の皆殺しを謀り、わずか一ヶ月の間に児童多数を含む外国人二百三十一人を殺害した。反動的で反文明的な事件だった、と批判。（中共の）中学の歴史教科書には、義和団の残虐行為の記述がほとんどないなど事実解釈に問題が多いことを指摘した。」（カッコ内　引用者追記）

だがこの雑誌は直ちに発禁処分となった。中共では、本当であっても自国に不利と判断された場合、このような処分が待っている。

この野蛮な中国人に対し、欧米諸国は軍隊を派遣して居留民を守ろうとした。特に支那に近い日本に繰り返し派兵要請がなされ、それに応えた日本軍は暴徒鎮圧の先頭に立って各国の居留民を救出した。この事件を北清事変という。

その時代、「軍隊は略奪を行う」が常識であり、英仏は勿論、各国の軍隊は当然の如く略奪を働いた。特にロシア軍は強盗、強姦団と化し、中国人を恐怖に陥れた。それに対し、不法行為を一切行わなかった日本軍に各国は驚嘆、この事件が日英同盟の契機になったとも云われる。

翌年、李鴻章と取り交わした『北清事変に関する最終議定書』に基づき、各国は北京から黄海沿岸の山海関までの自由交通を確保するため、十二地点を占領する権利が保証された。日米英仏伊の軍隊が北支に駐留していたのは、中国人暴徒から自国民を守るためであり、何の違法性もなかった。また、実弾射撃を伴わない限り事前通告の必要もなかった。

昭和十二年七月七日、北京西方十二キロの盧溝橋付近に駐留していた日本軍は、二日後の中隊教練の検閲に向け、永定河左岸で最後の演習に取り組んでいた。日本軍は条約を遵守し、弾は空砲で鉄兜も携行していなかった。ところが二十二時四十分、突如として中国軍から実弾攻撃を受けた。日本軍が自重している最中、この攻撃は再三再四続いた。四度目の攻撃は八日の午前五時半、晴天の夜明けであり、最初の一発から既に七時間が経過していた。

この時初めて日本軍は応戦したのだから、交戦は八日に勃発したことになる。詳細は拙著『日本とアメリカ　戦争から平和へ』（中）に譲るとして、アウトラインだけも記しておこう。

中国人が日中戦争を始めた

中国人は天性のウソつきである。昭和六二年十二月号の『中央公論』に発表された盧溝橋守備隊長の『金振中回想』も例外ではなかった。

この中で彼は、七月七日「戦車の轟々たる音」と激しい「銃声音」が聞こえてきたと述べていた。だが日本軍の反撃は八日であり、砲兵隊の現地到着は八日午前三時二十分、戦車隊の増援は十日頃だった。また、「七月七日…漆黒のように暗い雨の夜に……」とあるが、秦郁彦氏は「北平（北京）ニュース」に「七日晴れ、八日曇り」とあったことを指摘した。ご覧の通り中国人は平気でウソをつく。

そもそも日本軍は戦闘など想定していなかった。北支駐屯軍司令官の田代中将が間もなく病没するほどの重病で、指揮不能だったからだ。

盧溝橋事件は、満洲の日本軍を恐れたスターリンが日本と中国軍との間で戦いを起し、満洲の日本軍をシナ大陸中央に追いやろうとして起こしたのだ。この事件は偶発ではなく共産分子の意図的挑発であり、故に休戦協定を結ぶも中国軍に紛れ込んだ共産分子が日本軍に攻撃を仕掛け、協定違反を繰り返した。

これに対し日本軍は七月二十八日に反撃を開始した。その結果、北京と天津の中国軍は南に遁走し、掃討戦は二十九日に終了した。米国との戦いが、真珠湾を攻撃した日本の責任と云うなら、支那事変や日中戦争の責任は戦争を始めた中国にある。

中国人の残忍さを証明した「通州事件」

七月二十九日の午前四時、北京から東へ二十五キロの通州《つうしゅう》で惨劇が起きた。日本軍主力が中国軍討伐に出かけた留守を狙って、日本人を守るはずの中国人保安隊三千人が百十名の日本軍守備隊兵営を包囲、釘付けにしたうえで、日本人（朝鮮人）の商店、旅館、民家を襲った。

悲報を知った日本軍が、居留民救出のため通州に到着するまでの間、中国人は其処にいた日本人三百八十名中二百六十名を惨殺した。

この虐殺事件が、ナチスのユダヤ人虐殺と違う点は、ナチはユダヤ人を多く殺すことが目的で殺人工場を造ったが、中国人はできるだけ惨《むご》たらしく殺す、野蛮人としての本性を現した。この悲報に接した外務省情報部長は次のような公式声明（八月二日）と同部長談話（八月四日）を出した。

《支那人は婦女子供をも共に、全日本人を虐殺せんと企てた。婦人の多くは掻きさらわれて、二十四時間虐待酷使（集団強姦）された後、東門の外で殺されたが、其処まで連れて行かれるには手足を縛られ、或いは鼻や喉を針金で突き通されて曳きずられたのであった。

死骸は近くの池にぶち込まれ、或るものは強力な毒物を塗りつけられて、顔がずたずたになっていた。》（東中野修道『南京虐殺の徹底検証』展転社）

野蛮な中国人から自国民を守るため、各国は『北清事変に関する最終議定書』に基づき軍隊を駐留させていた。日清戦争以来、多くの日本人が惨殺されてきたが、中国人の残忍さは想像を絶するものだった。そのため山縣有朋第一軍司令官が平壌で将兵に出した布告がある。

「敵国は古《いにしえ》より極めて残忍の性を有せり。誤って生け捕りに遇《あ》わば、必ず残虐にして死にまさる苦痛を受け、遂には野蛮酸毒の所為を以って身命を殺害せらるるは必然なり。故に決して生け捕りする所となるべからず。むしろ潔《いさぎよ》く一死を遂げ、以って日本男児の名誉を全うすべし」。

これが『戦陣訓』に取り入れられ、その後の日本軍の行動を律することになる。

戦後、東京裁判に於いて弁護側は通州事件に対する日本の抗議声明を提出したが、ウエッブ裁判長は理由なきまま却下した。認めれば、連合国軍は野蛮人の仲間だったことが分ってしまうからだ。この間の日本軍の行動は全て自衛的だったことに誰も異論はなかった。

日本と中韓の根本的相違点・カーニバリズム

ところで、中国人・中華民族の野蛮さの底にあるのは何か。それは大陸に生きる人々の手段として古代黄河文明から歴代王朝へと伝えられ、文化大革命を経て二十一世紀まで継承している「食人習慣」にある。このことが『週間ポスト』（二〇〇七年八月十七日・二十四日号）に記されていた。

《太田幸男・東京学芸大学名誉教授（中国古代史）によると、中国では古くから「人肉食」の歴史があるという。「文献では紀元前2～3世紀の秦や漢の時代以降『人相食』（ひとあいはむ）という言葉が文献の中にたくさん出てきます。」》《文化大革命前の毛沢東の時代にも「人肉市場が立った」との説もある。信じ難い〝人食い事件〟は、現在も相次いで起きている。》

『本草綱目』の「人の部」には、肝、内臓、肉、血等二四項目が挙げられているという。この種の本に「人の部」が有ること自体恐れ入るが、中国人（中華民族）は、他に食べるものがあっても「薬効」を信じ人肉を珍重してきた。日本と中韓との間には断絶がある。決定的な違いは食習慣、特に人肉食に関してである。日本の正史に一切ないのに、中国や朝鮮の正史には人肉食が当然の如く出てくる。『論語』にも人肉食の記述があり、故山本七平氏は次のように記していた。

《そして子路の屍が「塩漬けの刑」にされたと聞くや、家中の塩漬け類を悉く捨てさせ、爾後食塩は一切食前に上らせなかったという。》（『論語の読み方』）

なぜ孔子はショックを受けたのか。『醜い韓国人』は次のように解き明かす。

《儒教は何よりも偽善的だ。儒教は中国生まれであるが、中国人は食人種である。儒教の始祖である孔子も日常、人肉を食べていた。だから孔子が説く仁義道徳は、まやかしでしかない。孔子がもっとも愛していた弟子の子路は、論争に負けて相手に食われている。『三国志』を読むと良い。劉備玄徳が地方の家に招かれて、人肉を食べる生々しい場面が出てくる。韓国も残念なことに、中国のカーニバリズム（食人習慣）の悪しき習慣をたぶんに被ってしまった。》

以後、この本の著者、朴氏は朝鮮人の食人習慣を縷々述べていたが、孔子が嘆き悲しんだのは、塩漬けにされた子路は敵に食われることを知っていたからだ。そして食人の伝統を引き継ぐ者の末裔が近くに住んでいることを覚えておきたい。

中国は南京の「無血開城勧告」を拒否

第一次世界大戦後、ドイツが復興を果たせたのは中国から希少金属を輸入し、ソ連や中国に武器や兵器工場を売り、経済を立て直したからだ。

当時から、ドイツにとって中国は重要な貿易相手国であり、蒋介石の求めに応じ、中国軍を指揮する軍事顧問団を送り込んでいた。ドイツは、第一次世界大戦後、日本がドイツの東洋権益を全て手に入れたことを恨んでおり、それがドイツが中国に加担した要因でもあった。

昭和十二年十二月九日、日本軍は南京に迫っていた。それを見たドイツ軍事顧問団は、敗北を予想し南京の無血開城を進言した。そうすれば戦いは起きなかったが、蒋介石は徹底抗戦を主張した唐生智を司令官に任命し、自は逃亡した。

攻撃に当たり、松井石根《いわね》司令官は国際法に則り、航空機で城内にビラを撒き無血開城を勧告した。日本軍は、回答期限とした正午を一時間延長したが遂に回答はなかった。この様なプロセスを経て戦が始まったのだから、戦いに伴う責任は中国にある。

戦闘が開始され、戦いが不利になると唐は徹底抗戦を部下に命じ、督戦隊、即ち、戦闘に際し戦線離脱をはかる中国兵士を射殺する役割を持つ軍隊を残し、後任司令官を決めずに逃亡した。その結果、組織的に降伏する機会を逸した中国軍は壊走し、揚子江側の下関《しあかん》から逃亡を企てたが、督戦隊に射殺され死体の山を築いていった。

その時代、些細なことで日本を非難し、国際連盟に提訴していた蒋介石や南京で取材していた敵性欧米人は日本軍を非難できなかった。何故なら日本軍は国際法の専門家、齋藤良衛博士を伴い、国際法に則った行動をとっていたからだ。

安全地帯に中国ゲリラが潜伏した

城門を突破し城内に入るとそこは森閑としていた。というのも殆《ほとん》どの住民が安全地帯に避難していたからだ。安全地帯とは、南京の欧米人からなる安全委員会が通告した中立地帯であり、それ故、日本軍は攻撃しなかったことを次の文書が証明している。

《安全地帯安全委員会の日本大使館宛一号文書は次のような感謝の言葉をもって始まる。「貴軍の砲兵隊が安全地帯を攻撃しなかった見事な遣り方に感謝（略）するため、我々はこの手紙を書いております」。日本軍は安全地帯を攻撃しなかったことが分る。

さらにまた、安全委員会の九号文書は次のように記す。

「十三日、貴軍が城内に入ったとき、我々安全委員会はほぼ全ての非戦闘員の住民に安全地帯へ集まってもらっていた」。即ち住民は南京陥落前に安全地帯に避難していた。》（『南京虐殺の徹底検証』）

この時、安全地帯の境界には夥しい軍服や鉄兜などが脱ぎ捨てられており、中国兵は軍装を脱ぎ捨て、武器を隠し持つゲリラとなったことは明らかだった。安全委員会が中立であるべき安全地帯を設けた以上、彼らは此処に逃げ込む敗残兵を武装解除し日本軍へ引渡す義務を負っていた。だが、中国の味方となっていた彼らは安全地帯を悪用した。

例えば、武器を隠匿して安全地帯に紛れ込んだゲリラが避難民に対して犯罪を繰り返し、それを「日本軍の仕業」と報告していたが、彼らはそのまま世界へ配信した。更に、安全委員会委員長のドイツ人ラーベも認めたように、安全地帯に中国軍の大佐が匿われており、謝礼として大金が支払われ、見返りにラーベはこの大佐を逃亡させた。だがこれも、次なる「ハーグ陸戦条約」に違反していた（『封印の昭和史』小室直樹他）。

①部下について責任を負う一人の者が指揮していること（指揮官は逃亡していた）。

②遠方から一般住民とは異なることが認識できる服装や腕章を付けていること（軍服、軍装を脱ぎ、市民と同じ服装をしていた）。
③公然と武器を携行していること（武器を隠し持っていた）。
④戦時法規及び習慣に従って行動すること（一切無視していた）。
カッコ内がゲリラの実態であり、この四条件を満さない者は単なる殺人者であり、市民の生命を守るため処断せねばならなかった。

中国の公式見解・南京城内民間人死者・五十二人

陥落翌日、日本の従軍記者や従軍カメラマン、二百人以上が入城し、取材を開始した。東京日々新聞（毎日）の佐藤カメラマンは次のように証言する。（『サピオ』一九八八年十二月号）
《一部では戦闘が続いていましたが、城内はとても静かでした。私は二十四日まで南京に滞在しましたが、敗残兵が殺される場面を一度見ただけで、虐殺の現場は目にしませんでしたし聞いたこともありません。当時、東京日々新聞の報道関係者だけで六十人ほど、他社も合わせれば二百人以上の報道陣が南京にいたと思いますが、虐殺があったという話は誰もしていません。》
実際、欧米人や日本の報道人は陥落後も市内を自由に動き回り取材していたが、誰一人日本兵による犯罪を目撃していなかった。陥落後、南京の城門には便衣姿のゲリラの侵入を警戒して歩哨が立ったが、一週間過ぎると住民も南京に帰り始めた。

当事者でない中共は「陥落後六週間に亘って虐殺が行われ三十万人の市民が殺された」と主張するが、「毎日七千人を上回る虐殺が続く市内に多くの市民が帰って来た」との主張には無理がある。

南京に二十万人しか居なかった故、三十万人の殺害は不可能なことを理解できる者は二十万人と言っている。確かに二十万人いた南京市民を二十万人殺害することは可能である。

だが、城内の避難民への食糧配給の関係上、人口を把握していた安全委員会のラーベは、「十二月十日の日記に安全地帯の人口二十万人、十二月十七日の日記、変化無く人口二十万人」と記しており、一ヶ月後には二十五万人に増えていた。

中国も公式記録を残していた。それが昭和十四年、重慶に移った中国(中華民国)政府が書き記した一次史料、『南京安全区檔案』(『「南京安全地帯の記録」完訳と研究』参照)である。この巻頭にある「重慶の国際問題委員会の主宰のもとに作成された」なる一文が中国の公式見解であることを示している。これは中国軍の違法行為に触れることなく、日本軍への抗議文だけを編集した記録であり、編者は中国外交部顧問を務めた徐淑希燕京大学教授である。

これによると、中国が日本に「抗議した殺人事件」は二十五件、犠牲者は計五十二名だった。内容は、一件は「死体が発見された」であり、他の一件は「止まれ」と命じられて逃げだした中国人が日本兵に射殺された、であった。それ以外の殺人は死体すら確認できない「お話し」に過ぎなかった。これが中国の公式記録であり、今日に至るまでこれを覆す一次史料はなく、「南京で虐殺があった」と主張する者は根拠を提示できないでいる。

偏向業者ＮＨＫの虚偽ドキュメント

戦後、中共は「日本人に贖罪意識を植え付けることが国益に叶う」ことを知り、日本人捕虜や朝日、ＮＨＫなどを使ってウソを流し続けた。

例えば、平成十八年一月、ＮＨＫは「日本が中国人を満洲へ強制連行した」、「中共は日本人抑留者を厚遇した」なる放映を行ったがウソである。その時代、多くの中国人が、匪賊跋扈《ばっこ》する支那から治安が良く、仕事のある別天地、満洲に移り住んでいった。また、抑留者が厚遇されたのなら、なぜ六年間に四十七人もが獄死したのか。またＮＨＫは次なる話も隠蔽した。

敗戦後、中共の捕虜となった日本兵は人民裁判により惨殺された（分っただけでも三千五百人と言われている）。更に、役職に「長」と名の付く民間人を皆殺しにした。警察署長、市長、税関長から宗教団体の長に至るまで殺し尽くした。（平成十五年四月二十八日　産経）

その結果、中共がソ連に倣って「日本人捕虜を洗脳し、帰還させて利用しよう」と思い至ったとき、手持ちの日本兵捕虜は払底していた。その後、中共が取った奸計を田辺敏雄氏（平成十年六月『正論』）

や秦郁彦教授（平成十年八月『諸君』）は次のように記していた。

敗戦と同時に大陸では共産党と国民党の戦いが始まり、シナの伝統と習慣に従って残虐に殺し合った。山東省では中国の要請もあり、日本軍（第一軍 司令部太原）は共産党を相手に戦ったが、昭和二十四年十月、中共勝利のうちに戦いは終結を迎えた。その結果、日本将兵百四十人が捕虜になったが、惨殺を免れたのには訳があった。

翌年七月、北朝鮮が韓国侵略を開始した直後、中共はソ連に強制連行されていた日本人将兵と民間人九百六十九人を願い受け、上記の捕虜を加え千百九名を撫順戦犯管理所に収容した。

その目的は、拘束した日本人を洗脳し、スパイとして送り返すことであり、周恩来の「一人の死亡者も逃亡者も出さず、非暴力で思想改造してスパイにせよ」に従い、徹底的な洗脳が開始された。ここには、東京裁判で使うために生かしておいた旧満洲国皇帝溥儀《ふぎ》ら六十数名も収容されていた。

中共の取調べは自白主体であり、取調べる側から犯罪事実を証拠として提示することはなかった。実態がないのだから証拠などあるはずがない。だが日本に帰るには、中共のシナリオに沿った犯罪を自白し、自己批判し、今の考えを「供述書」として残さねばならなかった。

昭和三十一年、生き残った千六十二人の裁判が開始され、起訴された四十五人に八年から二十年の禁固刑が言い渡された。それまでに中共の満足する自白調書を残した者は速やかに帰国できたが、不満足な場合は帰れなかった。

田辺氏は、「帰国した千余人全員が供述書を残したか分らないが、殆どの者が残したと思われる」という。では時々中共からリークされる「供述書」はどのように作成されたのだろう。

横山光彦氏の語る恐怖の洗脳実態

撫順に連行された元高裁幹部横山光彦氏は、中共が満足する供述書を残さなかったため、昭和二十年から十六年間も拘禁された。帰国後、彼は『望郷』（サイマル出版会）を著し、次なる抑留生活と恐怖の洗脳実態を書き残した。

入所二年余を経た昭和二十八年のある日の朝、所長から「焼く、殺す、犯す等を何とところでどうして行ったか、ありのまま書くように」との訓辞があった。しかし誰も身に覚えが無く、書かなかったようだ。すると同年九月中ごろ、監獄の所長が壇上に立ち我々を脅迫した。「お前達を生かすも殺すも、中国人民の権利であり、自由意志である……」、「残忍非道な人殺しをしていて、忘れましたで済むと思うか……」と。

こうして学習、認罪、自己批判の止めどない運動が強制されていった。長期にわたる拘禁、自白と自己批判の強要が果てしなく続いた。進んで罪を認めるものは刑が軽く、逆のものには重い処分が待っている事を陰に陽に吹き込まれる。そして、自白を書いては戻され、また書き直すという事が延々と繰り返される。

「一体国に帰れるのか、それとも殺されるのか」という不安感が部屋中に充満し、自殺者も出てくる。その結果、日本軍人は、住民と捕虜を八十五万七千人殺害した、なる供述書を書かされ、裁判に臨んだのだから、彼らは極刑を覚悟したに違いない。

「七十人を死刑にすべきだ」と言う収容所側の上申を抑え、周恩来は「死刑や無期は一人も出すな。今は納得できないかもしれないが二十年後に分る」と説いた。そして殆どが免訴となり、悔悟と感謝の涙を経て洗脳は完成した。日本への留学経験を持つ周恩来は日本人の心情を知っており、温情を与えれば必ず恩義を感じ、中共の言うがままに動く、と確信していた。

昭和三十九年三月六日、最後の三名が釈放された。即ち、ソ連から中共へと十九年間も拘留された人もいた。この様な手段で残された供述書に証拠能力が有る筈がない。朝日、毎日などはこれらの供述書を真実の如く報じてきたが、そのウソが暴かれる顛末を追ってみたい。

平気でウソをつく毎日新聞

平成二年十二月十四日、毎日の夕刊に〈『南京虐殺』供述書入手／『十五万体の処理』克明に／一九五四年八月三日付け便箋四十四枚旧軍中佐〉という大見出しの記事が載った。そこには「供述書の写真」も掲載されていた。

供述書の存在は事実かも知れないが、あのようにして書かれた内容が事実とは限らない。

これを書いたのは、戦後ソ連に強制連行され、その後中共へ引き渡され、長年に亘り撫順戦犯管理所に拘禁されていた太田寿男氏だった。


《一．十二月十五日に南京の下関《しあかん》に到着。

二．南京陥落の際、日本軍は捕虜及び住民約五万人を殺害した。

三．十二月十四，十五日には下関地区全域を安達少佐が担当し、推定死体数約十万人を処分した。

四．全域では約十五万人を処分したが、その中で軍人は三万人、その他は老若男女の南京市民であった。》（板倉由明『本当はこうだった　南京事件』日本図書刊行会）

無論これはウソである。南京に「十二万もの市民の死体があった」には根拠がない。中国の正式見解、『南京安全地帯の記録』にも見当たらない。自由に取材していた欧米人や南京陥落と同時に入城した二百人を超える日本人記者やカメラマン、その六十名近くが毎日の記者やカメラマンだったが、誰一人としてこのような話を報じていない。そしてこの供述書がウソであることが明らかになる。

毎日報道を否定した梶谷日記

文明国では、長期の拘留と自白の強要によって得られた供述は証拠とならない。

例えば、日本国憲法第三十八条【自己に不利な供述、自白の証拠能力】には次のようにある。

①何人《なんぴと》も、自己に不利な供述を強要されない。
②強制、拷問もしくは脅迫による自白又は不当に長く抑留若しくは拘禁された後の自白は、これを証拠とすることができない。何人も、自己に不利な唯一の証拠が本人の自白である場合には、有罪とされ、又は刑罰に課せられない。

故に、太田供述書は最初から信憑性を疑われていた。その上、太田少佐と同じ司令部に所属していた梶谷健朗軍曹の残した『梶谷日記』という決定的な反証もあった。

二十五日の『梶谷日記』には「朝来寒気殊に甚《はなは》だしきも快晴なり。正午頃常熟より太田少佐外《ほか》来る」とあり、太田氏が「遺体処理を行った」とする十四日から十八日、彼は南京に到着していなかった！

自由意志で書いた『梶谷日記』と「長期抑留、拘禁、自白の強要」によって書かされた『太田供述書』を比べ、どちらが信頼に値するかは云うまでもない。調べると、毎日は『梶谷日記』を知りながら記事を書いていたというから、この業者は平気でウソをつくことが分る。

東史郎の「語られた嘘」

吉田清治を見て、秦郁彦氏は「南京虐殺事件でもこの種の詐話師が何人か現に現れました。彼らは土下座して懺悔する癖があります」と言ったが、それが東史郎である。彼は、「南京で残虐事件が行われた」、自分が「悪逆の限りを尽くしたのだ」と自白し、その「話」を『赤旗』に連載した。

昭和六十二年、彼は出版に先立ち南京で謝罪し、『赤旗』への連載をまとめた、『わが南京プラトーン一召集兵の体験した南京大虐殺』を出版した。

日本には祖国への悪口ならどんなウソでも大歓迎する左翼の変種が生息している。

彼らは東にインタビューし、テレビに登場させ、おしゃべりをさせたが、同じ部隊の戦友の証言、「東の話はウソだ！」は全て却下した。その結果、東の話は「反論の余地のない南京大虐殺の証拠」と信じられていったが、次なるウソが墓穴を掘ることになる。

《日本軍の分隊長が中国人を郵便袋に入れ、ガソリンをかけて火をつけ、冷やしてやると言って手榴弾を三発結わえて沼に放り込み、爆死させた。》

だが分隊長の橋本光治氏が生きていた。そして「中国人捕虜を虐殺したなどと書かれ、名誉を傷つけられた」として東と東の「ウソ」を本にした著述業の下里正樹、出版元の青木書店を相手取り、損害賠償を求めて裁判を起した。

平成八年二月二十六日、東京地裁は「東の日記は現存せず、本に記載されている虐殺行為を裏づける客観的証拠も、描写を真実として信ずる理由もない」としてこの本が名誉毀損に当たると認定し、罰金五十万円の支払いを命じた。

東は一審の取消しを求め、橋本氏も「謝罪広告や本の出版停止」を求めて控訴した。

平成十年十二月二十二日、高裁は一審を支持し、双方の控訴を棄却した。

平成十二年一月二十一日、最高裁への上告も棄却され、東の話はウソが確定した。

この件は、高池勝彦弁護士が、「やっと勝訴判決を得ることができました」（『反日勢力との法廷闘争』）と語るように稀有な事例となった。だが問題もある。

最高裁は「五十万円の罰金を支払えば無実の人を実名で殺人犯と告発した本を出版しても良い」と認めたに等しいからだ。仮に、橋本氏が死亡していたり、泣き寝入りしていたら、東のウソが定着した恐れもあった。

このようなウソを駆除するため、殺人に関する偽証者への重罰、偽書の出版差し止め、出版社へは謝罪広告と偽書のリコールを義務付けるべきであろう。だが、最高裁が「偽証殺人犯」を無罪放免し、偽書出版を公認したことで日本に蔓延るウソを排除できなくなった。

松井大将「涙の訓辞」の真実

日本では学者や外交官にも「南京大虐殺はあった！」と信じる者が少なくない。根拠とされたのが松本重治（同盟通信上海支局長）の次なる一文、所謂「涙の訓示」だった。

《私はそれで終わったかと思っていると、松井最高指揮官が、つと立ち上り、朝香宮をはじめ参列者一同に対し、説教のような演説を始めた。深堀中佐も私も、何が始まったのかと、訝《いぶか》りながら聴いていると、「おまえたちは、せっかく皇威を輝かしてきたのに、一部の兵の暴行によって、一挙にして、皇威を堕《おと》してしまった」という叱責の言葉だ。しかも、老将軍は泣きながらも、凛《りん》として将兵等を叱っている。「何たることを、おまえたちは、してくれたのか。皇軍としてあるまじきことではないか（中略）」云々と、切々たる訓戒の言葉であった。》（『上海時代　下』）

この本には、南京戦直後の「昭和十二年十二月十八日に行われた慰霊祭の後に、松井大将の訓示があった」と書かれていた。その為、誰もが日本兵による市民虐殺が「涙の訓示」の原因ではないかと思ったが、故板倉由明氏は「日にちが改竄されていた」ことを明らかにした。

調べると、参列者の記憶や松井日記、派遣軍参謀長の飯沼少将日記など、集めた限りの日記には「訓示があった」とは書かれていなかった。

松本重治は「翌朝の英字紙に掲載された」と書いていたが、英字新聞にもその訓示が見当たらなかった。調べると、慰霊祭はもう一回あった！　昭和十三年二月七日の上海派遣軍慰霊祭がそれである。松井大将はこの時に「涙の訓示」を行ったのだ。

THE NORTH-CHINA DAILY NEWS 1938.FEB 8　に「涙の訓示」の記事が載っていたことも確認された。この日の松井日記には「南京占領後の軍の諸不始末とその後、地方自治、政権工作等の進捗せざるに起因する」とあった。（『本当はこうだった南京事件』日本国書刊行会）

秦郁彦氏は、「涙の訓示」は、「南京が入城直後にかかる訓示をしなければならないほど酷い状況だった証拠」と述べ、田中正明氏と論争になっていたが、結局は田中氏が正しかった。この事例は「検閲を受けた時代の書籍は信用ならない」という教訓を与えてくれる。

秦氏は「新カナ」を見落とした

前掲書で板倉氏は、軍隊経験のない秦氏が、自著『南京事件』で、曾根一夫という元兵士の書いた『私記南京虐殺』を次のように高く評価したことに我慢ならなかった。

《『私記南京虐殺』（正続）は、略奪、強姦、殺人を含む自身の残虐行為を率直すぎる程の姿勢で語るとともに、そこに至る兵士達の心情を冷静に記録している点で類書にない特色をもつ》

これに対し、板倉氏は、「曾根一夫は、『従軍慰安婦』問題での吉田清治と並ぶ反日虚言界の双璧であろう」と断言し、秦氏と真っ向対立した。

《曾根一夫氏最初の強力な推薦者である日大教授・秦郁彦氏は、『昭和史の謎を追う・上』の「論争史から見た南京虐殺事件」の中で、筆者を「本人が『悪いことをしました』と告白しているのに、事件から五十年後に『悪いことはしていないはずだ』と叩く風景は珍妙だ」と批判しており、平成九年の『新潮四五』十月号の「借用の人・渡部昇一氏の厚顔」では「レイプの場面などを削除する必要は認めない」を宣言している。間違って貰っては困るが、筆者が秦氏に要求しているのは、単なるレイプ場面の削除ではなく、曾根一夫手記全部の削除なのである。》

板倉氏は、「曽根日記は限りなくウソに近い」と確信していたが、決定的な証拠を摑めないでいた。そして「曾根本が偽書である」証拠を摑んだ経緯を次のように記す。

《ワープロ入力しようとして初めて気がついたのだが、これは「新カナ遣い」で書かれた日記なのである。新カナ遣いは昭和二十一年十一月の内閣告示で実施された発音重視のカナ遣いで、昭和十二年の日記なら当然「旧カナ遣い」でなければならない。新刊の『南』（『南京虐殺と戦争』曽根一夫著　引用者注）のカバーでもはっきり読めるものを挙げてみよう。……》

こうして板倉氏は「曾根本は偽書」であることを証明した。この件を通し、「史料鑑定能力」が欠如した秦郁彦氏の学者としての資質が疑われる結果となった。

戦後、多くの「南京大虐殺はあった！」なる虚説、自白、供述書が現れ、中共、マスコミ業者から大学教授まで賛意を表してきたが皆ウソだった。だが、これで一件落着とは行かなかった。

第七章　『中国の旅』とセカンド殺人

『中国の旅』という朝日新聞のウソ

昭和四十六年八月から十二月にかけて、朝日は『中国の旅』を連載した。中共では自由な取材は不可能であり、これは周恩来の外交方針、「日本人に罪悪感を持たせ続けることが中共の国益にかなう」に沿った偏向虚偽記事だった。

その証拠に、当時撫順に住んでいた人々は『中国の旅』を読んで「ウソだ！」と声をあげていた。だが朝日は「何を書くかは我々の編集権だ」と無視した。

そこで、平成三年四月、東京撫順会は、「『中国の旅』が本になるなら、撫順に関する虚偽記述を修正してほしい」と再度申し入れた。長年其処に住み、事実を知っていた彼らは、撫順関連の記述、「平頂山事件」、「コレラ防疫殺人事件」、「万人抗」、「撫順炭鉱の由来」は全て嘘だ、と根拠を添えて申し入れていた。（『撫順炭鉱終戦の記』満鉄東京撫順会）

これに対し、同年六月、朝日は満鉄東京撫順会に「中国がどう見ているかを伝えたもので、中国側が紹介した被害者などの証言が中心となっております」と回答し、日本人の要望を拒絶した。朝日が中共の犬と云われる所以である。

何故なら、中共の見解と異なる事実を受け止め、真実を求めようとする姿勢はゼロだった。両論を載せ、読者に考えて貰おうという公正さの欠片もなかったからだ。こうして朝日は中共公認の「お話」を書き連ね、それを否定した日本人の要望は「ダマレー」と斬り捨て、『中国の旅』を出版した。

中共のウソは幾らでもある。例えば黄文雄氏はそれを次のように指摘していた。

《日中戦争中の中国側犠牲者数については、元々この国は自国民が何人死のうと関心がなく、正確な記録などほとんどない。その代わり外国人が比較的正確な研究分析を行っており、米誌「USニュース&ワールドレポート」などは一九八九年の〈太平洋戦争五十周年記念号〉で「中国側死者総数は二百二十万人で、そのうち軍人が百三十五万人、民衆八十五万人」と述べている。

終戦当時に国民党政府が公表した文書「対日戦争勝利の結果」もそれなりに、中国側戦死者を百三十一万九千九百五十八人、戦傷者を百七十六万千三百三十五人としている。

ところが後年人民共和国政府は、中国人犠牲者は一千万人との公式見解を打ち出し、さらに現在に至っては、江沢民の「決定」による三千五百万人との数値が出されている。

実にあからさまな数字操作である。そしてこうした根拠のないものを振りかざし、日本官民に頭を下げさせているわけだ。友好国に対してこのような仕打ちを平然と行える、中国という国家は実に卑劣である。》（『中国こそ日本に謝罪すべき9つの理由』）

既述の通り、日本では公教育が中共のウソ、「中国人の犠牲者一千万人」を拡散させてきた。日本人やマスコミ業者も堂々とウソをついてきた。そしてウソが人の命さえ奪っていたのだ。

マスコミ業者による殺人事件

『中国の旅』には「殺人ゲーム」が登場する。だが朝日は、同時代である昭和十二年頃の取材記事には触れなかった。例えば、南京陥落直後に訪れた記者の証言、「虐殺など見ていない」、「噂すら聞いていない」（『「南京事件」日本人四十八人の証言』）や、「百人斬り競争」の被害者、向井、野田両少尉の写真を撮った、次なる佐藤カメラマンの証言も排除した。

《「確かに二人は南京に入るまでに〝百人斬り競争〟をし、更にその〝延長戦を行う〟ということを記者と話していました。しかし野田少尉は大隊副官で作戦命令の伝達などで忙しい。向井少尉も歩兵砲兵中隊の小隊長だから、戦闘中は砲撃の距離の測定や射撃命令などで忙しい。中国兵と斬り合いなどできるわけがなく、明らかに作り話なのです。」（『サピオ』一九九八年十二月二十三日号）

戦前、所謂《いわゆる》「百人斬り競争」により向井、野田両少尉は英雄となったが、戦後、両名はこの記事故、東京裁判に呼び出された。この記事を書いた記者も喚問され、「記事は本当だ」と言ったが、米国人検事はウソと断じた。「日本刀一本で合計二百五十人もの兵士を斬ることなど不可能」という常識を持っていたからだ。

次いで南京法廷から喚問された両名は「疚《やま》しいことは何もない」と出廷したが、この新聞記事は戦闘ではなく、民間人虐殺という「殺人ゲーム」に書き換えられていた。

これを覆《くつがえ》すには浅海記者が真実を語ることが不可欠だったが、彼は南京へは行かず申弁書を提出したが、そこに「創作記事だった」と書かなかった。そのため二人は処刑されたのだから、両名を死刑台に送ったのは彼の創作記事と南京法廷に送った虚偽申弁書という二つのウソだった。

それから二十数年後、両少尉は朝日の『中国の旅』で再びジャーナリズムの獄門に晒され、そこでは日本刀で戦う兵士ではなく「殺人ゲームの犯人」という衣を着せられていた。毎日のウソが二人を死に追いやり、朝日のウソが残された家族の人生をメチャメチャにしたのだ。

「百人斬り競争」の舞台裏

平成十三年六月十八日、産経に両名の「手記が発見された」という記事が載った。

同年三月初旬、野田少尉の実妹マサさんが、靖国神社で執り行われる両少尉の合同慰霊祭を一週間後に控え、遺品を整理していた時、処刑後に実家に届けられた遺品の中に獄中で書いた遺書や日記などを見つけたと云う。その中に浅見記者との一問一答があった。

《新聞記事の真相、被告等は死刑判決により既に死を覚悟しあり。「人ノ死ナントスルヤ其ノ言ヤ善《よ》シ」との古語にある如く被告等の個人的面子《めんつ》は一切放擲《ほうてき》して新聞記事の真相を発表す。依って中国国民及び日本国民が嘲笑するともこれを甘受し虚報の武勇伝なりしことを世界に謝す。

十年以前のことなれば記憶確実ならざるも無錫《むしゃく》における朝食後の冗談笑い話の一節左のごときものにありたり。（中略）

記者　どうですか。無錫から南京までの間に何人斬れるものか競争してみたら。記事の特ダネを探しているんですが。

向井　そうですね無錫付近の戦斗で向井二十人野田十人とするか、無錫から常州までの戦斗では向井四十人野田三十人とするか（中略）。無錫から南京までの戦斗では向井、野田とも百人以上としたら。おい野田どう考えるか、小説だが。

野田　そんなことは実行不可能だ、武人として虚名を売ることは乗り気になれないね。

記者　百人斬り競争の武勇伝が記事に出たら花嫁さんが殺到しますぞハハハ写真をとりませう。

向井　ちょっと恥ずかしいが記事の種がなければ気の毒です。二人の名前を貸してあげませうか。

記者　記事は一切記者に任せて下さい。（中略）

右の如く被告等の冗談話により事実無根の虚報の出たるは全く被告等の責任なるも、又記者が目撃せざるにもかかわらず、筆の走るがままに興味的に記事を創作せるは一体責任あり。貴国の法廷を煩わし世人を騒がしたる罪を此処に衷心よりお詫びす。》

こうして昭和十二年十一月から十二月にかけて、浅海記者らが「百人斬り競争」なる捏造記事を四回掲載した。だが両名は彼を非難せず、自らが武勇伝の主人公になったことを恥じていた。朝日や毎日は決してこの手記を報じない。報じれば自分たちのウソがバレるからだ。

南京の犯罪を日本軍のせいに

中国と米英は「戦争における宣伝の重要性」を認識し、強力な宣伝戦を展開していた。それに呼応し、中国人ゲリラは安全地帯で犯罪を繰り返し、日本兵の仕業として欧米人に報告していた。この記事が『ニューヨーク　タイムズ』昭和十三年一月四日の記事に載ったという。

《「元支那軍将校が避難民のなかに——大佐一味が白状、南京の犯罪を日本軍のせいに」と題する記事は、次のように言う。以下は全訳である。

「南京の金陵女子大学に、避難民救助委員会に外国人委員として残留している米国人教授たちは、逃亡中の大佐一名とその部下の将校六名を匿《かくま》っていたことを発見し、心底から当惑した。実のところ教授たちは、この大佐を難民キャンプで二番目に権力のある地位につけていたのである。この将校たちは支那軍が南京から退却する際に軍服を脱ぎ捨て、それから女子大の建物に住んでいて発見された。

彼らは大学の建物の中にライフル六丁とピストル五丁、砲台から外した機関銃に弾薬も隠していたが、それを日本軍の捜索隊に発見されて、自分たちのものであることを自白した。この将校たちは、南京で掠奪したことと、ある晩などは避難民キャンプから少女たちを暗闇に引きずり込んで、その翌日は日本兵が襲ったふうにしたことを、米国人や他の外国人たちのいる前で自白した（中略）」。

南京安全地帯は中立地帯だった。そこに、ベイツやスマイスなど米国人教授が支那軍将校を匿っていたのである。これは重大な中立違反だった。その上、あろう事か、市民に変装した現役の支那人将校たちが掠奪や強姦を重ねては日本軍の犯行にしていた（中略）。

しかも彼らの十号文書（十二月十八日）は、安全地帯には支那兵は一人もいないと保証していたのだった。しかし、この安全地帯で生じた重大な出来事が、不思議なことに『南京安全地帯の記録』には収録されていない。日本軍告発という目的に合致しなかったからであろう。しかも、これは氷山の一角に過ぎなかった。》（東中野修道『南京大虐殺の徹底検証』）

『南京安全地帯の記録』とはこの様な代物だったが、「二十五件、五十二人の不法殺人」を記載するのが精いっぱいだった。

中国と欧米による反日宣伝

北村稔教授の『南京事件の探求』は、「戦争とは宣伝である」を如実に教えてくれる。氏は、「南京事件」研究で見過ごされていた事実を次のように記す。（要点）

《ジャーナリストという第三者的な立場から日本軍の南京占領を告発したと思われていたティンパリーの著作が、実際には国民党中央宣伝部の意を体して発行されていたのである。》
《さらにティンパリーの著作と同様に、第三者の欧米人による中立的立場からの日本軍告発の書物であると考えられてきたLewis Smyth（ルイス スマイス）も、ティンパリーを経由した国民党中央宣伝処の要請と資金提供のもとで書かれたことが明らかになった。》
《以上の通り「南京事件」を確定した重要な証拠資料である二つの著作が第三者による著作でなく、国民党の戦時外交戦略のために執筆されていた事実を明らかにしたことが、本書の特色の一つである。》

欧米人故、公平と思われていた日本告発本が実は政治宣伝文書だった。この事が明らかになったのは次の理由があったからだ。

①共産党に敗れた中華民国（中国）国民党宣伝処の中枢を担う人物が台湾に存命。
②李登輝総統の時代に言論・出版の自由が与えられた。
即ち、台湾に逃れた中華民国で言論の自由が確保されたため、信憑性の高い証言が出てきたのだ。

曾虚白によると、昭和十二年十一月に国民党中央宣伝部が成立し、その下部組織として対外宣伝を専《もっぱ》らにする国際宣伝処が設けられ、氏が宣伝処長となった。

南京陥落後、国民党中央宣伝部は重慶に移り、重慶本部以外にも上海、香港、昆明、ニューヨーク、シカゴ、ワシントン、ロンドン、シンガポール等に支部を設立した。其処には英文編纂課、外事課、対敵課、撮影課、放送課、新聞検査室、日本研究室などがあった。そして彼らは総力を挙げて反日宣伝に血道を挙げていた。

その宣伝活動の一環として、国民党は欧米ジャーナリストや学者を買収し、彼らの口を通して虚偽宣伝を行っていたことが北村教授の研究により明かされた。

買収されたティンパリーとスマイス

昭和六十三年、台湾で『曾虚白自伝』が出版され、彼は次のように記していた。

《ティンパリーは都合の良いことに、我々が上海で抗日国際宣伝を展開していた時に上海の『抗日委員会』に参加していた三人の重要人物の一人だった（中略）。かくして我々は手始めに金を使ってティンパリー本人とティンパリー経由でスマイスに依頼して、日本軍の南京大虐殺の目撃記録として二冊の本を書いてもらい、印刷して発行することを決定した。》（北村稔『南京事件の探求』）

こうしてティンパリーは『WHAT WAR MEANS』を著した。そこには、便衣兵の処刑を含め南京戦での遺体埋葬数を四万人余りとし、その三十％は戦闘員でなかった、とあったという。

確かに日本軍は、軍服を脱捨てて民間人になりすまし、武器を隠し持っていた中国兵を捕え、一部を処断したが、民間服を着ているから市民とは限らない。便衣兵は民間服を着ており、市民を守るために処断せねばならなかった。だからその時代、南京に留まった欧米人も日本軍を非難できなかった。だが欧米の学者を買収し、中国の代弁人に仕立てて虚偽宣伝を繰り広げ、反日感情を煽って国民党への同情を集める手法は多大な効果があった。

やはり「南京大虐殺」はウソだった

金陵大学の社会学教授ルイス・スマイスは、南京陥落直後、昭和十三年三月から六月にかけて多くの中国人助手を使い、南京市内と近郊六県を対象にサンプリングの手法により戦争被害の実地調査を行い、『スマイス報告』を作成した。そこで次なることを明らかにした。

①南京市内の人的被害は兵士の暴行による死者二千四百名である。（注　南京市内とは東京二十三区六百二十一㎢の七十七％に相当するエリア。南京城内は江東区同様の四十㎢である。）

②南京戦当時、南京市内の人口は二十二万人強だった。

南京市内の死者は、中国軍によるか日本軍によるか分らないが、二千四百名となった。だが、中共は見向きもしない。北村教授は、一次史料を無視し、中共と軌を一にしている洞富雄教授ら「虐殺あった派」の研究態度を次のように批判した。

《『スマイス報告』の〝南京市内の人的被害に関する調査結果〟を無視しようとする「虐殺派」の態

度は、自説に都合の良い資料だけを引用し、都合の悪い資料は引用しない、というそしりを免れないのではないか。》

当時、金陵大学歴史大学教授でキリスト教宣教師のベイツでさえ、この報告書に太鼓判を押していた。スマイスは南京法廷で証人として出廷し、宣誓の上『スマイス報告』を証拠として提出すると、この報告は高く評価された。何故なら、その時代、これが学問的根拠のある数値とされたからだ。

ここに至り、ティンパリーの『WHAT WAR MEANS』の四万人説、『スマイス報告』の二千四百人、中国の『南京安全地帯の記録』の五十二人、中共の三十万人説などが登場したがこれは真実に迫る良いサンプルである。各データの作成背景を考慮すると、『スマイス報告』も信憑性はあるが、これは城内を含む南京市内の推定値である。無論、何時、誰によって誰が、いかなる理由で殺されたか分らない。但し、城内の犠牲者数は特定されていない。

その結果、城内については中国が自由意思で作成した一次史料、『南京安全地帯の記録』にある犠牲者数が最も信憑性が高い、との結論に至る。即ち、南京城内における日本軍による市民の殺害はゼロとなる。そして今日に至るまで、この事実を覆す一次史料や科学的データを示したものはいない。

第八章　七三一部隊に関するウソと真実

なぜ日本で毒ガス裁判が行われたのか

不思議なことに、中共が「毒ガス被害があった」と言うと日本政府は根拠なきまま金を支払ってきた。戦前の話でイチャモンをつけると大金が湧き出るのだからこんな旨い話はない。中国人にとって日本は格好の強請《ゆすり》、たかり、毟《むし》りの標的となった。

例えば、中国人の自称遺族等が七三一部隊の細菌戦で被害を受けたとして、日本に謝罪と損害賠償を求めて訴訟を起したことがあった。すると東京地裁は「日本軍は大陸でペスト菌感染のノミを三カ所で空中散布した。一カ所でコレラ菌を井戸に搬入した。つまり、細菌戦を実施した」と認定した（平成十四年八月二十七日）。

この裁判官は、何の裏づけも取らずに「心証」だけで日本を有罪とし、多額の支払いを国に命じた。これでは納税者は堪ったものではない。

平成十五年五月十五日、味を占めた中国人は「日本軍が持ち込んだ毒ガスによって被害を受けた」と日本を告訴した。これに対する東京地裁判決は国側勝訴だったが、裁判官は「政治的、道義的責任は別である」と証拠調べもしないくせにお説教を垂れた。

同年九月二十九日、別件の毒ガス被害で告訴された日本政府は敗訴し、一億九千万円もの補償金を支払うよう命じられた。判決の中で裁判官は、「毒ガスは終戦前後に日本軍が廃棄し、隠匿した上、現在に至るも放置している。遺棄場所を中国に教えよ」と述べた。この男は証拠調べをせぬままこう断じたのだが、こんな杜撰《ずさん》な裁判で血税がたれ流されては、納税意欲は消滅する。

戦後の検閲済み反日虚偽教育を受け、身に着け、司法試験に合格して裁判官になった頭は、法律を無視するほど狂っていた事例である。

「防疫給水部」を誕生させた不潔な中国

行けば分るとおり、中国人の衛生観念は低く、とにかく汚い。大気は汚染され、地下水を含む水系は汚濁され、生水など絶対に飲めない。汚染水を地下に注入するため、井戸水も危ない。その結果、淡水、海水の殆どが黴菌、寄生虫、化学物質、重金属等で汚染され悪化の一途を辿っている。水道水も汚染され、飲用不可である。氷も危ない。ペットボトルの水も信用ならない。大丈夫と言われても中国人はウソをつくので、中国旅行で下痢になった日本人はいくらでもいる。

また食品は寄生虫で汚染されている可能性が高く、古来より中国人は火を通したもの以外は食べない。在日中国人でさえ中国産菓子、月餅を避ける。彼らが中国食品を嫌うのは、何で汚染されているか分らないことを良く知っているからだ。

高級ホテルでも便器とコップを同じ布巾で拭いている。飲用不可の汚い水がシャワーヘッドから出てくる。中国へ旅行する人もいるが、なぜこんな汚い国に行くのか理解不能である。

戦前のシナは更に不潔であり、ペスト、コレラ、チフス等が常時発生し、訳の分らない疫病が蔓延する猖獗《しょうけつ》の地だった。

明治二十七年に日清戦争が始まったが、支那、朝鮮の不潔さを知らない日本兵は、戦闘による死者の十倍もが疫病により死亡したといわれる。これに懲りた軍は優秀な人材をドイツや英国に派遣し、第一線の医学を学んで日本に持ち帰らせた。

明治三十七年の日露戦争では下痢への備えとして「征露丸」の携行を義務づけ、衛生面に配慮した。だが当時は「ビタミンBの欠乏が原因」と分らなかったため、陸軍兵士は脚気《かっけ》に苦しめられた。これらの経験を生かし、日本は傷病兵の看護と手当以外に細菌学の重要性を認識し、予防医学を取り入れた。

石井四郎は京都大学卒業後、幹部候補生として陸軍に入り、昭和三年、欧米二十カ国に派遣され、各国の軍事関連医学の調査をおこなった。そして各国は生物化学兵器を禁止するジュネーブ条約に調印していたが、研究・開発に余念がないことを知った。

帰国後、石井は「相手が使用を考えていれば対処方法も必要」と説き、防疫研究施設を進言し、整えたと言われる。当時は毒ガスや生物兵器の研究・保有は国際法違反ではなかったし、万一敵国が使用した場合、自国も同じ兵器で応戦することは認められていた。敵と同じ兵器を持つと同時に防御技術を持つことが抑止力となるが、これは国防の普遍的原則である。

その結果、飲料水の確保が困難なシナやシンガポール等に「防疫給水部」が設けられた。主な任務は、不潔な地に展開する兵士を疫病から守ると同時に、清潔な飲料水を確保し、日本軍に対する中ソによる毒ガス・細菌攻撃から自軍を守るためだった。

建国後の満洲でも疫病は発生し、多くの死者を出していた。昭和十五年に新京でペストが発生したとき、石井の指揮する「関東軍防疫給水部」は防疫活動の指揮をとり、人々を救ったのである。

中国軍の毒ガス・細菌攻撃

平成十四年、中共は扶桑社中学校歴史教科書を「検閲」し修正要求を行った。

「日本軍隊は公然と国際法の関係法規に違反し、東北地方に細菌戦を研究するための試験基地を作り『七三一部隊』は多くの生きた人間を用いて試験を行い、無数の中国民衆を殺害した。また、大量の化学兵器を貯蔵し遺棄し、今に至るまでなお現地の生態環境と人々の生命財産の安全に重大な脅威を与えている。当教科書はこの事実を隠蔽している」と。

これに対し、故中村粲教授は『正論』（平成十三年七月）誌上で次のように反論した。

《毒ガスや細菌を軍事に使用したのは、中国の方がずっと早かったことを忘れないで頂きたい。中国は早くも昭和元年（一九二六）年三月、ソ連から一万発もの毒ガス弾を購入しており、降って昭和十二年九月、第二次上海事件ではコレラ菌やホスゲン等の細菌・猛毒物を日本軍に対して各地で使用しており、その結果、多数の中国民衆をも死に至らしめているのだ。

我軍はソ連製の毒ガス弾も大量に押収している。また北京にも、既に支那事変初期に細菌研究所のあった事実は岡部直三郎・北支方面軍参謀長の日記にも記載が見える。》

更に、重慶を脱出した国民党軍の元軍政部防毒勤務将校から入手した情報をまとめた、「支那軍の化学組織系統の概要」（昭和十六年六月二十六日付）によれば、毒ガスの研究及び製造も「軍政部兵工署理化研究所」において行われていた。

当時の新聞を開くと、中国軍が日本軍に毒ガス攻撃をしていた記事が幾らでも出てくる。

昭和十二年十月二十日付の朝日新聞は『毒ガス弾下を衝く＝人馬・マスクで進撃』なる記事を掲載した。これは中国軍の毒ガス攻撃に耐えての進撃を報じたのだ。

「上海戦線『マスク突撃』敵軍の毒ガス弾に備へ防毒面をつけて突撃の機を待つ○○部隊」（「東京朝日新聞」昭和12年10月20日）

二十一、二十六日の朝日には中国がホスゲンで攻撃した記事が載っていた。また『上海戦線　マスク突撃』、『敵軍の毒ガス弾に備え防毒面つけて突撃の機を待つ○○部隊』なる写真が載っていた。○○は当時の日本軍の検閲結果だが、こんな甘い検閲をGHQは一切認めなかった。

通常兵器で勝利していた日本軍は毒ガスなど必要なかった。話しは逆であり、「中国が日本軍に毒ガス攻撃を行い、各地で継続して使った」ことを教科書に載せねばならない。中共に日本を非難する資格はない。

『悪魔の飽食』は中ソのプロパガンダだった

此処に森村誠一の『悪魔の飽食』がある。この種本は、昭和二十四年、六日間行われた「ハバロフスク裁判記録」を基に書かれた『三千人の人体実験』(原書房)であり、それに長年、中ソに拘禁、洗脳された日本人帰還者の「お話」、憲法上証拠能力はないカスを加えたものだった。

開くと、この本には七三一部隊の残虐行為を示す写真や物証は載っていない。当時は戦場経験者も多数生存しており、偽写真を載せても直ぐに露見するので躊躇したのだろう。

あったのは防疫給水の中核「石井式濾水器」の写真だった。それは、泥水、小便、古井戸などあらゆる〝水〟を清水に変える濾水器であり、日本陸軍の持つ〝新兵器〟の一つだったという。中国軍から毒ガスや細菌攻撃を受けていた日本軍にとって、飲料水を確保し、防護・防疫の研究を行っていた七三一部隊は不可欠な存在だったことが分る。

日本人に衝撃を与えたのは、この本に「細菌兵器開発のため、中国人やロシア人を捕えて人体実験を行い、その犠牲者は三千人になる」と書かれていたからだ。その結果、この本は昭和五十七年頃の出版界で話題を浚い、『続』とあわせて二百五十万部を上回る大ベストセラーとなった。

日本人が愚かな処は、真偽の判断ができず（後述）、簡単に騙されてしまう点にある。

その証拠に、程なくこの本は忽然と姿を消す。それは『続』の写真が「偽写真」であり、この本は偽書と判明したからだ。二百五十万部はゴミと化したことになる。その後、氏は中共に行き、中共が指定する者の一方的な話をベースに「第三部」を書いたが、これも裏付けは一切ない代物だった。

これは「宣伝戦」であり、中共は「三千人もの被害者」等と言っているが根拠はゼロ。森村に書かせた偽書を根拠にしているだけなのだ。

「中共の犬」と見紛う朝日新聞

戦後、この問題を「政治問題化」させたのも朝日だった。昭和五十九年六月十五日、社会面の三分の一を使って「拠点の村々にも毒ガス」、「日本軍極秘資料と証言で分る」、「焼き払い後井戸に」、「壊滅的打撃」等の見出し記事を載せたが、それは中国人の仕業を日本軍になすりつけたウソだった。

中国軍は焦土作戦を展開していた。昭和十二年頃の朝日新聞を開くと、「村を焼き払い、毒ガスを使い、井戸に毒や細菌を投げ込んだのは支那軍の仕業だ」、「〈日本軍は軍事施設の攻撃〉とダーディン記者も報じていた」なる記事に事欠かない。

昭和五十九年六月十七日、朝日は再び一面トップで「日本軍の毒ガス使用　不問は米の政治判断か」との見出しで、「米国は東京裁判で七三一部隊を不問に付した」と非難した。だが中国が最初に毒ガスを使ったのだから、仮に日本軍が使ったとしても違法性はない。

同年六月二十二日、朝日は「旧日本軍の毒ガス使用　中国が初めて報道」、「日本のメディアが報じて以来、中国の公式機関が旧日本軍の毒ガス使用の事実を伝えたのはこれが初めて……」などと嬉々として報じていた。何のことはない、「日本のメディア」とは朝日のことだった。

同年十月三十一日、朝日は一面に『これが毒ガス作戦』なる見出しで、はがき二枚分もの写真を載せ、「当時の日本軍部内写真を公表」なる大きな記事を載せた。

その上で、「私は毒ガス攻撃の現場にいた」と写真を提供した元将校の証言を載せ、藤原彰一橋大学教授を使って「日中戦争での毒ガス実写写真を見たのは初めてだし、公開されるのもこれが初めてであろう」との話を加えた。

だがこれは全てウソだった。十一月十一日、産経は「これは煙幕である」と報じ、この作戦に参加した四名を実名入りで公表したからだ。

「化学兵器は日本軍が遺棄した」なる日本政府のウソ

大正十四年、ジュネーブ条約により生物兵器は禁止された。化学兵器に関する「化学兵器禁止条約」とは、本来は研究・開発・生産以外に「自国が所有若しくは占有する」化学兵器の廃棄を義務づけたものだった。

日本は平成五年に調印し、七年に批准したが、中共はこの条約に「遺棄化学兵器」条文を加えることを主張し、「他の締約国の領域内に遺棄した化学兵器」の廃棄義務が付加えられた。すると中共は俄《にわ》かに署名・批准し、平成九年に発効させたのは予《かね》てからの企《たくら》みがあったからだ。

平成十一年、間抜けな自民党の河野洋平外相は、中共との間で「中国における日本の遺棄化学兵器の廃棄に関する覚書」を締結した。この覚書とは「遺棄されたのが中国製の毒ガスであっても」全て日本の費用で処理するという片務条約だった。その後中共の動きは活発になる。

平成十五年八月四日、中共の新華社通信は黒竜江省チチハル市で、旧日本軍が遺棄したとされる「化学兵器の毒ガス弾」によって二十九名が中毒になったと報じ、日本の出方を観測した。すると日本は補償金として三億円もの大金を支払った！

毒ガス被害者の裁判も起された。東京地裁の判決は、証拠皆無なのに日本を有罪とした。現場検証もせず、物証もないまま日本を有罪にした。これが裁判官の頭である。

日本の敗戦に際し、中ソは日本人が築きあげた満洲の全資産を手に入れ、日本軍を武装解除したのに毒ガス弾だけは「知らぬ、存ぜぬ」はあり得ない。だが呆れたことに当時の自民党政府も「日本に責任がある」とした。

平成十年四月十日、衆議院外交委員会に於いて阿南アジア局長は松沢成文委員の「合意の上で日本軍は化学兵器も渡したのではないか」との質問に対し、「中国側が化学兵器を他の通常兵器とともに引き取ることに対して同意したと言えないと考えます」と答弁した。いい加減なものだ。

武装解除後も日本軍が化学兵器を保有していたという不自然さに対して、「化学兵器、砲弾が終戦当時、通常の武装解除に基づいて、ソ連軍ないし中国軍に引渡されたものとは認められない、と言わざるを得ません。そういう判断でございます」と中共の国益を擁護する答弁を行った。

平成十七年十一月十一日、産経の『通常兵器も大量混在』という報道に基づく質問に対しては、「通常兵器と同時に化学兵器を渡していたからこそ、其処に混在して遺棄されたのだろう」との常識的な判断に対して、「中国側が同意をして日本側が化学兵器を残置した、そういうことはないと言っております」と答えた。当時はこんな売国官僚がうようよしていた。

こうして平成十一年度から十八年度までに四百七十一億円が注ぎ込まれ、十九年度は、詳細は公表されないまま二百十二億円を計上した。阿南や河野が札付きの売国奴なら、河野洋平を外相に据えた自民党も腐っていた。

化学兵器は中国に引渡されていた！

ところが防衛庁戦史資料図書館から重要資料が出てきた（詳細は『サピオ』平成十六年一月七日号、『正論』同二月号を参照されたい）。

関東軍総司令官山田乙三が昭和二十年九月一日に昭和天皇に上奏した〈作戦並び停戦の状況〉及び補足資料によると、北部満洲の関東軍は十七日にソ連によって武装解除され、〈全ての武器・弾薬は良好な状態で「ソ」側に引き渡せり〉と記述されていた。当時の毒ガス戦の担当部隊、五一六部隊には短時間での運搬能力はなく、保有は国際法違反ではなかったのだから、日本軍がガス弾を隠す理由はなかった。

そして決定的な証拠が発見された。以下、『〝遺棄化学兵器〟は中国に引渡されていた』（水間政憲『正論』平成十八年六月）による。

《私がこの資料を発見したのは山形県にある全国抑留者補償協議会（全抑協）の「シベリア資料館」であった。全体で六百冊にも及ぶ膨大な量の「旧日本軍兵器引継書」が永年、段ボールの二十四箱の中でほこりにまみれて眠っていたのである。

それは平成七年に死去した斎藤六郎・元全抑協会長が一九九〇年代に、ロシア各地の公文書館など

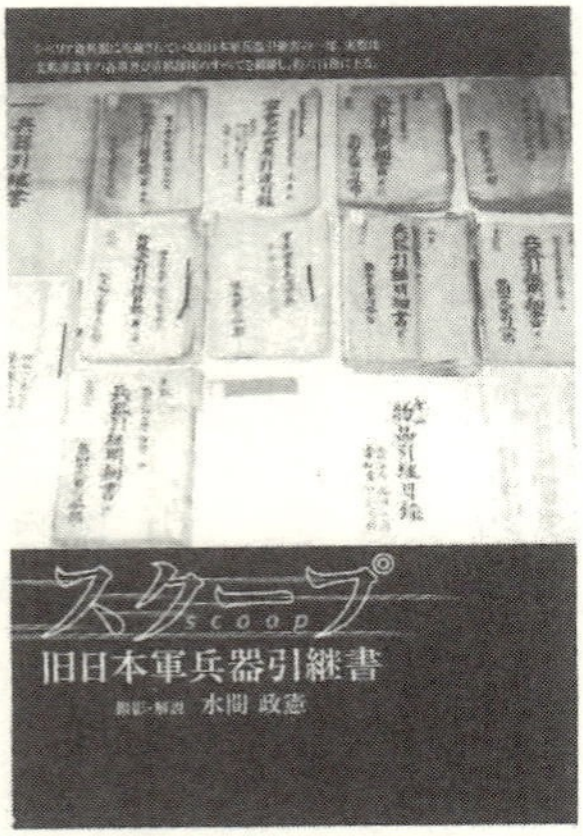

②水間政憲氏が発見したシベリア資料館所蔵の化学兵器を含む「旧日本軍兵器引継書」（「正論」平成18年６月号）

水間憲政氏が発見したシベリア資料館所蔵の化学兵器を含む「旧日本軍兵器引継書」（「正論」平成 18 年 6 月号）

から合法的に日本へ持ち帰ったものであった。そこには旧日本軍が中国全土で、終戦直後に、整然と武装解除に応じ、〝何の例外もなく〟中国側へと引渡したことが記されている。もちろん「化学弾」も例外ではない。（中略）

今回、発見された資料は「旧日本軍が化学兵器を切り離して遺棄した」という、とんでもない主張を覆す端緒に間違いなくなるであろう。そして最終的には中国の国家的詐欺に止めを刺すにちがいない。》

これを発見した水間氏は資料の写真を公表した。写真には、日時、場所、引渡者、引取人（＝中国）、ガス弾を含む兵器の種類、厳密な数量など、全てが克明に記載されていた。この中には生物兵器は含まれていない。元々そんな物はなかったのだ。

化学兵器の処理責任は中共にある

「歴史を鏡とする」は中共の常套句であり、日中共同の責務であろうから、彼らの言葉に従って「化学兵器禁止条約」に調印した日中両国の条約履行の現状を確認してみよう。

日本は平成五年一月に署名し、七年九月に批准した。以後、条約を忠実に守り化学兵器は一切保有していない。ところが米国議会調査局のまとめた報告書、『核、生物、化学各兵器とミサイル　現在の状況と傾向』によると、中共は「生物化学（以下　BC）兵器禁止条約の存在にもかかわらず、活発に攻撃用兵器を開発するにいたっている」という（産経　平成十三年六月四日）。

中共は米国報告書を否定していないから、この指摘は正鵠を射ていよう。即ち、中共は今も大量のBC兵器を保有する条約違反国である。

ロシアと北朝鮮も膨大なBC兵器を保有していることは周知の事実だが、外務省、政治家、マスコミ業者、教育関係者等は現状を国民に知らせない。中国軍が最初に毒ガスを使い、彼らの違法攻撃から軍民を守るため、七三一部隊は不可欠だったことも語らない。

思い起せば平成七年、化学兵器禁止条約批准後の十二月、村山富市は国会で「遺棄した方の国にその処理責任がある」なる答弁を行った。その後、水間氏のお陰で日本軍は化学兵器を中国に引渡したことが明らかになり、村山の言う「処理責任のある遺棄した方の国」とは中国、即ち中共となって話は落着した。

第九章　沖縄住民・集団自決の真相

沖縄戦から「日本軍の無条件降伏」へ

米軍の沖縄攻撃を察知した日本軍は沖縄県民の疎開を積極的に進め、十六万住民を内地や沖縄各所に疎開させた（『正論』〈平成二十年三月〉恵隆之介）。その過程で悲劇も起きた。

昭和十九年八月二十二日、学童疎開船、三隻のうち対馬丸が米国潜水艦により撃沈され、多くの犠牲者をだした。護衛艦を伴っていたが、米軍の潜水艦攻撃を防ぎきれなかったのだ。

同年十月十日、米軍は艦載機延べ一千機で那覇市を無差別爆撃し、約千人が死傷した。重光葵外相は「国際法違反」と抗議したが米国は止めなかった。

昭和二十年四月一日、米軍は圧倒的兵力で沖縄本島へ来襲した。日本軍は沖縄を守るため、海からは戦艦大和が特攻出撃を行い、空からは神風特攻隊が特攻攻撃を敢行した。沖縄県民も軍に協力し、米軍の目論見「二、三週間で征圧」どころか二ヶ月半も持ち堪えた。

その結果、約九万四千人の日本軍人とほぼ同数の沖縄県民が戦死したといわれ、米兵も約一万五千人が戦死、特攻攻撃の恐怖により約三万人が発狂した壮絶な戦いであった。

六月六日、沖縄海軍部隊司令官であった太田實少将は、「沖縄県民、斯く戦へり。県民に対して後世特別の御高配を賜らんことを」と打電後自決し、日本軍の組織的抵抗はほぼ終了した。だが散発的抵抗は止むことはなかった。

硫黄島と沖縄戦で大きな犠牲者を出した米国は、原爆を投下しても降伏しない日本を見て、本土決戦を行うと米軍に百万人の犠牲者が出ると予測した。また、国体の護持を認めなければ絶対に降伏しないことを知っていた米国は、日本がポツダム宣言を受け入れ、日本軍が無条件降伏する代わりに皇室の存続を認めることで妥協を図った。

日本はこれを受け入れ、熱戦は終わりを告げたが、「日本軍の無条件降伏」という結末は、昭和天皇の見通しが正しく、近衛、東條、軍首脳らの愚かさを証明する結果となった。

沖縄タイムスと朝日が流したウソ

敗戦が日本社会に与えた傷は深かった。その一つがウソの蔓延である。

例えば、平成十四年度版の中学校歴史教科書には、「日本軍による沖縄住民への集団自決の強要」などの記述があったがウソである。

根拠とされた『鉄の暴風』は、沖縄タイムス社が編集し、朝日が初版本（昭和二十五年）を刊行した。この本の出版目的について恵隆之介氏は、「米軍の心理作戦部隊の検閲を受け、内容を改変し、沖縄県民と日本軍や日本との一体感を断ち切ることにあった」と次のように記す。

「沖縄では軍命令を疑う意見は地元紙に一切掲載されず、今も言論統制が行われているに等しい。戦後、米陸軍第八心理作戦部隊が『沖縄県民は日本国民に差別された。その帰結が沖縄戦の悲劇だ』と反日宣伝を徹底したが、それが定着してしまった」（平成十九年十月十六日　産経）

検閲下で書かれた『鉄の暴風』は、沖縄住民を無差別虐殺し、多くの女性を強姦した米軍を「ヒューマニズムに溢れた……」（『正論』〈二〇〇八年四月〉勝岡寛次）と賛美していた。

同時に「座間味村の集団自決は軍命令による、渡嘉敷村は赤松嘉次隊長の命令であった」、「座間味の梅澤少佐は、朝鮮人慰安婦らしきもの二人と不明死を遂げたことが判明した」等と書いていたがこれも検閲によるウソだった。

『沖縄ノート』を書いた大江健三郎も、集団自決の真相を知る証人がいたにも拘わらず、一切取材せず、孫引きや空想で日本兵を悪役としたウソを書いていた。即ち、あらゆる方面から沖縄と日本の紐帯《ちゅうたい》を切断するウソが吹き荒れていたのだ。

「泣く子は殺せ」は住民の言葉だった

平成十三年、沖縄での集団自決の真相に迫る著作『母の遺したもの』（高文研）が出版された。著者は宮城晴海さん。そこに『鉄の暴風』や『沖縄ノート』を覆す、「集団自決は日本軍の命令ではなかった」とする晴海さんの母、初枝さんの手記が載っていた。

初枝さんは、座間味島での戦闘に巻き込まれたが幸運にも生き残り、「遺言」とも言える証言を残して平成元年に他界した。そして彼女の証言が世に流布されたウソを覆すことになる。

読んで先ず驚いたのが「泣く子は殺せ」の実態だった。この言葉は日本兵が発したとされていたが、ガマ（自然壕）に避難していた子連れの母親に対し、避難住民が放った言葉だった。

《泣きつづける男の子に一人の男性が、「どこの子供だ。海に捨ててこい」と怒鳴りつけた。それでも泣き止まない。今度は「アメリカがきたらどうするんだ。殺せ」と強い声。それにつられるように「殺せ、殺せ」という声が飛びかかった。（中略）

こういう体験は、当時幼子を抱えたほとんどの母親にあった。》

では初枝さんは、なぜ真実を語ろうとしたのか、『母の遺したもの』に沿ってウソが定着し、結局は覆された顛末《てんまつ》を追ってみよう。

なぜ「座間味の集団自決は日本軍命令」となったか

昭和二十七年の「戦傷病者戦没者遺族等援護法」（以後、援護法）は本来、軍人・軍属を対象に施行された法律であったが、昭和二十八年に奄美・沖縄にまで適用されることとなった。

昭和三十二年四月、援護法適用調査の目的で厚生省引揚援護局の職員が「戦闘参加(協力)者」の調査に座間味島を訪れた時、初枝さんが梅澤戦隊長のもとへ出かけた五人のうち、唯一の生残りとの理由で聞取り調査に呼ばれた。

この時、島の長老から、「梅澤戦隊長から自決命令があった、と証言するように」と言われたという。島民が厚生省に提出した資料『座間味戦記』には、「梅澤部隊長の命により、住民は男女を問わず若き者は全員軍の戦闘に参加して最後まで戦い、又老人子供は全員村の忠魂碑の前で玉砕するように、とのことであった」なる証言が数カ所含まれていたからだ。

初枝さんはいったん断ったが、住民が「玉砕」命令を隊長からの指示と信じていたこともあり、断れず呼出しに応じた。この調査で初枝さんは、投げかけられる質問の一つ「住民は隊長命令で自決をしたといっているがそうか」という問に対し「ハイ」と答えたという。

これがマスコミ業者の手に渡り、格好の反日・反軍資料として取上げられ、虚構を作りあげていった。

初枝さんの証言と陳情活動が効を奏し、昭和三十四年、戦闘参加者への「援護法」適用と共に座間味村、渡嘉敷村の六歳未満を含む「集団自決」の遺族や負傷者に遺族給与金や障害年金が支給されることになった。それは貧しい島民にとって重要な収入源であり、軍命令で「集団自決」なら金がもらえたのだから、誰もが「軍命令」と言い出すのは仕方ないことだった。

昭和四十四年、『秘録・沖縄戦記』(読売)が出版されたが、発刊に先立ち『週刊読売』は「島民の集団自決は軍命令だった」と前宣伝を行った。朝日に続き、読売が追認することで、「座間味、渡嘉敷村の集団自決は日本軍の命令による」なるウソが定着し、初枝さんは「集団自決の語り部」となっていた。だが娘の晴海さんは次のように書き綴る。

《母が私に、「『悲劇の座間味島』で書いた『集団自決』の命令は、梅澤隊長ではなかった。でもどうしても隊長の命令だと書かなければならなかった」と語り出したのは一九七七年三月二十六日のことだった。》

当時の村民の生活を考えると、初枝さんは「真実」を語ることはできなかった。同時にウソが前澤氏を苦しめ続けたという贖罪感に苛《さいな》まれていた。

梅澤戦隊長は「生きのびてくれ」と命じた

昭和五十五年十二月中旬、梅澤氏と初枝さんは対面する。梅澤氏は生きていたのだから『鉄の暴風』の記述、「座間味の梅澤少佐は、朝鮮人慰安婦らしきもの二人と不明死を遂げた」はウソだった。

初枝さんは「どうしても話したいことがあります」と切り出し、三十五年前の三月二十五日の出来事につき、「住民を玉砕させるようお願いに行きましたが、梅澤隊長にそのまま返されました。命令したのは梅澤さんではありません」と告白した。

更に「貧しい島民が生活をするには援護法を適用して貰うしかなかった」、「実際の命令者である村人を苦しめたくなかった」などと話した。梅澤氏は「ありがとう」と男泣きし「島の人を助けるためでしたら、私が悪者になるのはかまいません。私の家族に真実が伝われば十分です」と答えたという。

彼の戦後は過酷だった。集団自決の命令者とされた彼の家庭は崩壊し、職場にいられなくなり、仕事も転々とした。彼も虚偽報道により苦難の道を歩まされた犠牲者だった。

梅澤氏は、『沖縄史料編集所紀要』第十一号に掲載された手記で、「宮里助役ら五人の村幹部から、自決するので爆薬か手榴弾か小銃の実弾を下さい、と言われた。決して自決するでない……壕や勝手知った山林で生きのびてください、と答えても三十分ほど粘られて困った」と回想していたから、初枝さんの話しと符合する。

昭和六十二年、座間味村遺族会長宮村幸延氏は梅澤氏に「詫び証文」を書き謝罪した。この本には次のように書いてある。

> 昭和二十年三月二十六日よりの集団自決は梅澤部隊長の命令ではなく、助役宮○盛秀の命令であった。これは遺族救済の補償申請の為止むを得ず役場当局がとった手段です。右証言します。
> 昭和六十二年三月二十八日　元座間味役場　事務局長　M・Y
> 梅沢　裕　殿

集団自決を命令したのは村の或る有力者だった。晴海さんは自著で隠したが誰もがその人を知っていた。梅澤氏は「それはそれで結構だ」と島民を恨んでいなかった。

赤松隊長の「自殺命令」もウソだった

曽野綾子氏は自著『沖縄戦・渡嘉敷島「集団自決の真実」日本軍の住民自決命令はなかった！』に於いて、『鉄の暴風雨』に書いてある次なる「赤松大尉の発言」の裏付け調査を行った。

《日本軍が降伏して解ったことだが、彼らが西山A高地に陣地を移した翌二十七日、地下壕内において将校会議を開いたが、そのとき赤松大尉は「持久戦は必至である。軍としては最後の一兵まで戦いたい。まず非戦闘員をいさぎよく自決させ、我々軍人は島に残った凡ゆる食料を確保して、持久態勢をととのへ上陸軍と一戦を交えねばならぬ。事態はこの島に住む全ての人間の死を要求している」ということを主張した。

これを聞いた副官の知念少尉は悲憤のあまり、慟哭し、軍籍にある身を痛嘆した。》

曽野氏は沖縄に行き、知念氏の話を聴くと回答は意外なものだった。

《昭和四十六年七月十一日、那覇で知念元少尉に会った時、私が最初に尋ねたのはこのことであった。

「地下壕はございましたか？」私は質問した。

「ないですよ、ありません」知念氏はきっぱりと否定した。
「この本の中に出てくるような将校会議というのはありませんか」
「いやぜんぜんしていません。只、配備のための将校会議というのはありました。（中略）」

知念朝睦氏は、あまりに間違った記事が多いのと、最近、老眼鏡をかけなければ字が読みにくくなったので、この頃は渡嘉敷島に関することは一切、読まないことにした、と私に笑いながら語った。付加えれば、知念氏は少なくとも昭和四十五年までには沖縄の報道関係者から一切のインタビューを受けたことが無いという。

それが赤松氏来島の時に「知念は逃げ隠れしている」という一部の噂になって流れたが、「逃げ隠れはしておりません。しかし何もきいていないところへ、こちらから話を売り込みに行く気もありませんから、黙っておりました。」》

やはり『鉄の暴風雨』に書いてあることはウソだった。

「集団自決の真相」はこうだ

平成十八年八月二十七日、元琉球政府職員の照屋昇雄氏が胸の内を証言した一問一答記事が産経新聞に掲載された。「　」内が照屋氏の発言である。

―渡嘉敷ではどれくらい聞き取り調査をしたのか
「一週間ほど滞在し、一〇〇人以上から話を聞いた」
―その中に、集団自決が軍の命令だと証言した住民はいるか
「一人もいなかった。これは断言する。女も男も集めて調査した」（中略）
―集団自決を軍命令とした経緯は
「何とか義援金を取らせようと調査し、（厚生省の）援護課に社会局長もわれわれも『この島は貧困にあえいでいるから出してくれないか』と頼んだ。南方連絡事務所の人は泣きながらお願いしていた。でも厚生省が『だめだ。日本にはたくさん（自決した人が）いる』と突っぱねた。『軍隊の隊長の命令なら救うことはできるのか』と聞くと、厚生省も『いいですよ』と認めてくれた」
―赤松元大尉の反応は
「厚生省の課長から『赤松さんが村を救うため、十字架を背負うと言ってくれた』と言われた。喜んだ（当時の）玉井喜八船長が赤松さんに会いに行ったら『隊長命令とする命令書を作ってくれ。そうしたら判を押してサインする』と言ってくれたそうだ。赤松隊長は重い十字架を背負ってくれた」
―住民は、このことを知っていたのか。
「住民は分かっていた。だからどんな人が来ても（真相は）絶対言わなかった」
―あらためて、なぜ、今証言するのか
「赤松隊長が余命三ヶ月となったとき、玉井村長に『私は三ヶ月しか命がない。だから、私が命令

したという部分は訂正してくれないか』と要請があった。でも（明らかにして）消したら、お金を受け取っている人がどうなるか分らない。

赤松隊長が新聞や本に『鬼だ』などと書かれるのを見るたびに『悪いことをしました』と手を合わせていた。心が張り裂ける思い、胸に短刀を刺される思いだった。玉井村長も亡くなった。赤松隊長や玉井村長に安らかに眠ってもらうためには、私が言わなきゃいけない」。

この間、赤松隊の人々が沈黙を守り続けたのは島民の生活を案じたからだ。

《軍が命令を出していないということを隊員があらゆる角度から証言したとなると、遺族の受ける年金がさしとめられるようなことがあってはいけない、と思ったからです。我々が口をつぐんでいた理由はたったそれだけです。》（曽野綾子『沖縄戦・渡嘉敷島「集団自決の真実」』）

「日本軍による自殺命令」など何処にもなかった。このウソを拡大させた朝日、読売、沖縄タイムスの他に「本当に悪いヤマトンチュ」がいた。それが岩波と大江健三郎だった。

こうして島民の生活を思う梅沢氏や赤松氏の善意を踏みにじり、「集団自決命令者」なる虚偽を定着させようとした目論見は覆された。真実を語ってくれた沖縄の人たちが、反日左翼の悪意とウソを消し去り、真実を明らかにしてくれたからだ。

第十章　靖国神社と大東亜戦争

東南アジアを独立させた日本

英米仏蘭は、アジアを植民地するにあたり、抵抗するものは片っ端から殺害し、民族統合の象徴となる王族は子供から王妃に至るまで消し去った。敗北した有色人種は、「白人とは有色人種より進化した人種であり、彼らに支配されるのは仕方のないことだ」と半ば諦めていた。

それを良いことに彼らは阿片を売り、子供にまで人頭税をかけ、換金作物を強制栽培させ、教育もインフラも整えず、軍隊などもっての外、こうした収奪で豊かな暮らしを享受してきた。

この常識を覆したのが日露戦争に於ける日本の勝利だった。晴天の霹靂、白人の圧政に呻吟していた世界中の有色人種は歓喜し、「やればできる」という自信を持つに至った。

これを堺に米国は、日本を仮想敵国として意識し始め、やがて支那を巡って日米確執の時代になり、スターリンの雪計画に騙されていることに気付かない日本の政治家や陸海軍主脳は、昭和天皇の反対を押し切り、対米戦争に突入した。

開戦二日後、十二月十日のマレー沖海戦で日本海軍航空隊は英国の不沈戦艦プリンス・オブ・ウエールズとレパルスを撃沈した。その後、日本軍は東南アジアを植民地支配していた英米蘭軍を無条件降伏させ、独立運動家を監獄から解放し、現地人を搾取していた白人をキャンプに収容して監視にあたらせた。世は逆さになった。こうして白人の手先、支那人も中間利得者の座からから追い落とされた。この過程で支那人は各地で日本軍に敵対した。例えばシンガポールでは、英国の制止も聞かずに日本軍にゲリラ戦で挑み、脆くも敗退した。

その後、日本はアジア諸国の独立を目指し、現地人に武器を与えて軍事教練を行った。更に国家を運営するのに必要な行政官も育成した。やがて敗戦を確信した日本は、アジア諸国を次々と独立させていったが、それが主な戦争目的の一つだったからだ。

大東亜戦争の第二幕を支えた日本軍

大東亜戦争は日本の敗北で終わったのではない。目覚めた彼らは二度と植民地支配を受けたくなかった。だから彼らは再植民地化を図って侵略を開始した英仏蘭に対し、日本軍が密かに与えた武器を持って頑強に抵抗した。大東亜戦争の第二幕の開始である。現地に残った日本兵は指揮官や教官として独立戦争に加わり、日本の志《こころざし》を汲んだアジアの国々は次々と独立していった。

平成四年、マハティール首相は欧州・アジア経済フォーラムで次のように演説した。

「日本なかりせば、有色人種は白人の支配から解放されなかった」（『サピオ』一九九九・四・十四）

だが戦後の朝日やＮＨＫなどは、「日本軍はアジアに迷惑をかけた疫病神のような存在だった」と報じ続け、「日本軍が東南アジアを解放し、人種差別を撤廃させ、現地の人々に感謝されていた」事実は決して報じなかった。

戦後、欧米諸国は、虜囚の屈辱を味わい、現地人を目覚めさせた日本を目の敵《かたき》にした。会田氏の『アーロン収容所』読むと、英国人のくやしさが良く分る。気に入らないと元日本兵の口を開けさせ、放尿するなど序の口だった。氏は、彼らが卑劣な手段を使って多くの日本兵捕虜を殺害したことも書き残している。復讐に燃えた彼らは、東南アジア各地で日本兵を裁く軍事法廷を開いたが、弁護人はおらず、検事も判事も戦勝国の人間だった。被疑者を有罪とする証拠などなくても、欧米諸国は降伏した日本兵千六十八人を処刑することで復讐心を満足させた。

これは裁判の形をしたリンチだった。というのも朝鮮戦争勃発後、米国は目が覚め、死刑執行が停止されたからだ。無実の罪を着せられ、処刑された日本兵はアジア、アフリカ独立の犠牲者だった。

彼らを含め、大東亜戦争で亡くなった多くの日本兵は、国のため天皇陛下のため戦い、「靖国で会おう」と言って散っていった。その英霊が靖国神社に祀られている。

異教徒も祭られている靖国神社

敗戦直後、ＧＨＱは上智大学イエズス会院長、駐日ローマ法王代表・バチカン公使代理のブルーノ・

ビッテル神父に「靖国神社焼却の是非」を諮問した。これに対し、ビッテル神父はパトリック・バーン管区長と相談の上、次のように具申した。

《自然の法に基づいて考えると、如何なる国家も、その国家のために死んだ人々に対して、敬意を払う権利と義務がある。それは戦勝国か敗戦国かは問わず、平等の真理でなければならない。無名戦死の墓を想起すれば自然と理解できる。

もし靖国神社を焼き払ったとすれば、その行為は米軍の歴史にとって不名誉きわまる汚点となって残るであろう。歴史はそのような行為を理解しないに違いない。靖国神社が国家神道の中枢で、誤った国家主義の根源であるというなら、排すべきは国家神道という制度であり靖国神社ではない。

我々は信仰の自由が完全に認められ、神道、仏教、キリスト教、ユダヤ教など、いかなる宗教を信仰するものであろうと、国家のために死んだものは、すべて靖国神社にその霊をまつられるようにすることを進言するものである。》(『マッカーサーの涙』朝日ソノラマ刊)

大日本帝国憲法第二十八条は「信教の自由」を保証し、キリスト教会は勿論、上智大学や青山学院大学なども存続しており、バチカンは戦前の日本に信教の自由があったことを知っていた。また神道は、他宗教の信者が参拝しても祭られても問題にしなかった。そのためキリスト教徒なども靖国神社の御祭神となっている。

あの時代、米国に占領された日本は幸運だった。「宗教はアヘン」なる共産主義者のソ連や中共に占領されていれば、靖国神社は確実に破却され、伊勢神宮を始め日本中の神社も存亡の危機に瀕しただろう。そして皇室も消し去られたに違いない。

もはや日本にA級戦犯はいない

占領下でも、天皇陛下や首相は当然の如く靖国神社へ参拝していた。だが、米国、中国、中共は決して異を唱えなかった。

主権回復なった昭和二十七年、国会では直ちに東京裁判や各地の軍事裁判で有罪となった被害者の名誉回復が論議された。当時の日本国民は、東京裁判等は法の名を借りたリンチである、と認識しており、全会一致で「その間の戦犯は罪人とは見なさない」との国会決議がなされた。

主権回復までは継戦中であり、復讐に燃える戦勝国で構成される軍事法廷の判決で、処刑された日本兵が公務死とされたのも当然だった。

あの社会党も、当時は被害者の名誉回復に積極的であり、堤ツルヨ議員は六月の戦犯釈放決議に対する賛成討論で、「私は、この決議案に、むしろ即時釈放をつけていただきたい」、「所謂《いわゆる》戦犯容疑で処刑された遺族は、国家の補償も受けられないでいる。しかもその英霊は靖国神社の中にさえも入れてもらえない」と訴えた。靖国神社は御霊《みたま》にとって安住の地であり、合祀されることは栄誉でもあったからだ。

同年八月、「戦傷病者戦没遺族等援護法」、「恩給法」が改正され、所謂戦犯にも戦没者遺族と同様に遺族年金、弔慰金・扶助料が支給され、受刑者にも恩給が支給されるようになった。

同年十一月、大橋武夫法務総裁（法務大臣）は所謂戦犯に対して次のように明言した。

「国内法においては、あくまで犯罪者ではない。国内法の適用においてこれを犯罪者として扱うことは、如何なる意味でも適当ではない」と。

「罪を償った者に罪は残らない」というのは文明国の常識である。ならばA級戦犯として罪を償った東條らの御霊にA級戦犯の罪は残っていない、となる。靖国神社の御霊は戦犯とは無縁ということだ。この論理は釈放された方々にも適用されてきた。

例えば、A級戦犯で起訴され、釈放された賀屋氏は法相になり、重光氏は国連大使、外相を歴任し、岸信介は三年に亘、首相であった。

釈放後の彼らはA級戦犯ではない。戦争を主導した朝日は二人、読売は一人のA級戦犯を出したが、彼らをA級戦犯と呼ぶ者はいない。逃げ回っているならいざ知らず、刑に服し、或いは合法的に釈放された彼らもA級戦犯ではない。

靖国神社合祀と参拝の経緯

昭和三十四年、厚生省から送られた祭神名簿に基づき、靖国神社はB級戦犯として処刑された方々を合祀した。この決定に対し、如何なる国や団体も異を唱えなかった。

昭和四十年、靖国神社は厚生省にA級戦犯を含む祭神名票を依頼し、五年後に崇敬者総代会で合祀が決定された。だが筑波宮司預かりとなり、直ちに合祀されることはなかった。

昭和五十三年、宮司が松平永芳氏に代わり、東條英機等A級戦犯十四名を「昭和殉難者」として合祀することになった。

翌年、朝日がこの件を報じたが、例大祭に当たりキリスト教徒大平正芳首相は靖国神社を公式参拝し、その後、鈴木善幸首相も八月十五日を含め計八回公式参拝を行った。だが中共から抗議を受けることはなかった。

昭和天皇は数年おきに計八回ご親拝されたが、昭和五十年十一月が最後となった。

それは「A級戦犯の合祀が原因」とのメモが出回っていたが、合祀が明らかになったのは昭和五十四年の朝日報道であり、時間的に断定することはできない。

昭和六十年八月七日、朝日は首相の参拝に反対する報道を行った。

十四日、中共は呼応するように首相の靖国神社参拝を非難し始めた。

十五日、中曽根首相は参拝したが、翌年、理由を付けて参拝を取り止めた初の腰抜け首相となった。

その後、昭和天皇は次なる御製を詠まれた。

このとしのこの日にもまた靖国のみやしろのことうれひはふかし

その後も皇室は、現在に至るまで春と秋の例大祭に対して「勅使参向」を行い、内廷以外の皇族の参拝も行われてきた。国際法上は昭和二十七年四月二十八日の講和条約を持って戦争は終わったのだから、それまでに自決又は軍事法廷で処刑された方々はまさに戦争に起因する殉難者であった。

靖国神社参拝をめぐる「政府の統一見解」

小泉首相は靖国神社参拝の際、「A級戦犯は戦争犯罪人である」との認識を表明した。これに対し、平成十七年十月十七日、民主党野田佳彦議員が次のような質問趣意書を提出した。

「極東国際軍事裁判に言及したサンフランシスコ講和条約第十一条ならびにそれに基づいて行われた衆参あわせて四回に及ぶ国会決議と関係諸国の対応によって、A級・B級・C級全ての戦犯の名誉は法的に回復されている。即ち、A級戦犯と呼ばれた人たちは戦争犯罪人ではないのであって、戦争犯罪人が合祀されていることを理由に内閣総理大臣の靖国神社参拝に反対する論理は既に破綻していると解釈できる。極東国際軍事裁判でA級戦犯として裁かれた人々の法的地位を誤認し、また社会的誤認を放置しているとすれば、それは、A級戦犯とされた人々の人権侵害であると同時に、内閣総理大臣の靖国神社参拝に対する合理的な判断を妨げるものとなる。」

同月二十五日、小泉総理は「首相の靖国参拝関連」に対する答弁書を閣議決定し、同日付で衆議院議長に送付した。それによると日本政府は、「東京裁判が科した刑は国内法に基づいて言い渡された刑ではない」と言及。「首相参拝は戦没者の追悼という〝宗教とは関係の無い目的〟で行うものであって、上記の目的ではないことが概観上明らかな場合は、憲法の禁じる国の宗教活動にはあたらない」との見解を改めて表明した。

だが小泉総理は「A級戦犯は戦争犯罪人ではない」と明言しなかった。罪を償い、靖国に祀られている御霊に罪は残っていないことが理解できなかった。他にもこの道理が理解できない男がいた。

平成十八年二月、衆議院予算委員会で民主党の岡田克也代表は、「靖国神社に合祀された所謂A級戦犯は戦争犯罪人、それ故、靖国参拝をしてはいけない」と恰《あたか》もそこに罪を償った御霊ではなく、起訴された生ける東條らが存在しているかの如く発言していた。これを見て、其処にいる肉体は、中国人や韓国朝鮮人の魂に纏《まと》わりついたゾンビの如く感じた次第である。

中韓は靖国・戦犯問題に容喙する資格なし

戦後暫《しばら》く中共や韓国は靖国参拝に言及しなかった。故上坂冬子氏は「彼らに発言する権利が無いからだ」と産経紙上で論じていた（平成十七年十二月二十九日）。

《中国も韓国もA級戦犯の合祀に関して発言する資格のないことを噛んで含めるように説いて聞かせる必要がある。戦犯の問題に関する取り決めはサンフランシスコ平和条約第十一条に述べている。一つは、戦犯裁判の判決を受け入れることであった。つまり裁判がどんなに無茶なものであっても、結論を取消せという要求はできないことになっている。》

日本はサンフランシスコ講和条約第十一条を、日本は「日本国内及び国外の他の連合国戦争犯罪法廷の裁判を受諾し……」と訳したが、誤訳である。上坂氏の指摘通り、原文は「Japan accepts the judgments」であり、それは〝諸判決〟を意味する。裁判なら「trial」を用いるからだ。

《処でもう一つ重要な条文は第二十五条だ。サンフランシスコ平和条約に署名、批准していない国には「如何なる権利、権限、利益」も与えないと書かれている。サンフランシスコ平和条約には四十九ヵ国が署名、批准しているがその中に中国（中共も）も韓国も見当たらない。

ご丁寧にも条文として、ここに署名、批准していない国によって日本の利益が「減損され、又は害される」ことはない、とまで書き入れてあるのだ。つまり条約に署名しなかった国には、クレームをつける資格もないことになる。》

中共、韓国などが靖国参拝や戦犯問題でとやかく言ったら、「あなた方は戦犯問題に関して発言する権利が無い！」と諭すことから始めればよい。無論、彼らの意見に左右されることなど一切ない。

英霊が私たちに教えてくれること

日本は、国のために戦い、亡くなった自分たちの先祖、日本兵を悪者扱いしてきた。それは佐々木毅東大教授らが執筆した教科書（平成十二年　新しい社会　上　東京書籍）を読めば直ぐ分る。

「日本軍は、ナンキン（南京）の占領を進めたとき、武器をすてた兵士や、女性や子供をふくむ非常に多くの中国人を市の内外で殺害し……」、「日本軍は……やがてフィリピン人の食料を奪ったり、大勢の人人を殺害したりしたと聞きました」。

このウソを文部省の役人が公認し、識見《しっけん》の高いはずの教育委員会も、「これが最良の歴史教科書」として子供たちに与え、政治家、教育者、親御さん、誰も異を唱えなかった。

この教科書で学んだ子供たちが、「日本軍人とは誰か、誰がそれを実行したか」を思い起こせば、それは日本中にある「忠霊塔」に祭られている祖父らであり、子供たちが「そこに祭られているのは悪人だ」と思ったとて致し方あるまい。

そればかりか、これは長年にわたる日本政府の立場でもあった。毎年行われる「戦没者慰霊祭」に於いて、依代《よりしろ》に招き寄せた英霊に対し、「先の戦争でアジアの方々に耐え難い苦しみを与えた」等と断罪する首相もいたからだ。だが、彼らは好んで戦争に行ったのではない。

例えば、明治生まれの私の父は、貧しき故、進学できず、働きながら学んで物理学校（現在の東京理科大）に入学し、卒業目前で結婚、子供に恵まれ命をつなぎ、その後徴兵され、運命に従い、北支、南支と転戦、東部パプアニューギニアで終戦を迎えた。

昭和天皇の聖断により、父は生還し、幸運にも繋がった命が私へと、私の命が子や孫へと引き継がれているが、夢多き時代、若者は国のため、妻のため、女性を守るため、従容と戦地に赴き、苦難を背負い、多くの命を失い、生きていれば生まれたであろう子や孫の命も失ったのだ。

その御霊を呼出しておいて、国の責任は知らん顔で死者を指弾してきた。

御霊は、「そんな国になり果てているとは想像もしていなかった。幻滅の悲哀ではない。〝裏切られた〟とさえ感じた」だろう。これはルバング島から生還した小野田寛郎元少尉の実感だった。だから依代に日本人の御霊はいない。

今からでも遅くはない。毎年武道館で行われる政府主催の慰霊祭では、徴兵され命を落とした英霊に対し、「苦難を背負い、人種平等の世界を開くために命を捧げてくれた」と称えなくてはならない。そして何十年かが過ぎれば、郷土の英雄が祀られている忠霊塔にも人が集まるようになるだろう。

何でも「一億総懺悔で水に流せばよい」というものではない。大東亜戦争を通じ、靖国神社や忠霊塔の英霊が私たちに与えてくれた教訓を忘れてはならない。

第十一章　毛沢東の感謝とマックの自衛戦争論

敗戦で明らかになったスターリンの謀略

スターリンの策謀により国共合作成った西安事件の七ヶ月後、盧溝橋事件が起きた。続いて中国人は通州で多くの日本人を惨殺した。これを見て日本中が激高したが、戦争を起こす積もりのスターリンと中共にとって願ってもないことだった。

その後、日本と中国の平和交渉を潰すべく中共のスパイは挑発を繰返した。それは上海に飛び火し、上海地区司令官・張治中は蔣介石に日本軍への攻撃を強く進言した。長年、国民党の中枢に潜み、将軍の地位まで上り詰めた彼こそ、上海で戦争を起こし、支那事変を全面戦争に拡大させた中共のスパイだった。だから、日中戦争を起こした責任は中共にある。

日中が戦争状態になるとスターリンと蔣介石は不可侵条約を結び、八月二十一日から膨大な軍事援助を開始した。フランスの副首相がソ連から得た情報によれば、ソ連は日本が中国と戦争していることを小躍りして喜び、日本の消耗を見込んで戦争の長期化を望んでいた。日中戦争はソ連の代理戦争だったから、ソ連は蔣介石に膨大な軍事援助を行ったのだ。

日中戦争で、日本軍が満洲から引離されれば、国境を接するソ連は安泰になる。ソ連と中共の敵、「日本と中国が戦い、消耗疲弊すればソ連と毛沢東は兵力を養える」という一石二鳥の効果もあった。

その上でスターリンは日独による挟撃を防ぐべく、松岡洋右外相の「日独伊ソが手を結び、米国に対抗する」なる空想を利用し、日ソ中立条約を締結してあげた。そのお礼に、石油不足に悩む日本は北樺太の石油利権をソ連に進呈したのだった。これが近衛と松岡のやったことだ。

日本は「これで北の守りは万全」と信じたが、ソ連は条約を守る気など全くなかった。日本の敗戦が決定的になると、ロシア人の本性を知らない日本は、日ソ中立条約を信じ、ソ連に日米の仲介を依頼した。だが、このことはスターリンを通じてルーズベルトに筒抜けだった。

ルーズベルトはスターリンと取引を行い、米国は中国権益を得る代わりに、モンゴル、満洲をソ連に与えることを了承した。この取引は、米国が「ソ連の満洲、樺太、千島列島への侵略を了解」したことを意味する。

こうなると日ソ中立条約など一片の紙切れに過ぎず、侵略を開始したソ連は「日露戦争の復讐」とばかり、野蛮な本性を表し、日本人に対し、殺人、強姦、略奪を繰り返した。

八月十五日、玉音放送により日本はポツダム宣言を受諾したが、その後もソ連の侵略は続き、二十八日には日本の北方領土、択捉島への侵略を開始した。そして北海道の分割を図ったが、米軍の威嚇により北海道上陸を断念したのだった。

なぜ毛沢東は日本軍と結託したか

一昔前なら、日本軍に対し「毛沢東が何度も感謝していた」と知ったら誰もが訝《いぶか》っただろう。だがそれは事実であり彼の実感だった。

西安事件の後、国共合作が成り、日中戦争が本格化してくると、毛沢東はスパイを日本の諜報機関や特務機関に送り接触を開始した。その目的を遠藤誉氏は次のように記す。

《毛沢東が藩漢年らをスパイとして派遣したのは、あくまでも中共軍が日本軍と共謀して蒋介石国民党軍に打撃をあたえるためであることは、藩漢年に好感を抱いた岩井英一の回想録に他愛もなく正直に書かれており、また中共側の資料自身が図らずも物語っているのである。

さらに本書第六章の最後に詳述するが、毛沢東と覇権を争った王明は、「毛沢東が反蒋介石を徹底するあまり、帝国主義である日本軍と共謀しようとしていること」に対して猛烈に反対し、激しい口論を行っている現場を生々しく描いている（王明の自叙伝『中共五〇年』より）。》（『毛沢東』日本軍と共謀した男）

そして遠藤氏は「もっとも衝撃的なのは、藩漢年が、日本軍と中共軍との間で不可侵協議というか、停戦を申し入れたいと言ってきたことだ」と記す。そればかりか中共軍は日本軍と手を組み、国民党軍を攻撃していたというのだ。

《蒋介石はその日記や『中国のなかのソ連』（蒋介石著　毎日新聞外信部訳　一九五七年）の中で、数多く「中共軍が日本軍と共謀している事実」を具体的に書いている。》

《さらに蒋介石は回顧録の中で、はっきりと「共産党は（国民党重慶）政府軍の軍事上の部署や作戦計画を日本軍の特務機関にもらした」と明記している。》（前掲書）

日本軍が中国軍との戦いで勝利していたのは、中国軍のなかに潜んでいた中共のスパイが、中国軍の動静を日本軍にリークしていたからだ。その謝礼として、多額の金が日本から中共に支払われていた。更なる証言もある。

《藩漢年をトップとする中共の情報活動は、国民政府の抗戦側には極秘であり、他方、日本軍と汪傀儡政権にたいしては公開され、協力、結託の関係にあった。》（謝幼田『抗日戦争中、中国共産党は何をしていたか』草思社）

毛沢東が日本軍と結託し、日本軍を使って国民党軍と戦わせていた証拠はいくらでもある。それが次なる発言につながるのだ。

だから毛沢東は日本軍に感謝した

日中戦争の実態とは、日本と中華民国（中国）との戦だった。だからポツダム宣言の署名は中国であり中共ではない。日本軍と共謀していた共産党の抗日とは、北支での小競り合い程度であり、毛沢東は日米戦争で日本が敗北する日に備えて戦力を温存していた。

予想通り日本は敗北し、日本軍が武装解除された直後から蒋介石と毛沢東の血みどろの戦が始まった。内戦は、昭和二十年九月から二十四年十月まで、四年の長きに亘りシナ全土で無数の中国人が殺しあった。中国軍は、中共と結託した日本軍との戦いで連敗、疲弊しており、ソ連の協力で満洲を制圧した毛沢東は膨大な武器と工業力を手に入れ、勝利を確信した。

即ち、日本と日本軍のお陰で蒋介石を弱体化させ、日本が造り上げた満洲を手に入れ、蒋介石の将軍になっていたモグラを使って勝利した。この事実を知れば、昭和三十九年に訪中した社会党の佐々木委員長の「謝罪」に対する毛沢東の言葉が腑に落ちる。

《「何も申し訳なく思うことはない。日本軍国主義は中国に大きな利益をもたらした。中国人民に権力を奮取させてくれた。日本の皇軍なしには、我々は奮取することができなかった」旨、二時間四十分の会談で数回にわたってこのことに触れ、「日本の皇軍に感謝する」とまで語っている。》（『毛沢東思想万歳』下巻　東京大学近代中国史研究会訳　昭和五十年三月三十一日、三一書房）

この発言を社交辞令と解釈する人もいるが、毛沢東は昭和三十一年に訪中した遠藤三郎元陸軍中将を団長とする元軍人代表十五名にも次のように言っていた。

「日本の軍閥が我々に侵攻してきたことに感謝する。さもなかったら我々は今まだ北京に到達していませんよ」と。これは彼の偽らざる心境だった。

日米開戦と敗戦の理由

『昭和天皇独白録』によると、日米戦を決断した東條や陸海軍首脳は、勝利できるとは考えておらず、次なる見通しで「講和に持ち込む機会がある」と夢想していた。

①長期戦に耐えることが出来たとき。　②重慶の蔣介石が屈服したとき。
③独ソ戦でドイツは必ず勝利する。　④独英戦で必ずドイツが勝利する。

当時、日本にとって米国は主な石油輸入国であり、その米国と戦争をしながら「長期戦に耐えることが出来る」と思った軍主脳の頭はおかしかった。逆に言うと、頭がおかしくなり、間違った判断をしたから、米国との戦争を決断したということだ。

輸出国の米国は、日本の石油輸入量を把握しており、「日本が何年戦えるか」知っていた。日本軍主脳は、③と④を絶対としながら、日独伊三国同盟故、日米戦は米国の欧州参戦を意味し、それはドイツの敗北に繋がることを自覚していなかった。加えて、外交暗号、陸海軍の暗号が解読されていることにも気付かなかった。この頭では勝つことは無理である。

罠とも知らず真珠湾に突入した後、日米戦いは予想通りに推移した。ミッドウェー海戦は云うに及ばず、海軍暗号が解読されていることに気づかぬ山本五十六は、米軍の待ち伏せ攻撃を受けて撃墜された。

後継者、古賀峯一連合艦隊司令官も南太平洋で敗北を重ね、パラオに襲来した米軍に恐れをなし、フィリピンへ逃亡途中の昭和十九年三月三十一日に墜落、死亡した。敢えて硫黄島に乗込み、善戦した栗林中将とは比べようもなかった。

逃亡二番機の福留繁参謀長らはセブ島沖に不時着し、機密書類を廃棄しないまま米軍指揮下のゲリラに捕らえられた。この中には最新のZ作戦計画、司令部用暗号書、暗号書、その他の海軍機密が含まれていた。これを入手した米軍は、コピーした後、同じケースに入れて付近の海に流し、入手していないよう装った。

救出された福留は、軍の調べに対し「機密書類はゲリラに奪われたが、米軍に渡ったとは思わない」とうそぶき、海軍は「軍機保護法に触るるが如きことを為しあらず」として不問に付した。また海軍は陸軍の手前、この不祥事を隠すために彼を栄転させ、作戦通りに戦った。これが海軍主脳の頭だった。

日本側の作戦・装備を知り、暗号を解読し、レーダー技術や近接信管等の最新技術を持ち、圧倒的な戦力の米軍は負けるはずがなかった。その後の海軍は、六月十九日のマリアナ沖海戦で空母三隻、航空機約四百機を失い、十月末のレイテ沖開戦では、空母四、戦艦三隻を始め、殆どの艦船、航空機が海の藻屑となり、帝国海軍はバルチック艦隊なみに壊滅した。

それでも朝日やＮＨＫなどは、「大戦果・大勝利」とウソをつき続け、国民を戦争に駆り立てていた。

支那事変、日中戦争、日独伊三国同盟、日米戦の全てに反対した昭和天皇は敗因を次のように述べていた。（『昭和天皇独白録』）

①兵法の研究が不十分であったこと、即ち孫子の、敵を知り、己を知らねば《（ママ）》、百戦危うからずという根本原理を体得してゐなかったこと。

②余りに精神に重きを置き過ぎて科学の力を軽視したこと。

③陸海軍の不一致。

④常識ある主脳の存在しなかった事。

戦前の不孝はこの四つに尽きるが、朝日やＮＨＫなどが平気でウソをつき続け、私たちを騙し続けたことも忘れてはならない。

米国もスターリンに騙されていた

平成七年、ソ連が米国内にスパイ網を張り巡らせていた決定的な証拠が公開された。それが一九四〇年代の暗号電信、『ヴェノナ文書』である。

ＮＳＡ（米国国家安全保障局）が解読した文書に登場するソ連のスパイは三百人を超えていた。その中で最重要スパイがルーズベルトの最側近、ソ連への大規模軍事援助を決めたハリー・ホプキンズであり、次が財務次官を経てＩＭＦ理事となったハリー・デクスター・ホワイトだった。そしてホワイトが対日最後通牒＝ハルノートの実質的な作成者だった。彼は一九四八年、下院非米活動委員会でスパイ容疑を掛けられ、全面否認したが喚問翌日に心臓発作で急死した。

ルーズベルトの側近にソ連のスパイがいたのも、日本共産党を設立させたのも、近衛や元朝日の記者、尾崎を使って南進を決定させたのも、ソ連の「雪作戦」のシナリオだった。だから日米開戦を見てスターリンは高笑いしたはずである。

ルーズベルトの側近にはユダヤ系米国人のモーゲンソーもいた。彼はドイツで収容所に送られ、虐殺されてゆくユダヤ人を救うべく米国の欧州参戦を望んでいた。そのため彼らは一致して日本を戦争へ追込んでいった。

日米戦は米国のシナリオ通りに推移した。日本海軍は壊滅し、制海権も制空権も失い、貨物船は兵隊や物資を載せたまま海の藻屑となった。戦略物資の輸入が途絶え、燃料、原料が底をつき、近代産業は崩壊した。地上戦の武器が竹槍になり、戦闘艦が木造となり、戦闘機のプロペラが合板となり、大日本帝国は無一物の飢餓列島となって瓦解した。昭和天皇の「独伊の如き国と同盟を結んで大丈夫なのか」という危惧が現実となった。

日本に勝利した米国は、日本をシナから追放してエルドラドと夢見た地を手に入れたのも束の間、中共の勝利によりシナから追放された。東ヨーロッパも共産化し、ソ連と中共の領土は大幅に拡大し、戦いはスターリンの筋書き通りに推移した。

日本という反共の防波堤を失った米国は、朝鮮戦争で目覚めたが時既に遅く、多大な出血を強いられたが、その背後に米国が大規模な軍事援助を行った中ソがいたとは歴史の皮肉だった。

マッカーサーは「大東亜戦争は自存自衛」と証言

昭和二十五年六月、中ソに支援された北朝鮮は韓国への侵略を開始した。三日後、ソウルは占領され米韓軍は半島南部に追詰められた。だが米軍は仁川上陸に成功し、北朝鮮の補給を断って反攻、満洲国境まで攻め上ることで朝鮮統一が成ったかに見えた。

ところが、中共が兵員を投入し、満洲を兵站基地として攻撃を継続したため膠着状態となった。戦況を打破するため、マッカーサーは満洲攻撃を主張したが、中ソとの戦争を懸念したトルーマン大統領は彼を解任した。

その後、マッカーサーは凱旋帰国し、昭和二十六年五月三日、上院軍事外交合同委員会に於いて幾つかの重要証言を行った。先ず極東政策を巡るラッセル委員長の質問に対し、

「太平洋において米国が過去百年間に犯した最大の政治的過ちは、共産主義者を中国において強大にさせたことだと私は考える」とルーズベルトやトルーマンの政策を激しく非難した。

次いでヒッケンルーパー上院議員の質問に次のように答えた。

《問　では五番目の質問です。中共にたいし、海と空から封鎖してしまえという貴官の提案は、米国が太平洋において日本に対する勝利を収めた際のそれと同じ戦略なのではありませんか。

答　その通りです。太平洋において我々は彼らを迂回しました。我々は包囲したのです。日本は八千万近い膨大な人口を抱え、それが四つの島にひしめいているのだということを理解して頂かなくてはなりません。その半分近くが農業人口で、あとの半分が工業生産に従事していました。

潜在的に、日本の擁する労働力は量的にも質的にも、私がこれまで接したいずれにも劣らぬ優秀なものです。歴史上のいずれかの時点においてか、日本の労働者は、自分が怠けているときよりも、働き、生産しているときの方がより幸福なのだということ、つまり労働の尊厳と呼んでも良いようなものを発見していたのです。これほど巨大な労働力を持っているということは、彼らに何か働くための材料が必要だということを意味します。彼らは工場を建設し、労働力を有していました。しかし彼らは手を加えるべき原料を得ることができませんでした。

日本は絹産業以外には、固有の産物はほとんど何もないのです。彼らは綿がない、羊毛がない、石油の産出がない、錫がない、ゴムがない。その他実に多くの原料が欠如している。そしてそれら一切のものがアジア海域には存在していたのです。もしこれらの原料の供給を断ち切られたら、一千万から一千二百万の失業者が発生するであろうことを彼らは恐れていました。

したがって彼らが戦争に飛び込んでいった動機は、大部分が安全保障の必要に迫られてのことだったのです。(largely dictated by security)》（小堀桂一郎『東京裁判　日本の弁明』講談社学術文庫）

会場からどよめきが起きた。米国の最も権威ある場で、「日本は、米国により挑発され、経済封鎖で追詰められ、自存自衛のために立ち上った」と証言したからだ。そしてこの証言に米国民は失望し、彼を共和党大統領候補の座から引きずり下ろした。

この証言は日本人が戦争の真相を知る絶好の機会だった。だが、それを阻止したい朝日やＮＨＫなどは、現地取材しながら「マッカーサー証言」を報じなかった。当時は検閲下にあり、「報道できなかった」との弁明も可能かも知れない。だが主権を回復した後も、朝日やＮＨＫは報道せず、歴史教科書もこの証言を載せなかった。

それはおそらく、この事実が広く知れ渡れば、戦後一貫して先の戦争を「侵略戦争」と主張してきた左翼のウソが明らかになり、教科書の書き換えも求められるからだ。

世界各国は、外国が「侵略戦争」と言っても、自国は「自衛戦争」と主張する。だがその逆を行く日本、この自虐的な頭が治る日は来るだろうか。そして敗戦を経て辛酸を舐めた日本人は、常識を弁《わきま》え、少しは賢くなっただろうか。

中共、台湾、韓国には防空壕がある

これからの戦争は悪くするとＡＢＣ（核、生物、化学）ミサイルの着弾から始まる。この攻撃に対して、国民の生命、財産を守るにはどうしたら良いか、各国の対応を見てみよう。

台湾で建築設計に携わった人なら知っていることだが、この国の地下駐車場は防空壕に転用可能であり、一階の床コンクリート厚は一ｍになっている。無駄とも思えるこの厚さは、中共のミサイル攻撃に際し、地下に避難した国民を守るためだ。その上で徴兵制があり、台湾の男は「台湾は俺たちが守る」なる決意を行動で表している。

朝鮮戦争を経験した韓国にも防空壕があり、必要に応じて避難訓練を行っている。北朝鮮が核実験を行った後、ソウルで避難訓練が行われた。その時、日本人記者のインタヴューに応じた女性は「自分の国は自分で守るのは当り前」と回答していた。また男には兵役の義務があり、彼らも経験から学び行動に繋げている。

中共は更に徹底している。彼らは国民の生命を守る核シェルターを次々に造っている。ビルの地下駐車場は「人防」という巨大な防空壕となっており、空気濾過装置や洗浄タンクを取り付ければ直ちに核シェルターに転用可能な構造となっている。これは核戦争に備え、人民の命を救おうとする国の決意を表している。

戦争を経験した東アジアの国々は戦争の惨禍を忘れない。貧しくとも、費用が嵩んでも、国民に有事の逃場を提供している。その上で、国民に国防の義務を課し、国民はそれを受入れ、「万一の時には祖国を守る」という彼らの意気込みに敬意を表したい。

中立を選ぶならスイスを見倣うべき

「核戦争が始まれば終わりだ」は日本人を絶滅に追いやろうとする者の言いようである。頭が正常で、歴史から学び、現実を直視する者はスイスを見倣わなければならない。

九州よりやや狭い国土に約七百万人が暮らすこの国は、誰もこんなちっぽけな国を「火の海にする、核攻撃する」と言わないのに、スイスの住宅には核シェルターの設置が義務付けられている。無論、公の施設にも完備している。

スイスは永世中立を国是とし、自由と民主主義を守るために強固な軍隊も保有している。若者は二十歳になると二十一週間の基本訓練を受け、三十二歳までに年三週の軍事訓練を六回受ける。そして訓練期間中、自動小銃は各個人に貸与され自宅に保管している。

即ち、国民皆兵であり、平時は仕事に従事している国民も、一旦緩急あれば召集され軍人（民兵）として国防の任に当たる。四十八時間以内に四十万が動員され、最終的には百五十万の兵力が国土に満ちあふれる。従って政治参加は、国防の任に当たる男子に限られ、兵役の義務のない女性は除外されてきた。核兵器はないが核シェルターと「強固な武力」がこの国の平和と中立を保っている。

スイスは「平和都市宣言」や「非核都市宣言」ことで平和と安全が確保されるとは考えていない。憲法九条を守り、「戦争反対を唱えたお陰で平和が保てた」と信じる念仏平和主義者は歴史を学び、スイスの爪の垢でも煎じて飲んだ方がよい。

教訓が学べない広島・長崎と日本

戦後、日本では「三度《みたび》許すまじ原爆を我らの街に……」などと歌い、多くの都市が「平和都市宣言」や「非核都市宣言」などの看板を掲げているが、アメリカを除く、ロシア、中共、北朝鮮は嗤いながら核ミサイルで日本中の大都市を狙っている。

広島、長崎も核ミサイルの標的になっているが、不思議なことに両市に核シェルターはない。歌っても叫んでも、彼らが核ミサイルの照準を外すことはないから、二度と被爆したくないのなら核シェルターは必須であろうに、それを造らない市民の頭が理解できない。呆れたことに両市民は原爆を落とされても教訓が学べないようだ。

北朝鮮は「東京を火の海にする」、「核ミサイルで日本海に沈めてやる」と脅迫している。だが日本には核シェルターがない。実はあの朝日、ＴＢＳ、ＮＨＫにも核シェルターはないから、彼の国が放つ核ミサイル一発で社員の殆どが助からない。

驚くのは市ヶ谷の防衛省である。これは格好の標的であり、核ミサイルの着弾で完全に消滅する。核攻撃に耐える施設を目指すなら、地下三十ｍ以下に司令部を造り、各種インフラ、食料、弾薬、空気濾過装置の常備が常識であろうに、そのような造りになっていない。

皇居、官公庁や国会議事堂にも核シェルターはない。核ミサイル攻撃を想定し、「国会議員が核シェルターへの避難訓練を行った」など聞いたことがないからだ。

北朝鮮からはミサイル着弾まで十分程度であり、政府が自衛隊に防衛出動命令を出しても間に合わないから、会期中の国会議事堂めがけて広島級の原爆を積んだ核ミサイルが着弾すれば、国会議員、中央官庁の役人、周辺の五十万都民もろとも消滅する。

国内外で数百件の建築を担当した私の経験から、中共や台湾の建築に付きものの公共防空壕や核シェルターが日本には一つもないと断言できる。

だから北朝鮮からのミサイル発射に際し、Jアラートが鳴り響いても日本には避難する場所がない。大人は体育館、子供は「机の下に隠れる」となるが、日本人は、原爆を落とされ、東京大空襲を受けても、防空壕や核シェルターの必要性が分らないようだ。

今の自衛隊には敵基地攻撃能力はない。即ち、敵国のミサイルの発射を阻止できない。その上、敗戦の後、あれだけの若い女性が凌辱され、女性や子供が殺されたのに、日本人男性に女性や子供を守る国防の義務を課していない。歴史から教訓を学べない日本の明日は危うい。

第十二章　異なる補償・日本とドイツ

朝日新聞の無知とウソ

平成五年八月九日、元朝日新聞社員の細川護熙《もりひろ》が首相になった。検閲済史観に汚染された彼は、終戦記念日の戦没者追悼式典で「日本のアジアに対する加害責任」を述べ、「先の戦争は侵略戦争だった」と依代の日本兵を断罪した上でアジア諸国に謝罪した。こんな式典なら止めた方が良い。

すると八月十九日、細川演説に呼応するかの如く、朝日は次なる社説を掲載した。

《戦後、西ドイツはニュルンベルグ裁判の後も、ナチス戦犯を追訴して六千人以上を有罪にした。その努力は今も続き、ナチスによる殺人の追跡と捜査が行われている。（中略）

これに対し、日本の戦後は「一億総懺悔」で始まった。侵略戦争を引き起した責任者も、徴兵で戦場に送られた国民も等しく反省する、という考え方である。戦争犯罪の処罰は東京裁判などの連合国によるものだけで終わり、自ら戦犯を追及することはなかった。（中略）

北朝鮮を除けば、国家間の賠償問題は決着しているとはいえ、従軍慰安婦をはじめとする個々の被害者の問題にも、誠意をもって対処すべきであることは言うまでもない。

ドイツはユダヤ人をはじめとする被害者への個人補償だけでも、邦貨に換算して総額六兆円も払っている。これに比べると、日本がアジア諸国に払ったざっと六千億円の賠償・準賠償は、決して十分と誇れる数字ではないだろう。戦争で苦しんだアジアの人々にきちんとした償いをすることは、日本人として当然のことである。》

朝日は、西ドイツが戦犯を追求してきたことを知っていた。その上で、「一億総懺悔」というが、徴兵され、苦難を背負い、国に殉じた兵士に懺悔する理由が見当たらない。懺悔すべきは、昭和天皇の平和への御希望を踏みにじった近衛（細川の祖父）や東條、戦争指導者、朝日やＮＨＫなどである。この業者は他にも多くのウソを混入させた。

北朝鮮には日本への債務がある

日本は朝鮮と戦争していない。然るに朝日は、「北朝鮮を除けば国家間の賠償問題は決着している」と暗に賠償義務があるかの如く書いているがウソである。

話は逆で、日本が造ってあげたダム、鉄道、建物、道路、橋、学校、灌漑施設、工場、植林、農地、電力、通信インフラなどへの投資金額を算定すれば、「日本は北朝鮮から投資金額を受け取る立場にある」からだ。資産の相当金額は現価にして約七～八兆円である。

例えばオランダは、インドネシアの独立に際し、当時の金で投資金額約六十億ドルを請求した。インドネシアはこれを受け入れ独立を果たした。

北朝鮮の借金は他にもある。一九七〇年代に日本から輸入したプラント類の代金が未払いであり、現価で二千億円を上回っている。

更に、一九九五年に北の要望で三十万トンのコメ支援を行った。その半分は有償で合意したが、その元利合計約八十六億円の返済が滞っている。

同年の朝鮮半島エネルギー機構による北朝鮮の軽水炉原発費用、四百四十八億円が未払いである。これは北が約束を破ったことで頓挫した話だ。

北朝鮮が国交を開きたいなら、借金を清算し、拉致した日本人を返し、損害賠償を行い、下手人を処罰し、核兵器とミサイルを廃棄しなければならない。

また朝日は、「従軍慰安婦をはじめとする個々の被害者の問題」として、朝鮮人女衒《ぜげん》が連れ歩いた日本兵専用売春婦に対し、国が個人補償をせよと言っているが、論外である。

その上で、韓国には統一教会の合同結婚式の後、拉致同然、行方不明の日本人女性が六千五百人もいることに触れない。この業者は日本人と日本の国益を守ろうとしたことがない。

韓国の「戦後補償要求」と対処方法

昭和四十年、日韓基本条約が締結され、「日韓請求権・経済協力協定」の二条一項で明記された重要な条文がある。

「両締約国は、両締約国及びその国民の財産、権利及び利益並びに両締約国及びその国民（法人を含む。）の間の財産、権利及び利益並びに両締約国及びその国民の請求権に関する問題が、（中略）完全かつ最終的に解決されたこととなることを確認する」。

平成十七年、韓国は「日韓協定文書」五十七件中十五件を公開した。そこには、「韓国は日本政府による直接的な個人補償の提案を拒否し、韓国が補償金を受取って個人に支給する方法を選んだ」と明記されていた。

ところが平成三十年十月三十日、日韓併合時代に「強制労働させられた」として、韓国人四人が新日鉄住金に損害賠償を求めた訴訟の差し戻し上告審で、韓国最高裁は同社に賠償を命じた二審判決を支持して同社の上告を棄却し、原告の請求通り四億ウオン（約四千万円）の賠償支払いを命じる判決が確定した。

安倍首相は同日、「本件は昭和四十年の日韓請求権協定で完全かつ最終的に解決している。今般の判決は国際法に照らしてあり得ない判断だ」と述べた。また、「国家総動員法に基づく動員には募集、斡旋、徴用があり、原告四人はいずれも募集に応じたものである」ことを説明した。勝手に日本に働きに来たということだ。

三十一日、産経新聞の〝産経抄〟は「新たな国難が降りかかってきた」と書いたが、それは韓国にとってである。判決は韓国の国内法であり、同様な判決が何件起きようが支払い義務は韓国政府にあるからだ。

河野外相は、「日韓請求権協定によって日本が供与した五億ドルとは、当時の韓国の国家予算の一・六倍に相当する」と答えた。この大金をどう使ったのか、韓国の経済企画院は公刊資料『請求権資金白書』（一九七六年十二月）を発行していた。

《それによると資金は高速道路や国営製鉄所、鉄道、電気、上下水道、橋、港湾、ダム建設から医療、科学、技術教育、農業・水産支援など韓国社会のあらゆる分野に使われたことが明記されている。なかには独立功労者支援事業もあり、個人についても預貯金・保険や軍人・軍属・労務者など死亡した「被徴用者」に対する補償も行われている。個人補償に関しては韓国政府が二〇〇〇年代になって追加補償を実施している。

今回の徴用労働者の補償問題も改めて必要なら韓国政府が行えば済む話である。請求権資金について当時の韓国政府は、個人補償でばらまくより経済建設に使った方が国家、国民にプラスと判断した。その判断は正しく、韓国は経済発展に成功し豊かになった。当時、余裕がなく面倒を見切れなかった

部分があれば今、やればいいのである。》（十一月三日　産経　黒田勝弘）

同様の案件を蒸し返している中共は日本政府や企業の対応を注視している。万一、新日鐵住金などが支払いに応じた場合、中共や韓国の日本企業は訴訟の嵐に見舞われることは確実である。逆に日本企業が反論し、中韓からの撤退と重要製品の輸出停止で対抗すれば、中韓の日本企業と在留邦人は安泰になる。

一八八五年、福沢諭吉は『時事新報』に次なる脱亜論を載せた。（要旨）

「中国や韓国・朝鮮という悪友とは、隣国という理由で特別な関係を持つのではなく、我はアジアの悪友を謝絶するものなり」

今回の事件は、私たちにこの教訓を思い起させてくれる。

ドイツの詭弁・ヤスパースの「責罪論」と日本

朝日が面妖なのは、「ドイツを見倣え」といいながら「戦犯容疑者を日本人の手で裁け」と主張しない点だ。確かに西ドイツは、ニュルンベルグ裁判後もナチ追求の手を弛めなかった。その根底にあるのは、次なるヤスパースの『責罪論』である。

「あの時代、我々ドイツ民族はナチスに乗っ取られていた。だからその首謀者と罪人を我々の手で裁くのだ。ナチスの罪はドイツ人の罪ではないが、その罪をドイツ人が負うことも出来る。故にナチス亡き後、我々がナチスに代わって責任を負い、果たしているのだ。そしてナチスに支配された時代、法に従って行動した者は、何を行ったにせよ罪に問われることはない。」

ドイツは、この詭弁を用いないと自己防衛ができないほどの「人道に対する罪」を犯していた。一例がユダヤ人絶滅収容所だった。イスラエルの情報機関モサドもユダヤ人虐殺の責任者アイヒマンを追跡し、一九六〇年にアルゼンチンで逮捕して裁判にかけ、絞首刑に処した。

東京裁判に於いて、日本には「人道に対する罪」で起訴された者はいない。ドイツと日本の戦犯は質が異なるのだ。

それでも朝日が「ドイツを見倣へ」と主張するなら、その証《あかし》として『日本人戦犯処罰法』などの制定を主張しなければならない。その上で、戦争推進業者、朝日やＮＨＫなどを処罰し、戦争指導者や政治家も裁かねばならない。更に、戦犯容疑者が特定されたら逮捕・拘留・告発し、裁きの場に立たせ、真偽を明らかにし、有罪なら罪を科さねばならない。冤罪なら名誉を回復し、偽証者がいればその者も裁きの場に立たせなければならない。

だが朝日やＮＨＫは、自社の虚偽報道責任者を含め、戦犯容疑者を裁きの場に出そうとしなかった。

ドイツの論理　↓　ナチス戦犯は時効を設けず何処までも追詰め、逮捕し

朝日新聞の論理　↓　裁判にかけることが反ナチ行為である。
自白した戦犯容疑者を特定しても彼らを訴追しない。
どんな凶悪犯も個人名を明かさず匿う。
だが個人名を出して自白したものは裁かず、勇気を称える。

両者を等号で結ぶこと不可能である。戦犯容疑者を英雄のように扱い、同時に「ドイツを見倣え」と叫ぶ者はペテン師である。そして中共や韓国も決して戦犯を追求せず、それを餌に常に「金と物」を欲しがる物乞い的存在であり続けた。

ドイツを利用した朝日のペテン

また、朝日は「ドイツは個人補償だけでも六兆円も払っている」と書いたが、ドイツが償った対象は、国家意志による民族虐殺、日本には無縁の「人道に対する罪」に対してだけであり、国家賠償は行っていない。

例えば、ユダヤ人はドイツと戦争していない。だが当時、比較的裕福なユダヤ人がドイツ人と通婚することを「ゲルマンの血を汚す」と見做し、許せなかった。ヒトラーが政権を握ると、断種法やユダヤ人を劣等民族と規定したニュルンベルグ法等を次々と公布し、国家意思でユダヤ人絶滅を指令した。それがアウシュヴィッツなどでのユダヤ人四百万人虐殺へと繋がる。

ナチスドイツの狂気はそれだけではなかった。ポーランドの知識階級約百万人を拘束し、皆殺しにした。ソ連も「カティンの森」などで四千人以上の将校と二十五万人の捕虜を殺害した。ポーランドを分割し併合した独ソは、国を亡ぼすには軍隊の解体と国民の愚民化が必須であることを知っていた。

対する日本の戦争目的は、自存自衛、人種平等、ブロック経済打破、植民地解放だったから、東京裁判でも日本に「人道に対する罪」を適用できなかった。本来なら、この罪で裁かれるべきは原爆投下と無差別爆撃などを行った米国だった。

日本人には「人道に対する罪」など想像の外であり、植民地支配能力すらない日本は、朝鮮に京城帝国大学まで建て、高等教育を施した。士官学校に朝鮮人を入学させ、将校を育成し、中将まで昇進させて朝鮮独立の素地を与えた。

やがて敵となる蒋介石、周恩来など多くの中国人の日本留学を認め、軍事教育も施した。留学できない中国人に学ぶ機会を与えるため、上海に東亜同文書院大学を建て、高等教育を施した。彼らから見れば日本人は底なしの愚か者だった。

国際連盟に人種平等を求めた日本

当時は人種差別が当り前だったが、日露戦争に勝利した日本人は白人と同等に扱われる唯一の有色人種となった。

第一次世界大戦が終わり、大正八年にパリ講和会議が開かれたとき、日本は国際連盟規約の中に「人種差別撤廃」を明記する案を提出した。こればかりは中国も賛成し、仏伊も賛成したが英豪は絶対反対だった。議長のウイルソン米国大統領も反対に回った。投票結果は十一対六で賛成多数だったが、満場一致でないとの理由でウイルソンは採択を拒否した。こうして日本案は英米の反対で拒まれた。

当時のキリスト教社会では、有色人種ユダヤ人は「キリストを殺害した民族」、「決して改宗しない民族」、「商売上手で知性も高く裕福」として差別され、ねたまれていた。だが日本にはキリスト教は根付かなかったから、その様な迫害とは無縁だった。そればかりか日露戦争以降、明治天皇や昭和天皇は常にユダヤ人に最大限の感謝の意を表し、それが日本の政策に現れていた。


例えば、珍田捨己駐英大使は、大正六年に発せられた英国のバルフォア宣言後に、「日本政府はユダヤ人が自分の国家をパレスチナに建設しようとするシオニストの願望を支持し、その要求が実現することを望む」という書簡を発表している。

大正九年、内田外相は「ユダヤ民族の二千年近くにわたる強い願望が達成されることを願う」と述べ、田中義一首相、幣原喜寿朗外相が同様の発言を行った。日本は戦前からユダヤ国家建設を支持していた。

大東亜戦争の開戦と終戦時の外相、東郷茂徳も鹿児島生まれの朝鮮人だった。彼の父親が鹿児島の没落氏族から東郷姓を買い取り、五歳の時に朴から東郷に改姓した。彼は東大からドイツに留学し、婦人エディータはユダヤ系ドイツ人だった。日本はナイーブで散々騙されたが「人種差別は無かった」に嘘はなかった。

日本の方針「ユダヤ人対策要綱」とは

ロシア革命が起き、帝政ロシアからソ連に権力が移ってもロシア人によるユダヤ人迫害は続いた。独ソから逃れ、日本に向かったユダヤ難民はシベリア鉄道経由でソ満国境のオトポールに到着した。だがビザが無い者は止めおかれ、約二万人が寒さと飢えで危険な状態に陥った。

昭和十三年、外交部はドイツとの関係で入国を躊躇《ちゅうちょ》していたが、満洲の日本軍特務機関の樋口少将は人道問題として「ビザなし」での入国を決め、軍の要請を受けた満鉄は何本もの救援列車を国境に送って難民を救った。ドイツのリッベントロップ外相は強く抗議し、この抗議が満洲国日本軍参謀長・東條英機の下に届けられたが、彼は「人道上の配慮から行ったものだ」と一蹴、「日本はドイツの属国にあらず」と明言した。

同年、ドイツで大規模なユダヤ人迫害が起きた。この事件を〈水晶の夜〉と呼ぶのは、ナチの突撃隊員がドイツ全国でユダヤ人を襲撃し、商店、教会、住居の窓ガラスが粉々に割られ、水晶のように飛び散ったからだ。

十二月、この事件を受け、近衛首相を始め五閣僚による「五相会議」を開き、東條英機が関東軍の参謀長であった時に策定した要綱を基に、『ユダヤ人対策要綱』を決定した。

①日本はドイツ・イタリアと親善関係を緊密に保持しているが、ユダヤ人をこれらの国の如く排斥することは、わが国が多年にわたり主張してきた人種平等の原則に反する。
②日本は満洲、支那に居住するユダヤ人を排撃することなく、他の外国人と同等に扱う。
③将来、日本等に入国するユダヤ人は他の外国人と同等の入国法を適用する。

ドイツは日本の人種平等に執拗に干渉し、ドイツ系ユダヤ人学者や芸術家を大学教授等から排除するよう働きかけたが日本は受入れなかった。理念の異なるナチスドイツなどと同盟を結んだ日本の判断は間違いだった。

日本の方針に従った杉原千畝

昭和十五年、杉原千畝《ちうね》が在リトアニア領事代理だった時、迫害されたユダヤ人難民を救うべく、大量のビザを発給した話は有名である。巷では、「彼は政府の意に反し、個人的良心から行った」と流布されているがそれは謬見、「戦前の日本は悪」というシナリオに添ったウソである。

日本は、この時までに『ユダヤ人対策要綱』を決定しており、ユダヤ人差別を認めなかった。欧州の日本大使館や領事館でもユダヤ人にビザを発給していたから、リトアニアでも当然の行為だった。彼は、外交部と相談しながら上手にビザを発給していた。

その後、ソ連はリトアニアを侵略・併合し、リトアニアが消滅することで領事館が閉鎖され、彼も帰国を余儀なくされた。

帰国後、彼は何の処分も受けず、引き続き外務省に勤務し、昭和十九年に勲五等瑞宝章を授与された。ノンキャリア外交官の杉原は、外務省の訓令に背いていないからこそ帰国後も外務省に働く場を得て叙勲の栄誉に輝いたのだ。

日本に逃れ来たユダヤ人は、満洲国に入国することで身の危険から解放され、やがて敦賀港に上陸し神戸にやってきたユダヤ人を、市民は国旗を振って歓迎した。その結果、神戸に滞在したユダヤ難民数は延べ五千人を超えた。

神戸の『ユダヤ人難民のレポート』（一九四二）には、『イザヤ書』からの引用、「テマの地の住民よ。渇いている者にあって水をやれ。逃れてきた者にパンを与えてやれ。彼らは、剣や、抜き身の剣から、張られた弓や激しい戦いから逃れて来たのだから」から始まり、「我々は日本の国民と官憲が不運な我々難民に示した、心がこもった厚意や同情に対して深い感謝の念を表したい」とあるという。（ラビ・M・トケイヤー『ユダヤ製国家日本』）

戦後、外交権を奪われた外務省は大幅な縮小を余儀なくされた。特にソ連や東欧との外交は断たれ、働く場がなくなっていた。これが杉原氏が外務省を離れた理由である。

謝罪するなら落とし前をつけろ

日本には意味もなく謝罪したがる人がいる。彼らは、謝罪すれば「相手は必ず許してくれる」と信じているが、謝罪は罪状を認めたことになり、国際関係では別の展開になる。

自覚しているかは不明だが、日本人の謝罪したがる心情は仏教の「懺悔滅罪」と関連がある。これは仏教徒に通ずる概念であり、日本社会では良心的で当然と思われる「懺悔」や「謝罪」が仏教徒以外の国では「滅罪」にならない。共産主義国家、儒教国家、キリスト教やイスラム教国家では別の意味に取られてしまう。

宮沢喜一などのように、朝日や吉田清治のウソ（94頁の写真）が見抜けず、外国の言いがかりに反論せず、相手が日本人と同じと思って安易に謝罪するから、何時までたっても「滅罪」どころか外国から非難され、強請られ、補償問題を再燃させてきたのだ。

国のトップが謝罪すれば、謝罪された方は「補償が得られる」との心証を得るのは常識である。宮沢、細川、村山などは、「補償する用意があるときのみ謝罪する」、「国家の謝罪は一回のみ」、「併合や植民地には謝罪しない」、「講和条約や友好条約が発効すれば、それ以前のことを蒸返さない」という国際常識のイロハを知らない政治家だった。

幸い彼らは短期政権で終わったが、歴史に無知で非常識な者がリーダーになれば会社は倒産し国なら傾いてしまう。

中共は日本に感謝すべきである

朝日の社説を読んで、「ドイツは国家賠償をした上で、個人補償もこんなに払っていたのか！」と思った者は騙されたことになる。

ドイツが国家賠償を行わない理由は、「敗戦後のドイツは占領期に国内資産を奪われ、高度技術者を強制連行され、甚大な損害を受け、更に占領地のドイツ資産を全て没収されたからだ」という。隣国ポーランドには、「戦後にポーランド在住のドイツ人一千万人が追放され、資産を没収された」から国家賠償は不要と主張する。また「戦争犯罪は連合国も行ったので〈おあいこ〉」と言っている。

この論理に従えば、償って余りある在外資産を没収された日本は国家賠償不要。日本は戦争犯罪を行ったかも知れないが、敵国も日本を上回る戦争犯罪を行ったから〈おあいこ〉である。

平成十二年五月七日、黄文雄氏は産経新聞の「斜断機」で次のように記していた。

《国民党は世界最大の金持ち政党である。その資産は日本円で八兆円あまりといわれる。なぜ国民党がそれほどの党資産を持っているのであろうか。蒋介石は「徳を以て怨みに報いる」と言って戦争賠償を放棄してくれた恩人だと考えている日本人はまだ多い。北京の中国人は、そのことを未だに恩着せがましく言い立てる。日本の中国に対するＯＤＡは、請求すべき戦時賠償に比べ微々たるものであると考えるのは李鵬首相だけではない。しかし彼らの主張は間違っている。

実は大日本帝国が営々として八十年間築いてきた海外資産の大部分は、戦後、中国の政府、党、有力私人の手に渡った。満州百万余人、中国各大都市三十万以上の日本人の私人の資産までがそうだった。台湾総督府だけではなく、私企業や台湾在住の約四十万人の日本人資産も「日産」として国民党政府や有力私人のものとなった。（中略）

日本人は寧ろ、〝お釣り〟を貰ってしかるべきであろう。》

中共も、中国が日本から接収した有り余る資産を手に入れたのだから、一九七二年の日中共同声明、「日本国に対する戦争賠償放棄」は当然だった。日本政府の公式見解通り、個人補償を含め、日中間に請求権問題は存在しない。

それどころか、中共は日本軍と手を組み、中国と戦い、疲弊させ、シナを手に入れたのだから「歴史を鑑《かがみ》とする」なら、毛沢東の感謝の証として日本へ感謝状を贈って然るべきであろう。

書けば誠に限がなく、次に本書の主目的、右翼や左翼が使う「ダマしのテクニック」とサタンやペテン師が使う「悪党の論理」を事例を交えて明らかにしておきたい。

第三部　ダマしのテクニック・解明から超克へ

第十三章　ファクタとファクタ・ディクタの峻別

ウソが蔓延《はびこ》る文系、排除される理系

コペルニクスの主著、『天体の回転について』は時の権力者に衝撃を与えた。彼は、「地球は太陽の周りを回っている」と論じたからだ。一六一六年、ローマ教皇庁は地動説を禁止する布告を出したが自然現象は変わらない。その後、地動説を発展させたガリレオは二度異端審問所に呼び出され、地動説を唱えないことを宣誓させられたが「それでも地球は廻る」と呟《つぶや》いたと伝えられる。

云うまでもないが、教会の権威と権力が自然界の法則を否定しても自然現象は変えようがない。どの様な社会体制でも物理法則は不変で、思想信条によって天体の運行が変わったり、数学の正誤が逆になったりはしない。何らかの意図を持って真偽を逆転させる者はペテン師であり、この種のウソはいずれ露見する。

また「仮説」は仮説として扱うのが常識であり、「検証」というプロセスを経なければ「事実」になることはない。論証や検証、実験や観察などで裏づけられたものが生残り、「ウソ」や「間違い」は淘汰されていく。この積み重ねが、科学技術、製造業、医学、建設、物作り、農学等の基礎にあり、そこから生み出される製品が世界中に輸出されていく。

即ち、高度な技術力と工業製品の産みだす付加価値が日本の経済力の基となっている。これらの分野では、「事実誤認」や「データ改竄」から製品が造られても必ず露見し、不具合を放置すれば個人なら自滅、会社なら倒産する恐れもある。だが、政治、経済、歴史、教育、報道や映像などはウソが横行する別世界だった。

では、なぜ私たちは朝日やＮＨＫなどのウソに易々と騙されてしまうのか、彼らが用いる「騙しのテクニック」と「ウソのメカニズム」を解き明かすことにしたい。

「数は力」の危うさ

「数は力」は良く聞くセリフだが、例えば、多数決でテストの正誤は決まらない。或る問題の正解者が十％、同じ間違いが九十％であっても、間違いが正解になることはない。

より良いものを追求し、困難に打ち勝ち、新学説や新技術、新製品を産み出そうとする場合、必ず少数派からのスタートとなる。理系では〝多数〟には「誰でも知っている」、「誰でもできる」、「一般化している」というニュアンスが含まれ、逆に「新発見」、「誰もできなかったものを造る」、「不治の病を治す」等は少数の極地であるが、だからこそ価値がある。

そして真偽の判断は、論証、実験、臨床を経て行うべき事柄であり、真実ならやがて多くの人々が認め、一般化していく。この過程を経ないと判断ミスが起き、社会に害を与える。

例えば、「子宮頸がんワクチン」による薬害事件がそれである。これは自民党に愛想を尽かした国民の多数が選んだ民主党政権下で俄《にわか》に決定され、医師と製薬会社に巨額な利益をもたらすはずだった。その後、医師会は自民から民主党支持に鞍替えしたから、政治取引の臭気芬々《ふんぷん》だった。

このワクチンは、既に海外から重篤な副反応が報告されており、良心的な医師は強く反対していた。だが民主党と医師会は聞く耳を持たなかったからだ。

接種が始まると、危惧した通り、多くの女性に重篤な副反応が起き、直ちに積極推奨中止となった。以前からこのワクチンの強制接種は「女性の虐待、極めて危険」であり、反対運動をしていた私は、知り合いの市会議員に接種女性への健康調査をお願いした。市当局も快諾し調査が行われた。

従来、この種の調査は医師を介して行われてきたが、直《ちょく》に実態を把握するために被接種者への直接アンケートとなった。その結果、32・9％もの女性が「接種後、体調の変化があった」と答え、失神、蕁麻疹《じんましん》、記憶障害などの重篤な副反応が現れた女性も多かった。（平成二十九年九月　群馬県太田市が得た二千五百十五人の回答より）

ではこのワクチン接種により子宮頸がんが予防できるか、というとそのようなデータは一切なかったのだ。例えば、サーバリックス（「子宮頸がんワクチン」名）の説明書には、子宮頸がん予防の「有効性の評価は実施されていない」とあり、臨床による有効性が検証されていない代物だった。

それでも薬害事件が起これば接種は行われなくなり、女性は救われる。だが歴史を振り返れば、多数決が引き起こした救いのない事件が起きていたのである。

圧倒的「多数」のドイツ人が選択したナチス

元来、ユダヤ人はドイツの良き協力者だった。二十世紀の初頭、文学、音楽、演劇や科学の分野でドイツが他のヨーロッパ諸国を凌ぐ業績をあげたのは、ユダヤ人の力があったからだ。

また彼らがドイツに住んでいたのは、ドイツに愛着を感じていたからでもあった。だがドイツはユダヤ人の祖国ではなく、内と外なる二つのゲットーから逃れることができなかった。そのため、ディアスポラを知らない日本人には理解できない彼らの夢は祖国建国だった。そのユダヤ人にチャンスが訪れた。

第一次世界大戦の最中、苦境に立たされた英国を見て、祖国建国の好機と捉えた彼らは英国と取引を行った。それが「米国を参戦させたらパレスチナをユダヤ人に与える」であり、バルフォア宣言となって結実する。即ち、シオニストは米国を対独戦に導き、英国に勝利をもたらし、パレスチナを手に入れることに成功したのだ。

第一次世界大戦に敗北したドイツにナチス党が誕生した。法外な賠償と戦争責任を負わされたドイツには不満が渦巻いており、「ベルサイユ・ロカルノ体制打破」を掲げたナチスは三年後に党員五万人を擁し、十年後には第一党に躍進した。

昭和八年、ワイマール憲法下のドイツ議会は「全権委任法」を可決し、ヒトラーを独裁者として信任した。その後国民投票が行われ、九十％のドイツ人がこの決定を支持し、独裁権をヒトラーに与えた。ヒトラーには「ドイツ人の純潔を守る」という目的もあり、裕福なユダヤ人とドイツ人の通婚を忌避し、「ユダヤ人の抹殺」という狂気の政策を推し進めた。

仮にドイツが同化政策をとり、戦に協力させるよう仕向けたら、彼らは喜んで協力し、ドイツは勝利したかもしれなかった。だが第一次世界大戦で敗北の後、パリ和平会議でバルフォア宣言の意味を知ったドイツ人の恨みは深く、その狂気はユダヤ人絶滅へと向かった。ポーランド南部、アウシュヴィッツにガス室が造られたのは敗色濃厚となった昭和十八年以降である。

ドイツの迫害から逃れ、多くのユダヤ人科学者も米国へ亡命した。その彼らが米国をして科学技術大国として台頭せしめ、「ナチスドイツより先に完成させねば」なる意気込みで原子爆弾を完成させた。

ワイマール憲法下で、圧倒的多数のドイツ人が下した選択が正しかったと主張する者はもはやおるまい。多数決が正しくなかった顕著な事例が此処にある。

偏向虚偽報道の源泉「日中記者協定」

ナチスは消えたが東アジアにはナチスの同類、共産国家が残存している。共産国家は搾取がなく、みな平等と信じられてきたが、実態は真逆であり、中共や北朝鮮の共産党幹部は皆大金持ちであり、貧富の差が極大化している。加えて、基本的人権は存在せず、政府批判は重罪となるから、国民が共産党を支持しないのは当然である。故に、選挙で誕生した共産主義国家は存在しない。

もう一つの特徴が彼らは平気でウソをつくことにある。それは彼らが「悪いことだ」とは少しも思っていないことを意味する。

誰でも、世の中には「正直者」や「嘘つき」がいることを知っている。実際、聖書の時代から今日まで常にペテン師が登場してきたが、故に、二十世紀最大のペテン師は共産主義者だった。

例えば中共は、平成十五年、ジュネーブ軍縮会議で「宇宙の非武装化」を提案し、自らは人工衛星の破壊研究に着手した。その後、極秘に実験を繰り返し、平成十九年一月に人工衛星の破壊実験に成功した。だが彼らは「ウソをついて悪かった」とは思っていない。

また平成二十七年九月、習近平は米中首脳会談で、南シナ海の違法埋め立てに対する米国の懸念を和らげる目的で「南シナ海の非軍事化」を表明した。だが中共は人工島の軍事拠点化を進め、爆撃機の発着、ミサイル配備に至った。こうして中共は国際法を守らない無法者でペテン師であることを自ら証明した。だが彼らは、「自分はアウトロー」とは思っていない。

米国のマティス国防長官は、ハーグの仲裁裁判所の裁定に言及し、中共が主張する南シナ海の管轄権を否定した。この理念は国際法を守る日本が共有すべきものだ。

ところが、朝日やＮＨＫなどは無法者である中共を公然と非難しない。その訳は、昭和三十九年に「日中記者協定」を締結し、次なる政治三原則を結ぶことで報道の自由を売り渡したからだ。

①中共を敵視しない　②台湾独立に加わらない　③両国の正常な関係を妨げない

一言でいえば、どんな悪事を働いても「中共に不利な報道は行わない」だった。産経以外のマスコミ業者が偏向しているのは、中共に忖度し、自己検閲をしているからに違いない。

「偏向虚偽報道」と「毒入り食品」のアナロジー

平成十九年の「中国産毒入り餃子事件」は大いに注目されたが、危ないものは他にもある。例えば、〝韓国のり〟に板海苔がないのは、味付けと着色をしないと食べられない代物だからだ。今も韓国は糞尿を海洋投棄しており、海産物や苔養殖場も影響を免れない。

二〇一二年に米国のFDAは、海産物に糞尿反応がある故「韓国産の海産物の販売禁止」を勧告した。魚類から寄生虫も発見されることも稀ではない。韓国では人糞や動物糞を肥料としており、韓国キムチから多量の寄生虫卵が発見され、あの中共が韓国キムチの輸入を禁止した。では中国食品は安全か、というとそうではない。在日中国人も中国食品を避けるのは、汚染土壌、汚染水、大気汚染、不潔な生産現場で生産・加工されているからだ。

この「食品に毒を混入させる」行為が、朝日やNHKなどが混入する偏向虚偽報道のアナロジーとなる。毒入食品を食べれば健康を害し、運が悪いと死んでしまう。

同様に、マスコミ業者が偏向虚偽という「毒」を社会に混入させ、人々がそれを頭に注入すると国が危うくなる。間違ったデータが打ち込まれると、正常な頭の持ち主も狂った結論を出すからだ。

この代表格が、朝日が全力を挙げた『中国の旅』だった。この中共のシナリオに沿って捏造されたルポが日本に与えた害毒は甚大だった。忘れ易い日本人は、朝日は戦前からウソつきであり、戦後は中共の犬に等しいことに気付いていなかった。

ファクタとファクタ・ディクタとは

昭和四十七年、『中国の旅』は次なる「百人斬り競争」の段に至った。

《「これは日本でも当時一部で報道されたという有名な話なのですが」と姜さんはいって、二人の日本兵が遣った次のような「殺人競争」を紹介した。

向井敏明と野田毅の二人の少尉に対して、ある日上官が殺人ゲームを仕掛けた。南京郊外の句容から湯山までの十キロの間に、百人の中国人を先に殺した方に賞を出そう。二人はゲームを開始した。結果は向井が八九人、野田が七八人にとどまった。

湯山に着いた上官は、再び命令した。湯山から紫金山までの約十五キロの間に、もう一度殺せ、と。結果は向井が一〇六人、野田は一〇五人だった。こんどは二人とも目標に達したが、上官は言った—どちらが先に百人に達したかわからんじゃないか。またやり直しだ。

紫金山から南京城までの八キロで、こんどは一五〇人が目標だ。この区間は城壁に近く、人口が多い。結果ははっきりしないが、二人はたぶん目標を達した可能性が高い、と姜さんはみている。》

ところが自称ユダヤ人、イザヤ・ベンダサン（以下ベンダサン）が論壇に登場し、「この話は事実ではなく、嘘・創作・伝説の類」と断定した。それは、「どちらが……と時間を争っているのに、時間ではなく人数が話題になっていたからだ」と指摘した。

加えて、「話を聞くとき大切なのは、ファクタ（事実）とファクタ・ディクタ（語られた事実）の峻別である。だが、多くの日本人はこれができない」と私たちの甘さを指摘した。

《さてここで、ファクタ（事実または行為、複数）とファクタ　ディクタ（語られた事実または行為）について考えてみましょう。何を今更と言われるかも知れませんが、少なくとも私達にとっては、ファクタとファクタ・ディクタを峻別し、両者が同一である事はありえないと考える事が知識のはじめでした。アモスの時代にはまだ両者は峻別されていなかったと思われます。また「語られた事実＝事実」でありうるのは神だけであって人はそうではない……》

日本には多くの「検証なき話」が氾濫し、聴く方も「話の内容は本当だ」と「話を聞いたことは本当だ」の峻別ができない。ベンダサンは騙されやすい日本人に警鐘を鳴らしたのだ。

ファクタとファクタ・ディクタの峻別方法

では日本語を読み、聞くとき、ファクタとファクタ・ディクタを峻別するにはどうしたら良いか。

それは次なる三原則で洗うことで判別可能となる。

①脳裏再現性の原則

日本語の特徴は、俳句や短歌からも明らかなように、短い言葉で情景の描写が脳裏に再現できることにある。再現できないものは、語っている人の脳裏にその情景がない証拠であり、信憑性は低いと考えられる。

例えば、中共は「日本軍は南京で三十万人の市民を殺害した」と主張しているが、二百人を超える日本人記者や敵性欧米人が自由に取材していたにも係らず、そのような写真も記録も存在しない。あったのは戦死した兵士や脱走を図った中国兵士の死体のみであった。

②根拠確認の原則

大学教授などにも思い込みや間違いは多く、裏を取ることが必須である。彼らは、戦後の検閲時代に定説となった学説を継承し、今の地位を獲得したからだ。

例えば、田中英道氏は自著『高天原は関東にあった』に於いて、「イザナギ、イザナミは兄妹の近親相姦であるため、そこからこのような異常児（蛭子）が生まれるのは十分可能性のあるところだが、少なくとも神武天皇までの時代は、これが一般化していたようである」と記している。だが『記紀』を読み、少し考えれば、間違っていることが誰にでも分る。

③相互矛盾有無の原則

日本人は「全員が同じことを語ることが信憑性の高い証拠」と信じているため、一人でも多くの人に同じことを語らせようとする。だが、ある事象を判断するとき、様々な角度から検討を加え、相互矛盾の有無を確認する必要がある。

例えば、司馬遼太郎は「韓国は日本人の祖先のくにだ」と考えていたが、「それならなぜ日本語と韓国語は全く別系統の言語なのか」の説明ができない。またY染色体のパターンも全く異なるのはなぜかも説明できない。即ち、司馬の歴史観は根本に於いて間違っているということだ。

この三原則を念頭に置き、事柄を見ていくとウソを見破ることができる。更に、ペテン師が使う常套手段がある。それが偽写真である。

第十四章　「ウソ」をつく者は偽写真も流す

「偽写真」をばら撒く人々

日本人はphotographを「写真」と訳した。意味は読んで字の如く「真実を写したもの」であり、この常識を逆手に取れば「写真」は日本人を騙す絶好の手段となる。

例えば、南京陥落のような事態になれば、シナの歴史が示すように、虐殺、略奪、強姦などが頻発するはずだった。

だが、南京在住の敵性欧米人や中国人、入城した日本人カメラマンは自由に写真を撮っていたにも係らず、日本兵の悪行を裏付ける写真は撮れなかった。

そこで中国国民党中央宣伝部撮影課は、様々な手段で偽写真を作り、世界中にばら撒いた。現在、世に流布している写真とは、何時、何処で、誰が撮影したか素性の知れない代物であり、南京事件は「偽証」、「偽書」と同時に「偽写真」の宝庫でもある。

日本には世界に類例を見ない左翼が存在する。どこの国の左翼も国益に絡む論戦が起きたとき、必ず自国の側に立つ。ところが日本の左翼に限って、日本人が不利益を被るよう、日本を貶めるよう、根拠もないのに相手国の側に立つ。朝日やNHKなどが代表格であるが、そのために事実を隠蔽し、平気でウソもついてきた。

彼らは、「日本兵は殺人犯だ、強姦魔だ、極悪人だ」なるウソを広めるため、「偽写真や偽映像」も流してきたのだ。

「偽写真」という目から頭に入る猛毒

かつて「ピースおおさか」で展示されていた「日本軍の悪行」なる写真が「偽写真」と分り、撤去されたことがあった。だが中共や韓国では、今も各所で偽写真などを使って虚偽展示をしており、日本には中韓まで行って偽写真を見に行く愚か者がいる。修学旅行で偽展示施設を見学させる学校もある。

例えば、世羅高校の教師は、修学旅行先として長年に亘りソウルの独立記念館を選び、虚偽展示を見せ、生徒に土下座をさせ、謝罪文を読み上げさせていた。

また鹿児島県の或る高校では、修学旅行で中共に行き、「南京大虐殺記念館」を見せて贖罪意識を植え付けていた。虚偽展示は「目から頭に入る毒」を証明する生徒の感想文を紹介する。

《一番ショックを受けたのが、南京大虐殺記念館である。あまりにも無惨な写真を一枚一枚見てゆくごとに、涙が溢れ出てきた。六十年前に私と同じ日本人が、中国人に対して人間のすることじゃないような事をしていたなんて！想像を絶する日本人の行動が理解できない。私は彼らと同じ日本人であることが恥ずかしかった。それに、あんな酷いことをした私達日本人に対して、優しく接してくれる中国人の偉大さにも驚いた。》（『鹿児島といわゆる南京事件』つくる会　鹿児島県支部）

学校でウソを教え、現地で虚偽映像を見せることで洗脳が完成したことを裏付ける一文だった。全員がこのような感想文を書いているから、「偽写真などを使って目から頭に嘘を注入し、強烈な罪悪感を刻み込ませ、中共に抵抗できない精神に改造する」作戦は大成功である。

韓国に「謝罪修学旅行」
広島・世羅高 数年前から
ソウル 記念公園に生徒200人
韓国紙報道

韓国・独立運動記念塔前で土下座謝罪する世羅高校の生徒達（「産経新聞」平成10年10月16日）

平成十一年、ここは修学旅行から除外するようにとの陳情がなされた。

学校でウソが注入され、虚偽映像を見せる洗脳旅行で狂った頭になって帰って来るのでは親御さんは堪ったものではない。

平成三十年六月二九日、福田康夫元首相もここを訪れた。花輪を供え、「過去の事実を正確に理解しなければならない。もっと多くの日本人が記念館を参観すべきだ」と語ったという。この種の頭は手遅れ、死ぬまで治らない。

偽写真作成のテクニック

戦争の最中、米、英、中国などは国を挙げて日本を「悪」、中国を「善」と宣伝してきた。米国民の反日感情を高め、日米戦が起きれば必ず日本は敗北し、それは中国の勝利を意味するからだ。更に、日独伊三国軍事同盟故、日米戦は米国対独伊との開戦につながり、英国が救われることにもなる。その為、彼らは夥しい偽写真を流し、反日感情の醸成に血道をあげた。

実は日本も虚偽宣伝を行っていた。

それが「戦意昂揚記事」であり、代表格が毎日の「百人斬り競争」や朝日の「三百人斬り」というオトナの漫画だった。新聞に載った当時の英雄三名は、戦後、南京法廷に引き渡され、新聞記事が民間人虐殺の証拠とされて銃殺刑に処せられた。両社が「あれは戦意高揚記事だ」と証言すれば三人は助かったのに、真実を語らず、同胞を見殺しにしたのだ。

戦争が終わり、講和条約が結ばれると何処の国でもこのようなウソは止めるものだが、中共、朝日、NHKなどは偽写真や偽映像を流し続けてきた。現在、世に流布する「日本軍の悪行」なる写真や映像は全て偽物である。このことは『南京事件「証拠写真」を検証する』を読めば誰にでも分る。

では「偽写真作」とはどのようにして作られるのか。

それらは次の五つに分類される。

①【ヤラセの手法】撮影現場をセットし、俳優が演じた写真や映像を恰《あたか》も当時の証拠写真であるか

の如く説明を加え、見る者を欺《あざむ》く。

②【合成の手法】或る写真の一部を消去したり、付加えたりして合成写真を作成し、見る者を欺く。

③【キャプション捏造の手法】本当の写真の一部を故意にぼかし修正し、事実と反対の説明文をつけることで見る者を欺く。

④【濡衣の手法】自分たちが行った犯罪の証拠写真を「相手側の犯罪」と説明文をつけ、犯人と被害者を逆転させて見る者を欺く。

⑤【捏造の手法】視聴者や読者が調べないと高を括って堂々と偽写真を使う。

更に、これらには、①何時、②何処で、③誰が撮影したのかという要件が欠落している。従ってこの三要素を明示できない写真は「偽写真」と断じて良い。

本多勝一『中国の旅』のヤラセ写真

【ヤラセの手法】の実例を示そう。

朝日は新聞連載をまとめ、偽写真付きで『中国の旅』を出版した。その中の「南京事件」なる章に「日本刀による斬殺」なるキャプションの写真がある（次ページ写真①）。

不鮮明な写真であるが、分る範囲でも不自然な点は多かった。先ず、斬首する者が片手で日本刀を握っているが、これでは首は斬れない。なぜ著者には、日本人としての常識がないのか調べると、ネットでは本多勝一の本名は崔泰英とあり、彼が日本人でないなら知らないのもうなずける。

次に、南京戦は十二月中旬の戦いである。私は上海で仕事をしたことがあり、冬の上海は寒い。内陸の南京は更に寒い。だから斬る方も斬られる方もシャツ一枚でいられるはずがない。当時の写真を見れば分る通り、誰もが厚着であり、和気あいあいとした雰囲気からは大虐殺の匂いすら感じられない（写真②）。

実は朝日の写真は、南京虐殺とは何の関係もない「偽写真」であることを藤岡信勝代表の自由主義史観研究会がつきとめた。産経新聞によると、この写真はシンガポールで撮影されたヤラセ写真だった（写真③）。

写真①
本多勝一『中国の旅』では「南京市より提供」と掲載

写真②
昭和13年2月の南京郊外。当時の写真からは「大虐殺」は見受けられない。

写真集「レイプ・オブ・南京」
同じ登場人物 やらせで撮影
自由主義史観研「反日目的」…追及へ
都内で反論集会 意図的に入れ代わり

写真③
「産経新聞」平成10年9月27日

南京陥落直後、朝日新聞は多くの記者やカメラマンを派遣しており、一次史料を活用すれば大虐殺などなかったことが分るのに、この業者は中共提供の偽写真だけを使って読者を騙したのだ。ある書店で『中国の旅』の文庫版が目に止まった。いくら何でもあの写真はないだろうと思ってページを開くと何と偽写真を載せたまま売っていた。朝日がペテン師と云われるゆえんである。

中国系米国人が流す「ヤラセ写真」

欧米にも国益のためなら平気でウソを付く伝統がある。第一次世界大戦の時、ドイツは英米とユダヤ人により「残虐なドイツ兵」なる偽写真と新聞記事をばら撒かれ、それが米国民の反ドイツ感情を煽り、対独戦に向かわせ、それが原因で敗北に至ったといっても過言ではない。

支那事変が始まった昭和十二年、米国の写真雑誌『ライフ』は、衝撃的なプロパガンダ写真を載せた（『LIFE』一九三七年十月四日号）。

それは、中国軍の軍需物資集積場、上海南駅が日本軍の爆撃で破壊された写真だった。ところが、何故かそこに一人の赤ん坊が取り残され、泣き叫んでいた。この写真が『ライフ』を通して欧米社会に拡散され、日本を〝悪役〟に仕立て上げ、米国人に対日戦を決意させた一枚と云われる。（写真④）

写真④
『LIFE』（1937 年 10 月 4 日）

撮影者は中国系米国人H・S・ワン。或る通信社の上海支局

写真⑥

写真⑤
赤ん坊の横に一人の男

長で名の知れた写真家だった。
種本は、J・キャンベル編『二十世紀の歴史十五／第二次世界大戦（上）』（平凡社）であり、そこには保護者か父親らしい男性ともう一人の子供が映っていた。（写真⑤）
『LOOK』には、H・S・ワンらしき男が、件の赤ん坊を運んでいる写真も写っており、写真撮影するために幼児一人を線路の上に運び、号泣させた上で写真撮影したと推測される。

修整・合成するニセ写真

【合成写真】もしばしば使われる。これは一九九七年十二月四日号『ニューズウィーク』誌の表紙にも使われた有名な写真である。（写真⑥）
この写真を見ると、中央で刀を持っている兵士らしき人影は右後方向に落ち、右横の人の影は左後方に落ちている。太陽は一つなのだから一枚の写真で影が右に行ったり左に行ったりすることはない。この事実だけで「合成写真」と断定できる。
後は蛇足だが、刀を持つ人物の帽子の形が日本軍のものではない。斬られようとしている青年が薄着で、上半身をはだけているが、冬の南京ではあり得ない服装である。

何時、何処で誰が撮影したのか、何も明らかにされていない。米国にもイエローマスコミ業者があることは確かなようである。

一九九七年、米国で『ザ・レイプ　オブ　南京』なる本が売り出された。その中にある偽写真の一枚に、日本の戦車が火炎放射器で放火している写真があった。（写真⑦）キャプションは「放火により市内の1／3を焼き尽くした」というものだったが、これも合成写真である。米英蘭による石油禁輸が原因で日米戦に飛び込んだ日本には、この様な発想はないし、この時代、このような戦車も製造してはいない。

今も米国では、日米同盟を破綻に追い込み、日本を孤立させるべく反日宣伝戦が行われている。

写真⑦

濡れ衣・キャプションの捏造事例

【濡れ衣《ぎぬ》】、【キャプション捏造】　写真を紹介する。これは笠原十九司教授が台北で入手し、自著『南京事件』（岩波新書）で使っ

写真⑧

ていたものだ。キャプションは〈日本兵に拉致される江南地方の中国人女性たち〉だった。（写真⑧）

そこに「軍事委員会　台北」とあったから誰もが原板は国民党が保管していると思ったが、出所は『アサヒグラフ』（昭和十二年十一月十日号）だった。

そこには、日本兵と女性や子供がニコニコと楽しそうな様子が見てとれる。そしてこの写真のキャプションは次の通りだった。

「我が兵士に守られて野良仕事より部落へ帰る日の丸部隊の女子供の群」（十月十四日　熊崎特派員撮影）

中国（の軍事委員会）は、『アサヒグラフ』の鮮明な写真を改変し、それと解らぬように手を加え、日本兵の悪行との説明文をつけたのだ。岩波や笠原は事実を認めざるを得なくなり、岩波の『図書』で「お詫びと訂正」を行った。だが後日譚《たん》がある。

写真はそのままに説明文を変えたと思いきや、彼らは、熊崎特派員の撮影した写真を削除し、代わりに何時、何処で、誰が撮影したのか不明な「老婆の写真」を載せ「日本軍は八十歳の老婆をレイプした」という説明を加えた。

わが国には、日本を貶めるためなら平気でウソをつく反日左翼が跋扈《ばっこ》している。

【捏造写真】事例・治らないＮＨＫの虚偽体質

【捏造写真】の事例を紹介する。ＮＨＫとは戦前は軍部の犬であり、戦後はＧＨＱの犬として「検閲済み報道」を行ってきた嘘つき業者である。この虚偽体質は古代史にも現れる。

『日本人はるかな旅　⑤』（平成十四年）は、ＮＨＫが日本人のルーツを探るため総力を挙げて取材・制作したテレビ放映を集大成した本である。そして二つの頭骨写真（次頁写真⑨）を次のように解説していた。

「中国大陸より西日本に渡来したと考えられている人びとの骨格形態は、高身長かつ面長で平坦な顔立ちであり、低く掘りの深い顔をもつ縄文人と大きく異なることは良く知られている（写真１）」(138)

だが上にある「写真１　岩手県宮野貝塚の縄文人（左）」は偽写真である。

これは宮野貝塚から発掘された人骨ではない。宮野貝塚から発掘された人骨は下の右（写真⑩）であることはネット検索すれば簡単に確認できる。つまりＮＨＫは偽写真を作成、放映し、本にまでしてこのウソを日本中に拡散させたのだ。

しかもこれは単純ミスではない。何故なら、この写真は同書37頁の写真（写真⑪）、「縄文時代晩期

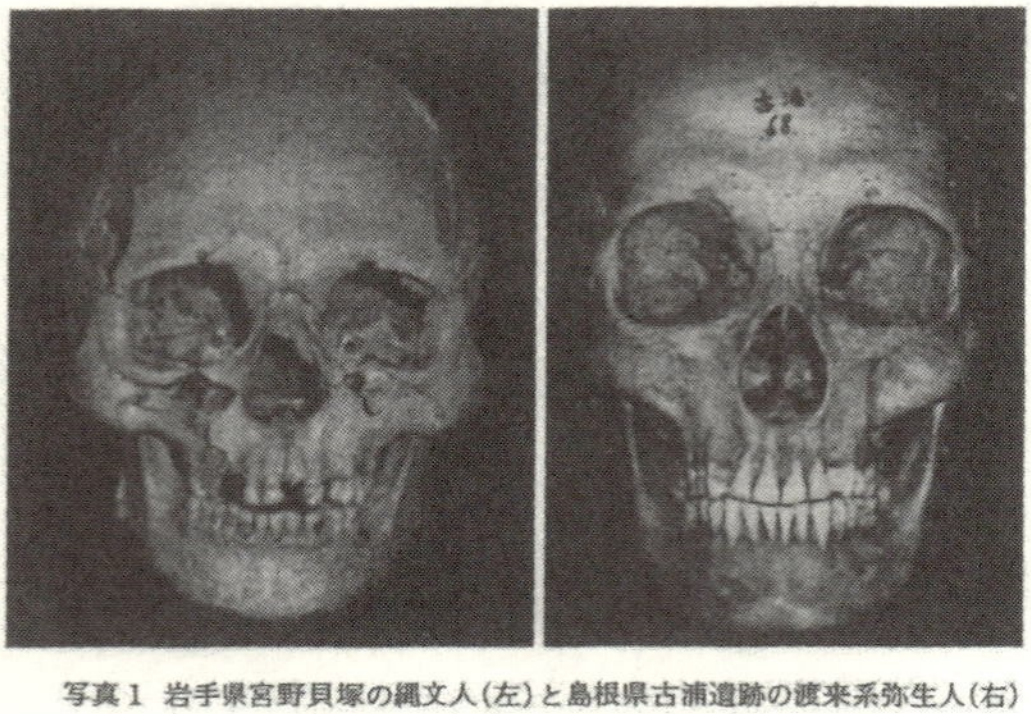

写真１　岩手県宮野貝塚の縄文人（左）と島根県古浦遺跡の渡来系弥生人（右）

写真⑨　二つの頭骨

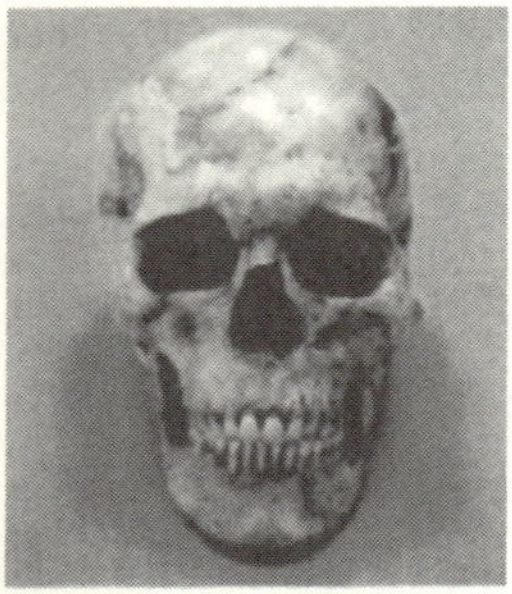

写真⑩　宮野貝塚出土人骨（成人男性）：頭骨

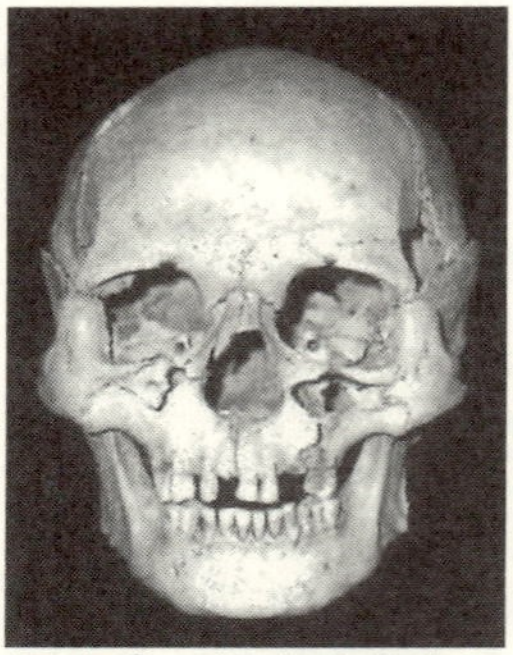

写真⑪　縄文時代晩期の男性頭骨

の男性頭骨〔国立科学博物館〕」が原画であり、そのまま使うとウソがバレるので、これを線対称にして捏造したものだからだ。

ＮＨＫがここまでしてウソをつくのは、戦後、検閲によりアカデミズムで主張された「日本人の祖先は大陸からやって来た渡来人だ」と云うウソが、Ｙ染色体の解析などを通して覆されたからであり、エセ専門家とグルになり、改めて日本人の頭にウソを注入する意図があったからだ。

ＮＨＫは国民から搾り取った六千五百億円もの受信料で運営されており、公共放送などと言いながら、偏向虚偽放送から捏造写真まで流すペテン師であることが分るだろう。加えて、アウトローの如く訴訟をチラつかせて視聴者を脅し、受信料を毟り取ろうとする。こんな業者は日本にいらない。

第十五章　左翼とサタンは兄弟である

「目には目」「歯には歯」をもって償わせる

此処まで読み進められた方は、日本には確信的ウソつきがいることを理解されたと思う。旧約聖書を開くと、ユダヤ人も同胞のウソに悩まされてきたことが分る。

《もし悪意ある証人が起こって、人に対して悪い証言をすることがあれば、その相争う二人の者は主の前に行って、その時の祭司と裁判人の前に立たなければならない。

そしてその証人がもし偽りの証人であって、兄弟に向かって偽りの証言をした者であるならば、あなた方は彼が兄弟にしようとしたことを彼に行い、こうしてあなた方のうちから悪を除き去らなければならない。そうすれば他の人たちは聞いて恐れ、その後ふたたびそのような悪をあなたがたに行わないであろう。

あわれんではならない。命には命、目には目、歯には歯、手には手、足には足をもって償わせなければならない。》（申命記第十九条十五）

旧約聖書の世界観と日本を比べるとき、その違いに驚きを感じるのは私だけではないだろう。親鸞聖人は「善人なおもて往生す、いわんや悪人おや」と説教してきたが、ユダヤ人は「悪を除くには言葉だけでは効果が無い」ことを知っていた。

結論は、「あわれんではならない。命には命、目には目、歯には歯、手には手、足には足をもって償わせなければならない」であるから、旧約の考えを引継ぐ者は日本社会を理解できないだろう。何故なら、日本人や日本のマスコミ業者が、言葉で、文書で、写真や映像で、日本人に向かって「偽証」に加担し、ウソを宣伝し、日本人を貶め、殺害してきた。しかも彼らは何の咎めも受けず、謝罪も償《つぐな》いもせず、反省もしないからだ。

旧約は、朝日やNHKなどには「哀れんではならない。命には命をもって償わせなければならない」、「そうしなければ日本から悪を排除できない」と断じていた。

左翼や共産主義者が「嘘つき」な理由

旧約の伝統を引継ぐ人々にとって、同胞に向かって「偽りの証言」をする者は覚悟が必要となる。特に「これは殺人に関する案件である」との言葉は偽証を排除する力を持っている。何故なら、偽証により同胞を死刑に陥れようとした場合、偽証が露見した時点でその者は処刑対象となるからだ。

欧米の裁判で、聖書の上に手を置き宣誓するのは、証人が「偽証」により被告を死に追いやった場合、「その者が生きていれば生まれたであろう子孫の命さえ奪う」ことを防ぐためである。欧米の死刑廃止論は、誤審で死刑が執行された場合、生きていたら残したであろう子孫の「血」への責任を意識している。「命を大切にする」とは、この考えの延長にあり、殺人犯に時効がないのはこのような者に「時効」という希望を与えては「悪」を取り除くことができないからだ。

こう考えると、共産主義者や左翼が宗教を否定するのは必然だった。何故なら、ユダヤ教、イスラム教、キリスト教の信者は「申命記」を守らねばならない。すると、偽証で日本兵を死刑台に送った朝日や毎日は「偽証殺人犯」となり、自動的に死刑が宣告される。さしたる理由もないまま、何千万人もの自国民を殺害したソ連や中共の共産主義者も真先に吊されねばならない。彼らが旧約を聖典とする宗教を排除するのは当然だった。

共産主義者は仏教も否定しているが、それにも理由があった。

例えば、曹洞宗の修證義十重禁戒には、殺してはいけない、盗んではいけない、嘘をついてはいけない、他人の過ちを責めてはいけない、他人の誇りを傷つけてはいけない、道ならざる愛欲を満たしてはいけない、などが説かれている。

そしてこの戒律は共産主義者が犯してきた悪行であるから、中共がチベット仏教を潰しにかかったのも当然だった。

戦後、政治家、学者、教育者などが、根拠なきまま日本人を「殺人犯、強姦犯、侵略国家、強制連行の下手人」呼ばわりしてきたが、彼らが宗教否定の共産主義者や左翼だったことは必然だった。悪党の論理だが筋は通っている。

わが国にも「偽証罪」は存在するが

日本にも偽証罪はある。刑法一六九条【偽証】は次のようにある。

「法律により宣誓したる証人　虚偽の陳述を為したるときは三月以上十年以下の懲役に処す」

だが虚偽報道で三人の元日本兵と、生きていれば生まれてきたかもしれない子供たちの命を奪った毎日や朝日は何の咎も受けなかった。

申命記に従えば「兄弟に向かって殺人者と偽りの証言をした者」は無条件で殺人犯としての罪を負うべきだが、裁判所で他人を「殺人者」と偽証してもお咎めなしでは話にならない。宣誓無き陳述の場合、何を喋っても、書いても、写真を捏造しても、罪を問われはないのだから、刑法百六十九条にウソを防止する効果は期待できそうもない。

例えば、東史郎は本で上官を殺人者と断定し、法廷で橋本氏を殺人者と主張したのだから、偽証罪に問われるべきだったが告発されることはなかった。

実際、偽証、偽報道、偽写真を流し、法廷で偽証し、偽書を刊行しても何の罪にも問われなかった。教科書にウソが書かれていても、子供にウソを教えても、学者や教員、出版社もお咎め無しできた。

だから申命記の言葉通り、日本にウソが蔓延し、子供を蝕み、日本を衰退させていることに日本人は気付いていない。ではなぜ朝日やＮＨＫのような薄気味悪い業者が生息しているのか、彼らの正体はいったい何なのか、旧約を通して明らかにしたい。

ヨブ記に見る「サタン」とは

旧約の「ヨブ記」にサタンが登場する。そしてサタンとは神と敵対する存在ではなく、世の中には「サタンは存在する」ことを是認した上で話は進む。ここに記されているヨブを日本、サタンを朝日、ＮＨＫ、スターリン、中共などに置き換えて読むと分り易い。

〈ウヅの地にヨブという名の人があった。その人となりは全く、かつ正しく、神を恐れ、悪に遠ざかった。彼に男の子七人と女の子三人があり、その家畜は七千頭、らくだ三千頭、牛五百くびき、ロバ五百頭で、しもべも非常に多く、東の人々のうちで最も大いなる者であった。（中略）

ある日、神の子たちが来て、主の前に立った。

サタンも来てその中にいた。主は言われた、

「あなたはどこから来たか」。サタンは主に答えていった、

「地を行きめぐり、あちらこちら歩いてきました」。

主はサタンに言われた、「あなたは私のしもべ、ヨブのように全く、かつ正しく、神を恐れ、悪に遠ざかる者の世にないことを気づいたか」。

サタンは主に答えていった、

「ヨブはいたずらに神を恐れましょうか。あなたは彼とその家及び全ての所有物の周りに隈なくまがきを設けられたではありませんか。あなたは彼の勤労を祝福されたので、その家畜は地に増えたのです。しかし今あなたの手を伸べて、彼の所有物の全てを撃ってごらんなさい。彼は必ずあなたの顔に向かって、あなたを呪うでしょう」。〉

即ち、「主がヨブに恩恵を与えているから、正しく、神を恐れ、悪を遠ざけ、正しき道を歩んでいるが、それを奪えば、直ちに背く」とサタンは主を試した。すると主は言われた。

「見よ、彼の全ての所有物をあなたの手にまかせる。但し、彼の身に手をつけてはならない」。サタンは主の前から出て行った。

こうしてサタンの手に委ねられたヨブにあらゆる不幸がおとずれる。

先ず牛とロバが略奪され、しもべが殺されてしまう。

ついで神の火が天から下って羊およびしもべたちを打ち滅ぼしてしまう。

ついで駱駝が全て略奪される。次いで自分の子供たち全てが死んでしまう。

絶望しながらもヨブは罪を犯さず、また神に向かって愚かなことは言わなかった。

——日本は日中戦争、日米戦争に巻き込まれ無一物となった、ということだ——

ある日、また神の子たちが来て、主の前に立った。サタンもまたその中に来て主の前に立った。主はサタンに言われた、

「あなたはどこから来たか」。サタンは主に答えていった、

「地を行きめぐり、あちらこちら歩いてきました」。主はサタンに言われた、

「あなたは私のしもべヨブのように全く、かつ正しく、神を恐れ、悪に遠ざかる者の世にないことを気づいたか。あなたは、私を勧めて、ゆえなく彼を滅ぼそうとしたが、彼はなお堅く保って、おのれを全うした」。

サタンは主に答えていった。

「人は自分の命のために、その持っている全ての物をも与えます。しかし今あなたの手を伸べて、彼の骨と肉を撃ってごらんなさい。彼は必ずあなたの顔に向かって、あなたを呪うでしょう」。

試された主はサタンに言われた。

「見よ、彼はあなたの手にある。ただ彼の命を助けよ」。

サタンは主の前から出て行ってヨブを撃ち、足の裏から頭の頂まで、いやな腫れ物をもって彼を悩ました。ヨブは陶器の破片を持って身を掻き、灰の中に座った時、その妻は彼に言った。

「あなたはなおも堅く保って、自分を全うするのですか。神を呪って死になさい」と。

しかしヨブは彼女に言った、

「我々は神から幸いを受けるのだから、災いも、受けるべきではないか」と。

ヨブはその唇をもって罪を犯さなかった。

――ヨブの肉体的苦難は、今、中共、北朝鮮、朝日やＮＨＫ、左翼などのウソにより多くの日本人が受ける精神的苦難のアナロジーとなる――

「ヨブ記」は、サタンという生き物が存在しているのではなく、他人の幸福を妬《ねた》み、悪意を持って試し、唆《そそのか》し、財物を奪い、不幸に陥れ、精神や肉体を苦しめることも厭わない、この様な心を持ち行動に移すと、誰もがサタンになってしまうと教えてくれる。

サタンの如くチベットを滅ぼした中国人

実はサタンは殺人も厭《いと》わない。「マタイによる福音書第四章」は次のように描く。

《さて、イエスは御霊によって荒野に導かれた。悪魔に試みられるためである。そして四十日四十夜断食をし、その後空腹になられた。すると試みる者がきて言った。

「もしあなたが神の子であるならこれらの石がパンになるように命じてごらんなさい」。

イエスは答えて言われた。

『人はパンだけで生きるものではなく、神の口から出る一つ一つの言葉で生きるものである』とかいてある」。

それから悪魔はイエスを聖なる都に連れてゆき、宮の頂上に立たせて言った。

「もしあなたが神の子であるなら、下に飛び下りてごらんなさい。『神はあなたのために御使いたちにお命じになると、あなたの足が石に打ちつけられないように、彼らはあなたを手でささえるであろう』と書いてありますから」。》

聖書は、人間、民族、国でも良いが、この様に試し、追い詰め、死に至らせるものをサタンと規定した。そして「サタンによるイエス殺害の試み」と酷似しているのは、中国人によるチベット人僧侶の殺害場面だった。

中国人は捕らえた僧侶を高い壁の上に立たせ、集めた民衆に向かって「お前たち（僧侶）が信ずる仏が救ってくれるはずだ」と叫び、僧侶を次々と突き落として殺害した。こうして「仏は僧侶さえも助けない、宗教は何のご利益もない」とチベット仏教の無意味さを民衆に示した。

また彼らは抵抗する寺院を包囲し、一切の水や食料を経ち、多くの僧侶を餓死させ、時に拷問死させ、全ての寺院を徹底的に破壊・略奪した。その後、一部の寺院を観光用に修復し、似非宗教施設として中共の支配下に置いた。

その過程で、中共はチベット人男女への強制不妊手術、妊婦の強制堕胎、子供の拉致、抵抗するチベット人の殺害、食料略奪による餓死、強制労働と殺害、獄死、処刑、拷問死、自殺などで一二〇万人を虐殺した。その後、その空隙に多くの中国人を移住させ、チベットを滅ぼした中共とは、サタンも恐れる存在であることが分るだろう。（ペマ・ギャルポ『チベット入門』等）

だが希望はある。ダライラマと多くのチベット人は迫害を逃れ、ヒマラヤを超えてインドへと亡命したからだ。そしてチベット仏教はダラムサラにある亡命政府と共に生き続けている。

「サタンの論理」とは何か

聖書には〝Incarnation〟という概念がある。訳は「肉体化」「人間化」「化身」「権化」などだが、本義は「サタンなどの魂や思想に人間の肉体が纏《まと》わりつく存在」となる。思想が肉体を持つのだから、そのような人間は幾らでも増やすことができる。それは教育、書籍、報道などを介して行われる人格や思想の形成を意味する。

既述の小学校歴史教科書の執筆者もその類《たぐい》だが、わが国にはウソや捏造による自国の悪口を世界に拡散させ、子供たちを苦しめ、日本の富を奪い、偽証殺人まで行おうとする者が後を絶たない。彼らに薄気味悪さが漂っていのは、そこにサタンの影が見え隠れするからだ。

実際、サタンの如く「試みる者」が表れた。「百人斬り競争」論争で破綻した本多記者がベンダサンに語った言葉がそれである。（山本七平『ある異常体験者の偏見』）

《このように当人たち（向井・野田両少尉）が死刑になった後では、なんとでも憶測や詭弁を弄することもできますよ、いくら名刀でも、いくら剣道の大達人でも、百人もの人が切れるかどうか、実験してみますか、ナチスや日本軍のように人間をつかって？》

これを「サタンの論理」というが、その特徴を聖書と中国人によるチベット僧侶の公開殺人と合わせ述べれば、次のようになろう。

①「死んでしまうから突き落とすのは止めてくれ」と言えば、仏教にはご利益がないことを人々の前で認めることになり、かといって突き落とされれば死んでしまう。

②本多記者のいう通り、「百人斬り」を実行すれば恐るべき殺人犯になる。しなければ自らの主張は間違っていることになってしまう。

この種の試みは、どちらを選んでも相手に恐るべき災難が降りかかるよう仕組まれているが、これを使う者は、サタンの精神を纏った存在であることが分るだろう。

古来より「ヨブ記」が示すサタンの心根を持ち、人を犯罪者に貶める「サタンの論理」を使う者をサタンと規定したが、洋の東西を問わずサタンは生きていた。お隣にも日本にも。

中共の次なる餌食はウイグル・沖縄

二〇一八年十月十日、米国の「中国に関する議会・政府委員会」は、中共当局が新疆ウイグル自治区で少数民族に「空前の弾圧」を行っていると非難した。十六日、このことを産経の小森義久ワシントン駐在客員特派員がレポートした。以下、要点を記す。

《中国政府の人権や法の支配の状況を調べた同報告は、新疆ウイグル自治区でウイグル人約八〇〇万人の内一〇〇万人もが、一三〇〇カ所もの強制収容所に入れられことを伝えていた。所内ではイスラム教や民族古来の言語、風習、文化を捨てる「政治再教育」を無期限に受けさせられる。その過程では水責めの拷問、強制絶食、睡眠禁止などの過酷な措置が加えられる。

米国官民あげての一年にわたる調査に基づく同報告は、中国政府がウイグル人に民族や宗教の年来の帰属要因を全て放棄させ、共産党の無宗教の理念の下に「中国化」する大作戦を徹底させ始めたことを伝えていた。

特に海外で中国共産党の行動を批判するカーディルさん（世界ウイグル会議議長　引用者注）、学者、言論人の留守家族への懲罰的な措置が酷いという。同報告は中国を批判する在米ウイグル人記者の82歳の母や、ウイグル人学者の61歳の弟らが所内で次々に不審な死をとげた悲惨な状況をも記していた。

そして中国政府の今の措置を「人道に対する罪」と断じていた。》

「人道に対する罪」とはナチスの犯した罪である。米国も「中共はナチスと同類」と断じていた。

ネットでは、強制収容所から逃れ出たイスラム教徒の証言が載っていた。中国人は収容者の足と手を鎖でつなぎ、肉体的拷問の外にイスラム教の戒律を無理やり破らせる行為を強制していた。ラマダンに強制的に食事をさせる、豚肉を食わせる、コーランを燃やさせる、中国語以外は一切禁止する、等々である。

中共は反論するが、取材は一切認めない。朝日やＮＨＫなどは、この人権弾圧を報じない。それは「人道に対する罪」を侵す中共に加担していることを意味する。

中共から「自分のものだ」と言われている沖縄県民は警戒した方が良い。ある日沖縄が「平和な島」となり、米軍と自衛隊がいなくなれば間違いなく人民解放軍が進註する。その時、沖縄に惨劇が訪れることは中共がチベットやウイグルでやって来たことを見れば誰でも分ることだ。

周辺国が警戒しているのは、中共の支配を受ければ人は家畜以下に転落し、過酷な運命と亡国の悲劇が待っているからだ。

第十六章　人を狂わす「騙しのテクニック」

リコールなき文系社会

例えば、自動車産業などは「完全な製品」を目指していても、欠陥品が生産されることがある。そのためリコール制が確立しており、いかに費用が掛かっても修理して顧客に渡している。こうして品質を保証し、信頼を勝ち得ることで日本は一流になれたのだ。

科学の分野も、例えば地動説のような異端論理が出ても、正しければ万人の認めるところとなってきた。では文系には品質保証やリコールに相当する仕組みがあるのだろうか。

日本では辞書、書籍、新聞、テレビ・ラジオが虚偽報道や偽写真を流してきたが、それが露見したからリコールし、新聞を配り直した、ウソを修正して購入者に返却した、テレビ放映をやり直した、など聴いたことがない。歴史教科書の記述がウソと分ったので、子供たちに「教えなおした」も聞いたことがない。だから今の日本人の頭に入っている歴史の知識は、古代から現代に至るまで、時代遅れの過てるデータである可能性が高い。

例えば、ＮＨＫは、虚偽放映を行っても訂正放映や報道を行わない。公共放送などと言いながらウソはつきっぱなしだからだ。偽写真を載せた本も売りっぱなしでリコールはしない。

朝日は、偽書『中国の旅』を回収廃棄しない。「三十二年以上、慰安婦報道でウソをついてきた」と自白し、謝罪しても、訂正した新聞を配り直さないし代金も返さない。

戦後の歴史学者も、『日本書紀』の記す神武天皇の存在を否定したままであり、『日本書紀』の研究をタブーとしている。そして、科学的、論理的に古代史を解析することで神武天皇の存在を証明し、即位年を特定した私から逃げ回りながら、千年一日の如く検閲済み古代史を垂れ流している。

事ほど左様に、日本では戦後一貫してウソが堆積してきたのだが、ウソを見抜き、除去し、頭を健全に保つことはさほど難しいことではない。

「誤報」と「虚報」の見分け方

つぶさに観察すると日本にウソが蔓延るのは、サタンのような者が「騙しのテックニック」を使っているからだが、前段として「誤報」と「虚報」の違いを知っておく必要がある。

先ず、「誤報」の「誤」とは「過ち、間違い」という意味である。「事実を知らせようとしたが、間違ってしまった」のだから、分った時点で訂正すればよい。「誤報」を流した場合、誰でも気楽に訂正するから直ぐに分る。

対する「虚報」の「虚」とは「事実でないこと、そらごと」なる意味であり、「偽りの報道」となる。

「偽る」とは「真《まこと》でないことを知りながら、真実のごとく語る」であり、「嘘と知りながら」に「誤報」との決定的な違いがある。そしてマスコミ業者などが流す「虚報」により、日本人の頭が狂わされてきたのだが、「誤報」と「虚報」を見分ける簡単な判断基準がある。

「誤報」を発した者は素直に謝罪と訂正を行う。だが、「虚報」を発した者はウソを指摘されても訂正しない。それは、彼らには「偽る」、「騙す」という悪意が潜んでいるからであり、間違いを訂正するかしないかで彼らの意図が明らかになる。

日本には虚報を発するペテン師がおり、ウソがホントになる事例が多数見受けられるが、そこには「騙しのテクニック」が使われている。

「騙しのテクニック」とは

文章や映像は物事を正しく伝達する手段と信じられてきたが、朝日やNHKなどは、そこに様々なウソを混入させてきた。その手法は確立しており、彼らは真偽を逆転させ、読者や視聴者を騙し、ウソを追求されても容易にボロを出さない三つのテクニックを使ってきた。

第一は「真偽混在の手法」今まで様々なウソを見てきたが、全部ウソでは人を騙すことはできない。判断を狂わせ、世論をある方向に導き、人を騙すには真実の中に僅かなウソをちりばめればよい。これによって人は簡単に騙されてしまう。

第二は「部分欠落の手法」真実の中から「一部の事実を欠落」させることで判断を狂わせる手法である。これも多用されるが、次の手法との「合せ技」が決まれば効果絶大となる。

第三は「虚偽補完の手法」これは情報の受け手が、部分欠落した部分に過てる文言や情景を無意識のうちに補完するよう仕向けるテクニックである。この手にかかると情報の受けては無意識の裡に騙されてしまう。

「虚報」には情報に触れる者を「騙そう」という悪意が潜んでいる。今までの事例を教材に日本で横行する「騙しのテクニック」をお浚いしておきたい。

慰安婦強制連行と騙しのテクニック

平成三年、朝日は「韓国で初めて元慰安婦だと名乗り出た女性がいる」と報じ、「女子挺身隊の名で戦場に連行され、日本兵相手に売春行為を強いられた朝鮮人従軍慰安婦の一人が名乗り出た」と書いた。これが金学順さんであり、訴状には「十四歳の時四十円で朝鮮人に買取られ、キーセン修行をした後、北支に行った」とあった。最初の記者会見をまとめたハンギョレ新聞にも「生活苦になった母親により十四歳で平壌にあるキーセンの検番に売られた」とあった。

この事実を知りながら、朝日は先ず「部分欠落の手法」を用いた。この業者は、金さんが「訴訟を起していた」ことを欠落させたのだ。

次に朝日は「真偽混在の手法」を使い、金さんが「四十円で朝鮮人に買われた」事実を知りながら「女子挺身隊の名で戦場に連行され……」というウソを混入させた。

読者が「金さんを日本軍による強制連行の被害者」と誤認することを狙い、「実母により朝鮮人に売られて連れて行かれた」を「連行された」としたのだ。

次に「虚偽補完の手法」を使うため、尤もらしく「女子挺身隊に関する解説」を載せたがこれもウソ。彼女が慰安婦になった昭和十四年には女子挺身隊なる組織も名前もなかった。

更に朝日は、「朝鮮人女性を強制連行した」なる吉田の偽書を「事実」と断定し、「連行された」とは「日本兵により女子挺身隊として」と条件反射するまで大量に、執拗に流し続けた。そして「吉田は嘘つきだ」なる済州島民の証言は一切報じなかった。その結果、読者は「連行された」と言えば反射的に「日本兵によって」を補完するまでになっていた。

最後の「日本軍相手に売春行為を強いられ」の実態とは、「日本兵は金を払っていた」ことを欠落させた。売春なら訴訟にならないからだ。仕上げに金さんを日本に呼び寄せ、マスコミに登場させ、気の毒な身の上話をさせ、同情を買い、事実そっちのけで騙しきった。

「慰安婦は大金持ち」を隠す朝日とＮＨＫ

平成八年、朝日は「戦後補償を求めて日本政府を訴えていた朝鮮人元慰安婦文玉珠さんが亡くなった」と報じたが、この一文にも「部分欠落の手法」を使った。

第一は、文さんが求めた戦後補償とは「戦時郵便貯金の返還」であり、要点は、彼女が日本兵相手の売春により大儲けをしていたという事実である。

重村稔氏の『南方慰安婦の実態』（昭和史研究所会報　平成十一年十一月十日）によると、慰安婦は何れも大金持ちであり、文さんも例外ではなかった。何しろ東條首相の月給が八百円だった時代、彼女の貯金は二万六千円もあり、それ以外に五千円を朝鮮へ送金していた。しかもこの大金を二年三ヶ月で稼ぎ出した。

この事実を隠蔽できれば、読者は「彼女は強制的に日本軍へ性的奉仕をさせられた被害者だから戦後補償を求めているのだ」と誤解させることができる。逆に、訴訟の中身を報道すれば、「慰安婦はボロ儲けのできる売春業だった」ことが露見する。そのため朝日は人々を騙すため、この部分を欠落させた。

二つ目に欠落させたのは、「女中をしている時、宋という朝鮮人から『食堂で働かないか』と誘われ、ビルマに渡って慰安婦になった」という事実である。即ち、自由意思で慰安婦になったのだ。これらを知りながら、「戦後補償」という言葉で内容を曖昧にし、文さんが性暴力の被害者である故、「補償」を求めていたかのようなウソを流し続けた。

朝日は報じることで読者を真実から遠ざけ、世界中にウソを蔓延らせたが、「言葉は、語ることにより真実を隠蔽することもできる」とはこのことである。この間、産経は朝日のウソを指摘してきたが、NHKは朝日のウソを指摘せず、黙認に終始し、真実を報じることはなかった。

二人を死に追いやった「虚報殺人」とは

毎日の「百人斬り競争」にも「騙しのテクニック」が使われていた。例えば次の事柄は本当だったが、この中に一%のウソを紛れ込ませ、一部を欠落させた虚報が二人を死刑台に送ることになった。

①支那で日本軍と中国軍が戦っていた。　②向井、野田少尉は存在していた。
③将校だから軍刀を持っていた。　④南京への攻撃に参加していた。

既述の通り、「百人斬り競争」は東京裁判でも注目され、毎日の記者はパーキンソン検事から尋問を受けていた。そこで彼らは、「百人斬り競争は戦闘行為」と証言したため、検事は「これは単なる戦意高揚記事」＝「ウソ」と断じ、「ウソつきは帰れ！」とばかり追い返された。近代戦において「敵のトーチカに斬り込んで十人を斬り伏せた」などあり得ないからだ。故に、両氏は東京裁判では起訴されなかった。

南京法廷からも喚問があり、身に覚えがない両氏は出廷した。だがこの記事は中国の宣伝班により

「殺人ゲーム」という民間人虐殺事件に書き換えられ、中文と英文で広く流布されていた（『南京事件の探求』北村稔）。その結果、南京法廷は二人に死刑判決を下したが、まだ助かる望みはあった。この話を創作した浅海記者が生きていたからだ。

二人は、「あの記事は創作であることを執筆した記者に証明してもらっている。まもなく書類が届くと思うので、それから上訴申弁書を提出する」と申立てていた。そして浅海から待望の郵便物が届いた知らせを聞いた二人は「これで助かった」と嬉し泣きしたという。

だが彼の申弁書には、「二人は高潔な将校だった、記事は向井、野田両氏から聞いて書いたが現場は見ていない、既に米軍により不問に付されている」等が書いてあるだけで、「自分が創作した」なる言葉がなかった。向井氏の実弟、猛氏の「本当のことを書いてくれ」という再三にわたる懇願にも拘わらず、遂に真実を書かなかった（『鹿児島県といわゆる南京事件』つくる会鹿児島県支部）。

同封された書類には、富山武雄大隊長からの次なる証明書も添えられていた。

一、向井少尉は無錫で一度浅海記者に会っただけである。

二、その後、砲弾によって脚および右手に盲貫断片創を受け、看護班に収容され、十五日まで治療を受けていた（即ち、「二人が〝百人斬り競争〟を行っていた」と毎日新聞が報じていた間、向井少尉は負傷して動けなかった）。

三、向井少尉は聯隊砲兵指揮官であり、白兵戦に参加する機会などない。そして隊に復帰したのは南京陥落後の十五日であり、その時も担架に乗せられての帰隊だったから、日本刀で敵のトーチカに斬り込むことなど不可能である。

だが、昭和二十三年一月二十八日、中国は三名を銃殺刑に処した。三人目の田中軍吉大尉の罪状は、朝日の創作記事、「三百人斬り」が原因だった！

裁判官に常識はなかった

時間が経つにつれ、向井、野田両氏の遺族の傷も癒えていくはずだった。だが朝日は『中国の旅』で両氏を「殺人ゲーム」なる創作記事の主役として再登場させ、連載が終わると本にして売り出した。するとこの本がベストセラーになった。愚かな日本人も多いと云うことだ。

味を占めた朝日は『南京への道』を出版した。そこで朝日は〝死人に口なし〟とばかり、「向井、野田両氏は捕虜の陶物斬りをした」と主張し始めた。

昭和が終わり、平成の御代になった時、毎日は『昭和史全記録』(平成元年)を出版した。そこに「〝百人斬り〟超記録」なる見出しがあり、当時の【浅見、鈴木両特派員発】の創作記事を載せ、「この記事の百人斬りは実無根だった」(178)と明記していた。

それにも関わらず、朝日の創作本が左翼教師により学校の副読本として使われ、「人間のくず、日本の恥」などと罵倒した感想文が新聞に載り、家族を苦しめるようになった。

平成十五年四月、ウソを正し、故人の名誉を回復すべく向井・野田両氏の家族が、朝日、毎日、本多勝一、柏書房を訴えた。この裁判で原告側の高池勝彦弁護士は次のように記していた。

「私がもっとも驚いたのは、被告ら全員が、百人斬りは当初の新聞記事のとほり事実であると主張したことである」（『反日勢力との法廷闘争』展転社）

『昭和史全記録』との矛盾を指摘された毎日は、「『昭和史全記録』はウソだ」と証言した。この業者の無責任さには呆れ果てた。裁判官はどうか。二審の判決は次のようなものだった。

《南京後略戦闘時の戦闘の実態や両少尉の軍隊における任務、一本の日本刀の剛性ないし近代戦争における戦闘武器としての有用性等に照らしても、本件日日記事にある「百人斬り競争」の実態及び殺傷数について、同記事の内容を信じることはできないのであって、同記事の「百人斬り」の戦闘戦果は甚だ疑わしいものと考えるのが合理的である。》（前掲書）

その上で次なる結論に至った。

《本件日日新聞記事の「百人斬り競争」を新聞記者の創作記事であり、全くの虚偽であると認める

ことはできないというべきである。》（前掲書）

平成十八年、最高裁への上告は棄却され、この件は終わったが、これが判事の頭だった。そこには「証拠主義」も「疑わしきは罰せず」もなく、結論ありきの暗黒裁判だった。

毎日が使った「騙しのテクニック」とは

浅海記者は、「部分欠落の手法」を用いた。先ず、トーチカの中国兵が短銃、連発銃、手榴弾で武装していた、という事実を欠落させた。

更に、向井少尉の発言として「関の孫六が刃毀れしたのは一人を鉄兜もろとも唐竹割にしたからじゃ」と書かれた記事を、最高裁、高裁、地裁判事も創作だと気づかなかった。彼らの頭は漫画の世界から抜け出ていなかった。浅見記者はもう一つの「部分欠落の手法」を用いた。

昭和十二年十一月三十日の新聞記事で、記者は野田少尉に「僕は○官をやっているので」と語らせ、彼が大隊副官だったことを隠した。向井少尉は歩兵砲指揮官であることも隠した。

この件を追求していた故山本七平氏（陸軍砲兵少尉）は「○官なる役職があったのか?」と疑問に思っていたが、野田少尉が副官であり、向井少尉は歩兵砲指揮官だったことを知ったとき、読者を騙そうとする毎日の悪意を知り、怒りを顕わにした。

何故なら、「副官は大隊長の側を絶対に離れられない。砲兵指揮官は砲の側を絶対に離れられない。だから行軍中の二人が隊列を離れてあちこちのトーチカに飛び込み、軍刀で戦ったなど有り得ない」ことを知っていたからだ。

当時は国民皆兵であり、二人の身分を明かせばウソが露見する。そこで毎日は「虚偽補完の手法」を用いた。

戦前の国民は、検閲があることを知っていた。そこで「検閲」があったかのように装い、野田少尉の身分を○で隠し、向井少尉の身分には触れることなく、当時の常識で、読者が「二人は歩兵小隊長に決まっている」なる誤認で補完することを狙って騙し切った。

これらは日本人(ヨブ)に苦難を与えようとするサタンの仕業である。日本にはマスコミ業者、ジャーナリスト、学者、教育者、最高裁判事から元日本兵に至るまで、人間の皮を被ったサタンが生息している。

第十七章　洗脳と煽動のテクニック

「煽動」にも原理原則がある

人を動かすには、「騙す」以外に「煽動」がある。一般的に煽動とは、「演説の名手が人の気持ちを煽り立てて、ある行動をすすめ唆《そそのか》すこと」と云われるが、実は煽動にも原理原則があり、この手にかかると殆どの人が煽動されてしまう。そして扇動には人の頭を変える洗脳が不可欠となる。

煽動者は底意を気付かれないよう冷静さを保ち、群衆を注意深く観察する。扇動者は群衆が動き始めれば抑えに廻り、群集エネルギーの昂揚を見計らい、最後の一言で群衆が爆発し、ある目標に向かって殺到すれば役目を終える。その後は表舞台から姿を消し、高みの見物に移る。

大騒ぎしているのは「煽動された群衆の叫び」であって煽動者ではない。従って群衆を見ても煽動者の姿は見当たらないし「煽動のテクニック」も分らない。

日本人は性善説であるから、左翼やマスコミ業者のウソを信じ、彼らの思い通りに操《あやつ》られて来た。戦前は関東大震災、支那事変から日中戦争への突入、真珠湾攻撃、一億玉砕、戦後は一億総懺悔、ソ連・北朝鮮天国説、南京大虐殺、中国の旅、北朝鮮への帰還事業、慰安婦の強制連行、朝鮮人強制連行等枚挙に暇《いとま》がない。

その結果、日本人はあらゆる辛酸を味わってきたが、「喉元過ぎれば」の喩えどおり、全て水に流して忘れてしまう。それ故、日本人は遂に「煽動の原理原則」を学ぶことはなかった。

対する英国人は「世界で最も煽動されにくい国民」と言われるが、それは四百年以上に亘って有名な〝あの場面〟を学んできたからだ。

『ジュリアス・シーザー』に学ぶ「煽動の詐術」

シェイクスピアは英国の劇作家であり、彼の遺した作品の中で集団を煽動する詐術と方法論は『ジュリアス・シーザー』に余すところなく表されている。

シーザーは紀元前六十年にポンペイウス、クラッススと共にガリアを征服し、ポンペイウスの死後クラッススと争い、彼をエジプトに追い、エジプトを支配下においた後、各地の内乱を鎮めてローマに凱旋した英雄だった。

すると彼の成功を妬む者がシーザーの暗殺を企《たくら》んだが、その中心人物が何と盟友のはずのブルータスだった。「ブルータスよ、お前もか！」はシーザー最後の言葉として有名だが、学ぶべきは次なる場面である。

シーザー亡き後、アントニーはブルータスに復讐すべく策を練った。彼は本心を隠し、ブルータス派に寝返ったように見せかけ、葬儀委員長となってローマ市民の前で弔辞を述べる機会を得た。

葬儀にあたり、先ずブルータスは弁舌巧みに野心家シーザーを披瀝し、「彼が独裁者になろうとした故に市民のために殺した」と主張した。彼の目論見は成功したかに見えたが、次に登場したアントニーはシーザーの遺骸を前に市民に語りかけた。

アントニー　ブルータス君はシーザーが野望家だったと言われる。
　市民　（ブルータスはその様に演説したが？）
アントニー　嘗てシーザーは夥しい捕虜をローマに連れて帰りました。
　市民　（確かに連れてかえった。）
アントニー　そしてその身代金は全て国庫に納めたのです。
　市民　（その通りだ。金銭欲のないことは誰もが知っている。）
アントニー　このシーザーの行為が野心家と見えたでしょうか。
　市民　（そう言われればシーザーは野心家ではなかった。）
アントニー　窮民達が泣き叫んだときシーザーは共に泣きました。
　市民　（思えばシーザーは貧しい者にも優しい指導者だった。）
アントニー　野心家というのはもっと冷酷な心でできているはずです。
　市民　（確かにシーザーは貧しいものにも暖かかった。）
アントニー　私が三度王冠を捧げましたのに、彼は三度ともこれを断りました。

皇帝となろうとはしなかったのです。彼は野心家でしょうか。

市民（確かに拒んだ。独裁者になろうとしたというのは嘘ではないか！）

アントニー　私はブルータス君たちを疑っているのではなく、私の知っている事実を述べるためだけにここにいるのです。

市民（シーザーを暗殺したブルータスこそ反逆者ではないのか！）

カッコ内に市民の思いを書き加えたが、この弔辞で場面は逆転し、市民の疑念はブルータス一味に向けられた。それは、この話の中に「煽動のテクニック」の三原則の内の二つ、「編集の詐術」と「問いかけの詐術」が含まれていたからだ。

マスコミ業者の使う「編集の詐術」とは

アントニーは誰もが知るシーザーの言動から、ブルータスの演説を覆す目的に叶った出来事を選んで話したのだ。これが第一の原則「編集の詐術」である。

新聞や雑誌の編集、テレビやラジオの編集にもこの原理は使われており、「偏向している」との批判に対し、「我々の編集権だ」と居直る。即ち、世論操作をするために「編集の詐術」を使う権利があると主張する。朝日が『中国の旅』への反論を全て却下し、中共の見解だけを載せてきたことがそれにあたる。最近の事例も紹介しよう。

平成二十一年九月、国民は自民党を見限り、民主党政権を誕生させた。だがこの左翼政権は自民党より惰弱で無能だったため、国民の失望を買い、僅《わず》か三年で崩壊した。

平成二十四年、安倍自民党政権が復活し、日本の立て直しに舵を切った。だがそれは左翼や中共にとって好ましいものではなかった。そこで産経以外のマスコミ業者は、「編集の詐術」を使い倒閣運動を開始した。それが加計《かけ》学園問題である。

彼らは「加計学園の学長と安倍首相が友達だから、今治市に獣医学部の新設が認められた」と五十年ぶりに決まった獣医学部の開校を問題視した。だが安倍首相や関係者は否定し、金銭の授受など、違法行為もなかった。

困り果てたマスコミ業者は偏向報道と印象操作に終始した。このことは、平成二十九年七月十日に開かれた国会での閉会中審査の報道を検証すれば良く分る。

この時、前川喜平元文科省次官、加戸守行前愛媛県知事、原英史国家戦略特区WG委員の三名が参考人として招致され、発言した。以下、翌年四月に産経に掲載された「一般社団法人国民の知る権利を守る自由報道協会」の意見広告による。

《閉会中審査の様子は同日十四時十九分から十一日にかけて、NHK始め首都圏各局のテレビ報道番組、合計三十番組が放映したが、それを「一般社団法人日本平和学研究所」が調査した処、驚くべき偏向が確認された。全テレビ局の累計報道時間は八時間三十六分二十三秒であり、前述の三者の見解と放映された発言時間は次の通りであった。

見解（←）	放映時間（←）	%
前川氏、「安倍政権の不当な介入で行政が歪められた」	二時間三分四六秒	（94・7%）
加戸氏、「安倍政権の国家戦略特区で歪んだ行政が正された」	六分〇一秒	（3・7%）
原氏、「特区を巡るプロセスに官邸の介入など一点の曇りもない」	二分三五秒	（1・6%）》

前川氏と加戸、原氏の見解は真逆だったが、放映時間の約九十五%は前川氏の発言が占めていた。このデータは、NHKなどは偏向しており、次なる放送法に違背していることを証明した。

放送法第一条の二、放送の不偏不党、真実及び自立を保障することによって、放送による表現の自由を確保する。

四条一の二、政治的に公平であること。

三、報道は事実を曲げないですること。

四、意見が対立している問題については、できるだけ多くの観点から論点を明らかにすること。

思い起せば、前川喜平とは、事務次官の職にありながら、いかがわしい出会い系バーに入り浸り、金を払って店から女を連れ出していた。更に彼は、文科省役職員の組織的天下りの首謀者であり、懲戒退職させられた男だった。しかも彼の座右の銘は「面従腹背」とのことだが、こんな男の見解を突出させたのは何故か。公序良俗を踏みにじるマスコミ業者の偏向ぶりは尋常ではない。

福島原子力災害に見る「偏向報道と言論封殺」

「偏向」に付きものが「言論封殺」である。故山本七平氏は次のように見ていた。

《確かに偏見とか偏向とかは非常に困ったことだが、これを是正する方法は実は一つしかないのである。それは「アンチ・アントニー（異論の持ち主　引用者注）の存在を認める」以外にない（中略）。ここで聴衆は相反する二つの事実を示されることによって、「自分の判断」ができるはずである。従って真に「偏向」しているものは何かと言えば、それは「アンチ・アントニー」の存在を認めず、あらゆる方法でそれを排除し、その口を塞いでしまう者のはずである（中略）。従って人が煽動者か否かを見分ける重要なポイントは、その人がアンチ・アントニーの存在を認めるか否かにあると思う。》（『ある異常体験者の偏見』）

例えば、福島原子力災害直後の二〇一一年三月二十八日、「国立がんセンター」の中釜斉氏（現在、理事長）は記者会見を開き、専門的見地から次のように明言した。

「外部被曝による甲状腺がんリスクについて、十五歳以下の小児に於いて100mSv以下であれば有意なリスク上昇は認められない。100〜200mSv以下の低線量域では、広島・長崎の原爆被爆者においても明らかな発がんリスクの増加は確認されていない。」

だが、NHK始め、日本中のマスコミ業者は氏のような専門家の見解を一切報じなかった。代わりに、「どんな僅かな放射線も有害、放射線を浴びると癌になる！」と主張する似非学者のみを登場させ、ウソをばら撒き続けた。その目的は、ウソを日本人に信じさせ、知識をサル知恵に低下させ、日本人に放射線を恐れさせることだった。これに成功すれば、新聞、雑誌、関連本が売れ、テレビ視聴率も増加することを彼らは知っていたからだ。

然るに、中釜氏のような専門家、アンチ・アントニーが登場し、「福島は何の心配もない、あの程度の放射線ではガンなどにならない。かえって体に良い！」という科学的事実をテレビで放映し、新聞に書くことで無知な日本人が放射線の真実を知り、賢くなっては困るからだ。

翌年四月二十日、原子力産業協会は世界原子力協会の「福島とチェルノブイリ：神話と真実」を放映した。ここに登場する専門家の結論は次の通りだったが、これもマスコミ業者は「封殺」した。

《①福島では、子供たちの甲状腺に問題語起こることはない、と考えている。
②福島の作業員の被爆線量は住民に比べ高くなっていますが、私たちの意見としては彼らが被爆し

た推定線量から見て、長期的な影響が出るとは到底考えられない。

即ち、放射線による公衆影響　甲状腺への影響＝0　その他の健康影響＝無し
③原子力事故後に生ずる混乱の原因は、全てマスコミのせいだ、というつもりはない。科学者にも同様の責任がある。》

ここでいう科学者とは、ママスコミ業者が登場させ、虚偽発言を繰り返させたペテン師、武田邦彦や小出裕章らである。この不幸に便乗し、保守・革新を問わず多くの謬論が流されていった。

その結果、放射線に対する無知と過剰診療により、子供の犠牲者を生み出すに至っているが、福島は、中釜斉氏や世界原子力協会の予想通りに推移している。

詳細は拙著（『脱原発を論破する』）に譲るが、話は逆で、放射能温泉の三朝温泉や玉川温泉にはガンやリウマチ患者が放射線を浴びにやってくる。その線量たるや東京の三百～五百倍もの強さであるが、その結果、病が治癒し、多くの患者が救われている。だが、この事実も報じられることはなかった。

これは不幸な災害であったが、正しい放射線知識を習得する好機でもあった。だがマスコミ業者が編集権を盾に、似非学者のみ登場させ、偏向虚偽報道に終始し、専門家の意見を封殺したことで日本人が放射線の真実を知る道は閉ざされてしまった。


この種の「問いかけ」を行う者は煽動者である

「問いかけ」の本質とは、「疑問に思う事柄を知ろうとすること」である。或いは二つの相反する見解が提示され、どちらが正しいか分らない時、人は「問い」を発する。だが一方的な情報を与えておき、分り切った答えを出させることで「教えられたのではない、自分で判断したのだ」と錯覚させ、洗脳する手法がある。これが第二の原則、「問いかけの詐術」である。

《こういう怪しげな問いかけをする者は必ず煽動者なのだから用心した方がいい。一体この問いかけの実態は何であろうか。簡単に言えば、実はそれは「問いかけ」ではなく、わざと結論を言わないことによって聴衆の「判断の規制」を自発的に起させる方法なのである。このアントニー型の「問いかけ」を「質問」と同一視してはならない。

いうまでもなく、一定方向に編集された「（語られた）事実」はすでに一種の「並列的な」「確定要素」の連続になっている。そしてその一つ一つの「（語られた）事実」は確定要素という点では、数字と同様の動かしがたい要素となっている。従って「（語られた）事実」＋「（語られた）事実」＋「（語られた）事実」……という図式は1＋1＋1という形に似ている。

1＋1＝2は子供でも分ることだが、これをわざと「1＋1は幾つでしょうか」という言い方をする。聴衆は心の中で「2だ」と答える。処が、判断を規制されているので「2」以外の答えはでない。しかし聴衆は「自分の自由意志で、自分で判断して、自分で結論を出した」と錯覚する。その錯覚を見届けてから、「更に1を足したら幾つになるのでしょうか」と問いかける。聴衆は「3だ」と結論を出す。

この様にして「（語られた）事実」「（語られた）事実」と出して行き、「ただ、（語られた）事実を積み上げて行くと、そういう答えになるのは当然ではないでしょうか」とこの二つの事実の間を、一見まことに「静かで遠慮深い問いかけを」交えつつ、あくまでも自分は「事実」の披瀝に限定すると言う態度を取りつづけ、自らの意見や主張は述べないようにする。すると聴衆は次第に苛々してきて、数字は臨界に達し、連鎖反応を起してついには爆発する。

ところがここにアンチ・アントニーがいて、アントニーが「1＋1は幾つでしょうか」と「問いかける」と、「（＋1）は実は（－1）ではないでしょうか」と反証をあげると煽動はうまく行かない。そこで、アンチ・アントニーを黙らせるために、あらゆる手段を執るのである。その一つが決めつけ、右翼、軍国主義者、ファッショ、反動などから、言論封殺まで様々な手が使われる。》（山本七平『ある異常体験者の偏見』）

日本では常に「問いかけの詐術」が使われてきた。例えば、歴史教科書は、日本を悪人又は劣る者として偏向虚偽を書き連ね、答は決まっているのに絶えず薄気味悪い「問いかけ」を行ってきた。では『中国の旅』を教材に「問いかけの詐術」を掘りさげてみたい。

朝日が煽動者である根拠

『中国の旅』は裏づけのない「ディクタ」と偽写真を交え、「日本兵は悪事を働いた」、「此処でも悪事を働いた」と記述してきたが、それは読者に1＋1＋1……という効果を与える。

東京撫順会は「それはウソだ」と声を挙げた。即ち「真実はマイナス1−1−……」ということだが、朝日はその声は封殺し、中共の言い分だけを流し続けた。その根拠は「編集権」であり、「偽写真」まで使って読者の判断を歪め、控えめな「問いかけ」を重ねてきた。

「かりにこの連載が中国側の一方的な報告のように見えても、戦争中の中国で日本がどのように行動し、それを中国人がどう受け止め、いま、どう感じているかを知ることが、相互理解の第一前提ではないでしょうか。」

だがウソは相互理解の障害となる。朝日は中共の見解のみを流し続け、アンチ・アントニーの反論は握りつぶし、日本軍の残虐行為を「ファクタ」と決めつけて次なる詐術に移る。

「誰が南京事件の責任者なのでしょうか」と静かに問いかける。

判断規制された購読者は「俺たち日本人だー」と結論を出さざるを得ない。

次の週にまた中共宣撫班の流す日本軍の悪行を新聞に載せ、控えめに問いかける。

「だれが三光の責任者なのでしょうか」と。

「俺たちだー」と読者は応える。続いて新たな日本の悪行が新聞紙上に載り、

「仮に……としても……私達に責任がないといえるのでしょうか」と問いかける。

「日本が悪いに決まっている」と朝日の読者は応える。

決まった結論が出るのを知りながら、「○○ではないでしょうか」等の問いかけを絶えず投げかけているのは、朝日は「煽動の原則」を熟知していたからだ。

連載は回を重ね、南京大虐殺なるウソが実しやかに報じられ、偽写真も登場する。こうして読者は完全に洗脳され、「償わなくては」との世論を形成していった。当時の政治家は、「自分で判断した」と思ったのだろう。これが中共への贖罪感、謝罪外交と六兆円ともいわれる援助に直結した。

だが「問いかけの詐術」から臨界に移行するには最後の仕上げが必要となる。ではアントニーは「一体化の詐術」をどの様に演出したのだろう。

煽動の完成「一体化の詐術」とは

アントニーは、「シーザーがローマ市民に残した遺言状」の存在を知らせる。

「彼の書類箱から見つけたものですが遺言状です。万一もし平民たちがこの遺言状を聞けば、いや失礼、読み上げるつもりはありませんが、もし読むとなれば彼らは必ずや亡きシーザーの傷口に駆け寄り、くちづけと共に……」と聴衆に気を持たせる。

「読んでくれ」という市民に対して、「読んではならんのです。何故なら諸君がシーザーの相続人などということは知らぬ方が良いのです」とシーザーと市民は他人の関係でないと錯覚させる。

相続を意識した市民が次なる言葉に集中していることを確認すると、「こんなことは話すべきでなかった。シーザーを刺したあの高潔の士たちを誣《し》いすることになるのではないかと恐れるのです」と復讐に反対するよう装い、復讐が市民の意識にのぼるよう誘導する。

市民はアントニーの思惑通り、「奴らこそ反逆人、何が高潔の士だ、奴らこそ悪党だ、人殺しだ。遺言状を読め！」と激昂する。すると煽動者は群衆を抑えるが、抑える程「遺言状を見せろ」とローマ市民はシーザーとの「一体感」を強め、激高してゆく。

彼は「では、読む前にこの遺言状を作った本人をお見せしたい」と要望に屈した形でシーザーの周りに市民を集め、シーザーの殺害状況を説明し、恰も身内が殺害されたかのような錯覚の中で暗殺の詳細を語る。

「これこそは非道も非道、人でなしの一撃だった。ブルータスの剣が引き抜かれたとき、シーザーの鮮血は剣の後を追った」と致命傷を与えた状況を臨場感豊かに語り、シーザーの痛みを自らの痛みとし、死を自分の死と錯覚させることにアントニーは成功する。

「おお、諸君も泣いているな。諸君もまた憐憫の情を禁じ得ぬと見える。この涙こそ神の心なのだ。心優しい諸君よ、諸君は我らがシーザーの裂かれた着衣を見るだけで泣くのか。ごらんあれ。これこそ彼自身、反逆者によって切り苛まれたシーザーなのだ！」とシーザーの衣服を剥ぎ、遺体を見せる。

「なんと痛ましい姿、ああ高邁なシーザー、世にも無惨なこの姿」と市民は嘆き、程なく「反逆人、悪党めらが、そうだ復讐だ！」に変り、市民の矛先がブルータス一味に向かと決まるや、彼は要求に抗しかねた振りをして遺言を読み上げる。

こうしてシーザーの相続人と錯覚した群衆はブルータス一味に向かって殺到する。それを見届けたアントニーは、「煽動の悪魔め、動き出したな。どこへ行こうと後は気の向くままだ」と呟いて姿を消す。彼は如何なる意味に於いても罪を犯していない。嘘もついていない。これが今も使われる「煽動」の仕上げ、「一体感の詐術」なのだ。

関東大地震と朝鮮人迫害の経緯

関東大震災と所謂朝鮮人虐殺事件は、「煽動のテクニック」を研究する良いテクストである。例えば、平成二二年発行された東京書籍の中学生用『歴史』は次のように記していた。

《一九二三（大正十二）年九月一日、関東大震災が起こり、東京、横浜を中心とする地域は壊滅状態となりました。被害は、こわれた家二五万戸、焼けた家四五万戸、死者・行方不明は十四万人に達しました。混乱の中で、朝鮮人や社会主義者が暴動を起こすという流言が広がり、多くの朝鮮人、中国人や社会主義者などが殺されました。》

この一文の後半には主語がない。誰が流言を流し、犯人は誰か、多くの人とは何人なのか分らないので、『群馬県百科事典』からその時の雰囲気を味わってみたい。

《本県の被害は僅かであったが、東京、神奈川などから県下に避難民が多く流れ込んだ。県庁には大地震群馬県救護団が設けられ、避難民の無料診療、白米、味噌、等の無料配給をする一方、罹災地への食糧、衣料などを、また救護団を編成して送った。

当時、混乱に乗じ「朝鮮人が暴動を計画している」というデマが飛び、興奮した群衆が、藤岡警察署に保護中の朝鮮人十七人を、虐殺するという事件が起きた。

これを藤岡事件といい、大正十二年九月三日、爆弾を持った三人の朝鮮人が高崎駅で逮捕されたという報道は群集心理を刺激し、朝鮮人に対する憎悪と恐怖を煽った。

山岡県知事は群衆の行き過ぎを恐れ、朝鮮人保護を警察に命じた。しかし興奮した群衆は、五日、藤岡警察署へ押し寄せ、猟銃や日本刀で乱暴を働き、留置所を破って保護中の朝鮮人十七人を殺した。この騒ぎは軍隊の出動で鎮められたが、殺されたのは藤岡周辺の人々であった。》

この悲劇は、大地震直後に集団ヒステリー状態になった住民により引起された事件であり、犯人は官憲や軍隊ではないことを確認しておきたい。では誰が住民を煽動したのか。

流言飛語の張本人はマスコミ業者だった

調べると、同年九月三日の朝日は『朝鮮人暴動』の記事を載せていた。その後、『朝鮮人暴動』が連日紙面を賑わせるようになり、次なる記事は住民を恐怖に陥れた。

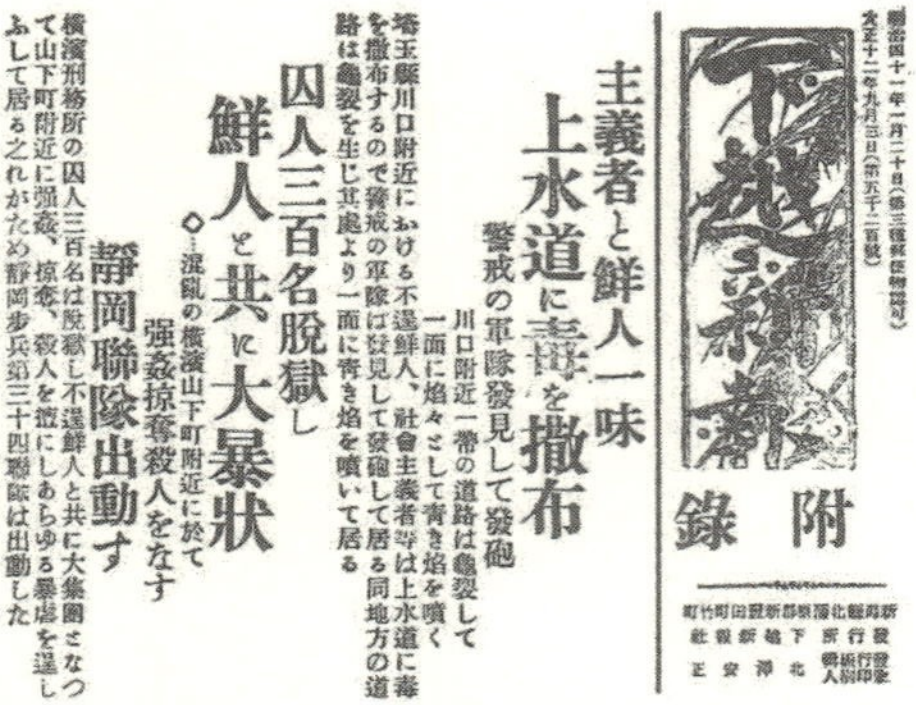
明治四十一年一月二十日(第三種郵便物認可)
大正十二年九月三日(第五千二百號)

下越新聞

附錄

新潟縣北蒲原郡新發田町竹町
發行所 下越新報社
發行兼編輯印刷人 北澤安正

主義者と鮮人一味
上水道に毒を撒布
警戒の軍隊發見して發砲
川口附近一帶の道路は龜裂して一面に焔々として靑き焔を噴く

埼玉縣川口附近における不逞鮮人、社會主義者等は上水道に毒を撒布するので警戒の軍隊は發見して發砲して居る同地方の道路は龜裂を生じ其處より一面に靑き焔を噴いて居る

囚人三百名脱獄し
鮮人と共に大暴狀
◇…混亂の横濱山下町附近に於て
強姦掠奪殺人をなす
靜岡聯隊出動す

横濱刑務所の囚人三百名は脱獄し不逞鮮人と共に大集團となつて山下町附近に强姦、掠奪、殺人を恣にしあらゆる暴虐を逞しふして居る之れがため靜岡歩兵第三十四聯隊は出動した

関東大震災後の朝鮮人暴動報道の一例
「下越新聞」（大正12年9月3日）

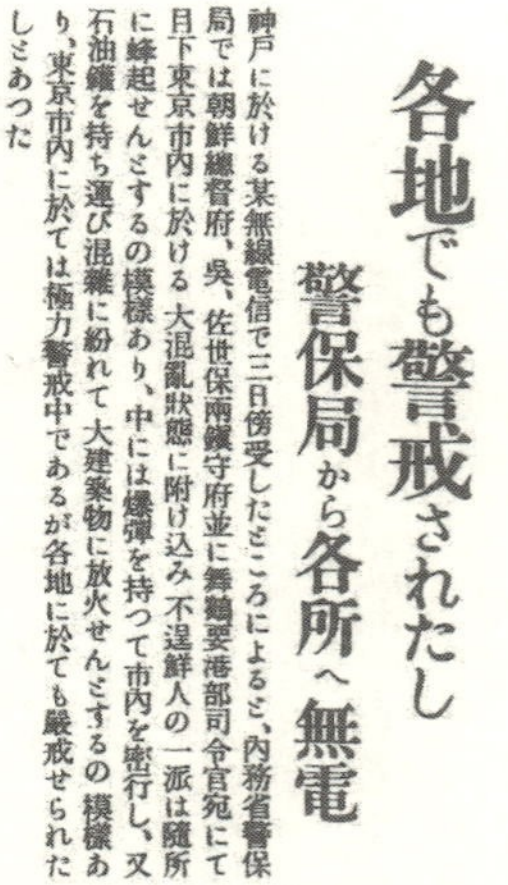
各地でも警戒されたし
警保局から各所へ無電

神戸に於ける某無線電信で三日傍受したところによると、內務省警保局では朝鮮總督府、吳、佐世保兩鎭守府並に舞鶴要港部司令官宛にて目下東京市内に於ける 大混亂狀態に附け込み 不逞鮮人の一派は隨所に蜂起せんとするの模樣あり、中には爆彈を持つて市内を密行し、又石油鑵を持ち運び混雜に紛れて 大建築物に放火せんとするの 模樣あり、東京市内に於ては極力警戒中であるが各地に於ても嚴戒せられたしとあつた

朝鮮人暴動を報じる「大阪朝日新聞」（大正12年9月4日）

『「何の窮民か」凶器を携えて暴行　横浜八王子物騒との報道』

『約二百名の不逞漢いろいろの凶器を携え八王子市に入り込み…』

『横浜地方ではこの機に乗ずる不逞朝鮮人に対する警戒頗る厳重を極との情報が来た』

四日になると、朝日は『朝鮮人暴動騒ぎ』なる見出しでエスカレートさせた。

「帝都混乱の機に乗じ不逞団が盛んに暗中飛躍を試みると伝えられるので武装せる宇都宮、高崎、千葉、高田等の各軍隊出動し厳重に警戒し場合によっては切り捨て或いは銃剣で突き刺すべく厳戒中である」

「各地で警戒されたし、不逞朝鮮人一派は随所に蜂起せんとする模様あり、中には爆弾を持って市内を密行し、また石油缶を持ち運び混乱に紛れて大建築物に放火せんとする模様あり」

この報道に接すれば誰でも朝鮮人を警戒し、自警団を組織するのも止むをえまい。朝日は住民の矛先が朝鮮人に向かうよう煽動していた。そしてこの騒ぎは煽動の原則通りに進行した。

①先ず、朝日らによる震災報道が行われた。

②この業者は情報遮断された住民に、「朝鮮人暴動」という一方的な報道を繰り返した。

③次いで、『何の窮民か』との問いかけが行われる。

④読者は「窮民どころか、火をつけ、爆弾を持ち、井戸に毒を投げ入れるとは、とんでもない連中だ。ヤッチマエ」となる。

煽動により爆発した住民のエネルギーは、生命の危機という条件下で朝鮮人及び朝鮮人と見なされた人に向かって殺到した。騒ぎが起こると、朝日は「あとは気分にお任せだ」と舞台の表から姿を消し、嬉々として事件報道を行っていた。

警察や軍隊は朝鮮・支那人を保護

九月四日、日本政府は総理大臣名で「朝鮮人は悪人ではない……」との通達を出し、行政、警察、日本軍は朝鮮人の保護に努めた。

やがて朝日の紙面にも「警察や軍隊が朝鮮人や支那人を保護」なる記事が載るようになった。

九月三十日、朝日は『安心している鮮支人』との見出しで軍隊に保護され、感謝している彼らを報じていた。

平成九年十二月十二日の産経が報じた当時の様子は、「神奈川県横須賀市でデマによる朝鮮人殺害を懸念し、二百人以上の朝鮮人を保護すると共に、延べ千百人以上の罹災朝鮮人の治療を行い、希望者を朝鮮半島に送り帰していた」だった。

横須賀戒厳司令官・野間口兼雄の名で「朝鮮人に対する噂は概ね虚報なり。悪人にあらず。虐待するな」との掲示を行い、朝鮮人を保護していた。

この記事で分ることは、日韓併合以前から日本に働きに来ていた朝鮮人や中国人がいたことだ。また、国、県、警察、軍は彼らを守ろうとしたのみならず、保護し、労務に対して賃金を払い、震災後の帰国希望者を無料で送り返していた。強制連行したなら、賃金を払ったり送り届けたりしない。

何日か過ぎると、煽動され、朝鮮人に危害を加えた住民は加害者として責任を問われていた。煽動された者は法によって裁かれたが、流言飛語を飛ばし、人々を煽動したマスコミ業者はアントニーよろしく一切責任を問われなかった。

事は原則どおりに推移した。不幸な事件であったが冷静に分析すれば、誰が煽動し、煽動されると人はどう行動するのかを学ぶ絶好のテクストだった。だが日本人はこの震災から「煽動のテクニック」を学ぶことはなかった。

第十八章　戦犯を英雄と見做す倒錯

なぜ朝日やNHKは共犯なのか

昭和四十六年に始まった『中国の旅』を読んだベンダサンは、朝日のペテンを見抜いていた。

《これは朝日が、中国で日本人が行った虐殺事件の数々を克明に記載した記事で、大きな反響を呼んでおります。ただ不思議なことは、この記事も、この記事への反響にも、責任（個人の）追求が全くないことです。

「ソンミ事件」報道（ベトナム戦争時の米兵による村民虐殺事件　引用者注）がカリー裁判となったように、この報道が中国における虐殺事件の責任者を日本の法廷に立たせることが起こりうるかと問われれば、この連載はまだ終わってはいないが、終わった時点においても、日本ではそういうことはもちろんのこと、個人の責任の追及も絶対に起こらないと断言できます。

では何を目的としての報道なのでしょうか。

この事実を示すことによってちょうど西ドイツの「非ナチ化法」のような「非軍国主義化法」を制定させ、その法に基づいて、この虐殺事件の下手人、責任者を法廷に立たせ、全ての証人（必要とあれば天皇まで）喚問し、たとえ「証拠不十分」で、全ての被告は無罪になるとしても、この法と法に基づく告発によって日本人の「義」を守るためなのか、といえば、これもまた「そうとは思えない」と断言してよいと思います。

従ってこの朝日のキャンペーンは、見方によっては「日本人は、過去はもちろんのこと将来も、たとえいかなる恐るべき虐殺事件を起しても、その責任者を追求し告発し、法の下で裁くことは一切しない」という非常に恐ろしい宣言をしているともいえます。》（『日本教について』）

例えば、『悪魔の飽食』を書いた森村誠一は第三部で次のように記していた。

「この期間、私の許に取材に訪れた外国人ジャーナリストが異口同音に発したのは、日本人はなぜ日本人の手で戦争犯罪者の責任を問わないのか、という疑問であった。」

誰が見ても七三一部隊員を特定、指弾しながら彼らを庇う森村の行動は不可解だった。

ところで、ポツダム宣言は日本と米国及び連合国との停戦に当たって合意した国際協定であり、次なる条項の遵守を約して矛を収めたはずである。

十、吾等の俘虜を虐待せる者を含む一切の戦争犯罪人に対して厳重なる処罰を加えらるべしだが戦勝国は、「一切の」を無視して日本人のみを裁き、連合国の下手人は無罪放免とした。結果として彼らはこの条項を守らなかったが日本も守らなかった。

朝日、毎日、ＮＨＫ、本多勝一、森村誠一、大江健三郎などは、凶悪犯を特定しながら、遂に裁きの場に立たせなかったからだ。彼らの行動は、ナチスのゲシュタポやアイヒマンを匿い続けたのと同じだった。噴飯ものは、凶悪犯が自首したら朝日などが〝勇気ある〟と褒めそやしたことだ。

凶悪犯とその隠匿犯が大手を振るう日本、それは外国人には理解できない狂気の世界だった。彼らは正義の何たるかが分っていない。戦犯を特定しながら裁きの場に立たせなかったからだ。

なぜ朝日は吉田清治を告訴しないのか

慰安婦問題で宮沢や歴代首相が謝罪したのは、「日本の首相が日本の国家犯罪だったと認めた」からだと外国人が信じたとて不思議はない。また世界で対日非難決議がなされたのも、朝日やＮＨＫなどが『クワラスミ報告書』を無視し、日本国も「犯人の処罰」を行わなかったからだ。

ところで、吉田清治は「朝鮮人女性を強制連行した」と告白し、朝日などが「真実」と認定したのに、この極悪人を告発しなかったのは何故だろう。私は、朝日や韓国人などから吉田非難の声が挙がり、「韓国に引き渡せ」と主張すると信じていた。しかし韓国は吉田の引渡しを求めず、韓国へ謝罪講演に行った吉田を逮捕せず、取り調べすらしなかった。

韓国が裁かないなら、朝日や社共、女性団体、人権団体は、「女性の敵、吉田を日本の手で裁くべきだ」と主張すると信じていた。だが、待てど暮らせどその様な声は挙がらなかった。

吉田が自白したからと言って無罪放免で良いはずがない。

吉田の自白を「ファクタ」と認めつつ告発しない者は、彼の行為を「容認」しており、精神的な賛同者、共犯、朝鮮人女性への差別者ではないか。日本には戦争犯罪人の共犯者がウヨウヨしており、遂に裁判は起きなかった。その結果、吉田は拉致強姦魔、朝鮮人女性の敵、最低の好色男、人間のクズ、詐話師などの烙印を押され、嘲笑されながら生き、平成十二年に亡くなった。


この老人を法廷に立たせることが出来たら、喩えクワラスミ氏が検事席に座ったとしても、無実、無罪となる可能性が高かった。そして彼の無罪は日韓友好に資するはずなのに、朝日、ＮＨＫ、左翼などは日韓友好をぶち壊した。

日本は一人の戦犯も裁かなかった

平成十四年八月十五日、テレビ朝日は「南京事件に関する自称南京戦参加の元日本兵の証言集が出版される」と宣伝していた。

この業者も凶悪犯に残虐行為を証言させたが、下手人の名前も顔も明かさなかった。即ち、このテレビ局も戦犯を匿っていた。更に出版社も犯罪人を特定しているはずなのに、戦犯を匿った。凶悪犯を匿えば、匿った者は「凶悪犯の共犯」というのが世界常識である。現行刑法に照らしても、これは「犯罪人隠匿」であるが、テレ朝にはその自覚がない。

凶悪犯が実名で新聞に載り、おぞましい体験談を出版し、その者にお喋りさせている。それが戦争反対、軍国主義反対なのだ、という理解不能でピント外れの主張を今も行っている。こんな頓馬なロジックが通用するのは日本だけであり、世界の人々は薄気味悪さを実感している。

「あなた方は犯人を知っているのだから、ドイツを見倣って彼らを裁判にかけるべきではないのか。それができないのは、あなた方は同じ日本人故に匿っているのではないか。〝反省している〟とは口先だけなのではないか」と。

吉田清治の『私の戦争犯罪　朝鮮人強制連行』の巻頭言で、朴慶植は「戦後日本では日本人自らの手で戦争犯罪の追求に立ち上らなかった」と非難していた。だが不思議なことに、彼も「吉田を捕えて裁くべきだ」とは一言も語らなかった。世界は、下手人を知っていながら公表せず、たった一人の戦犯さえ裁こうとしない日本、韓国、中共を疑いの眼で見つめている。

七三一部隊に対するNHKの偏向虚偽放映

平成三十年一月二十一日、NHKのBS1は『七三一部隊　人体実験はこうして拡大した／隊員たちの素顔』を百十分に亘って放映した。敗戦後、ソ連が四年以上拘留した七三一部隊員を裁いた記録を放映したものだという。

すると翌日、中共の「環球時報」は、「我々は改めてこのテレビ局を賞賛しなければならない」と報じた。だが多くの不審点があり、次なる質問をしてみた。

1. 東京裁判でも日米弁護人が登場したのに、なぜ日本人弁護士が登場しないのか。
2. この放映目的は何か。(戦争犯罪者の告発か)
3. NHKは一貫して戦争犯罪人を告発しないが、何故か。
4. 当時、NHKは戦争推進した共犯関係にあったから告発しないのか。
5. 三千人も殺したというのに、物証が一つもないのは何故か。
6. 長期拘禁者の自白だけで犯行を特定してよいのか。違憲・違法ではないか。
7. 中国人と称する写真が何度も登場するが、何時、何処で、誰が撮影したのか。

だがNHKから明確な答えはなかった(回答を頂けるなら今からでも歓迎する)。

それもそのはず、これは「裁判」と云えたものではなく、内容は自白のみで物証はゼロ、弁護士は登場せず、ただ犯罪行為を印象付けることに特化した番組だった。

そもそも「ハバロフスク裁判」なるものは、終戦後四年数か月経た一九四九年十二月二十五日から三十日まで、僅か六日間行われたに過ぎなかった。

なぜ終戦直後ではなく四年後から始まったのかと云うと、撫順戦犯管理所の洗脳からも分る通り、ソ連は四年かかって日本人捕虜を洗脳し、人格改造を行い、完了後に裁判劇を行い、彼らの思惑通り喋ったので記録したということだ。

このような自白に証拠能力がないことは、日本国憲法を読めば誰でも確認できる。それを指摘せず、なぜＮＨＫは「裁判」と呼ぶのかが分らない。中共などの独裁国家の裁判は「裁判の名を借りた政治宣伝の場」に過ぎないからだ。

なぜ米国の「七三一部隊調査結果」を報じないのか

この番組への反証として、二〇〇七年一月十八日、米国国立公文書館が公開した十万ページに上る、「七三一部隊が満洲で行った細菌研究などに関する米国情報機関の対日機密文書」がある。ＮＨＫがこの文書に触れなかったのは、そこに「ＮＨＫの放映は偏向虚偽」との判断に至る内容が書かれていたからだ。

クリントン政権時代の米国は、「日本はドイツ同様、満洲で悪事を働いたのではないか」という強い疑いを持っていた。その為、一九九九年に記録作業部会（ＩＷＧ）が設けられ、その頃から米国は上記文書を読み解き、ナチスドイツと日本の戦争犯罪に限り、実態を知ろうと努力を続けてきた。

「慰安婦問題で日本が違法行為を働いたのではないか」も徹底的に調べたが、足掛け九年の作業で分ったことは、そのようなものは一切発見できなかった。無いものは、発見できなくて当然である。

この調査で、石井四郎中将を始めとする関係者の個別尋問記録や、石井中将が細菌戦研究の成果を一九四九年六月頃に米国に引き渡したとする機密文書も明らかにされた。

その結果、七三一部隊（関東軍防疫給水部）は細菌研究を行ってはいたが、「戦争犯罪と思われる人体実験や細菌戦を行った証拠はなかった」だった。だからこそ、人骨など一切出てこなかったのだ。

奉天の捕虜収容施設でも、連合軍捕虜を対象に人体実験が行われていたか調べたが、結論は「関東軍は細菌戦を想定していなかった」であり、その文書も公開された。

また米国に向けて風船爆弾を流したが、そこにも細菌戦の形跡はなく、「日本国は細菌戦を計画していなかった」との結論に至った。

即ち、米国の調査結果は、「ＮＨＫの放映はウソ」を証明するからこそ、ＮＨＫは米国の調査結果に触れなかったのだ。アンチ・アントニーを登場させないこの業者には、日本に対する敵意と悪意が渦巻いている。

第十九章　戦犯を英雄と見做す倒錯

『オセロー』の悲劇と日本

かつて日本を震撼させた中共産のメタミドホス入り餃子や毒入りトンカツ、毒野菜、これらを食べれば健康を害し、運が悪いと死んでしまう。

人間は肉体と精神を併せ持つ存在だから、精神、即ち頭へも毒や病原菌が入ってくる。肉体へは主に口や鼻から、頭へは耳や目から入ってくる。それを除去できないと頭の調子も狂い、死に至ることもある。このことはシェイクスピアの悲劇、『オセロー』を読めば良く分る。

主人公オセローはヴェネチアを守るムーア人の優れた武将だった。やがて町の有力者の娘が彼に恋心を抱くようになり、遂に二人が結婚したことから悲劇は始まる。

オセローが白人でなかったため娘の父から恨まれ、彼女に好意を寄せていた他の白人男性たちから嫉妬され、二人の関係を破綻に導く策謀が巡らされた。それは、人種的劣等感を利用して「妻が浮気している」なるウソをオセローに吹き込むことだった。この策謀がオセローの友人を装った白人たちにより実行に移された。その結果、彼は次第に妻を疑うようになり、遂に妻の不貞を信じ、絞殺してしまう。だが妻が無実だったことを知り、自らも命を絶つという悲劇である。

従来、言葉の毒とはそのような個人的なものと思われてきた。しかし左翼、朝日やＮＨＫなどは、文書、証言、映像などを使って日本を貶めるウソを流し続け、黙認し、それを見聞きした日本人の頭の調子が狂ってきたことは確かである。そしてこの害毒も閾値に達し、除去しないと日本崩壊の恐れすら出てきた。下手をするとオセローの悲劇に見舞われる。

遂にアウシュヴィッツへ向かい始めた

昭和四十六年、ベンダサンは「朝鮮戦争は日米の資本家が（もうけるため）たくらんだものである」なるウソを黙認すると、それが「日本の子供達をアウシュヴィッツに送るかも知れない」と警鐘を鳴らした。その後、この種のウソは増える一方であり、ベンダサンが日本の現状、南京大虐殺、慰安婦や朝鮮人強制連行などのウソが蔓延っていることを知ったら、その愚かさに絶句するだろう。

教育も同様であり、子供たちは一貫して「日本人の祖先は朝鮮半島からやって来た。日本文化の基はシナや韓国から教えてもらった」や「日本は大恩のある中韓に悪逆の限りを尽くした」なるウソを注入され大人になっていく。日本の不幸は、これらのウソを最もよく身に着けた「頭の良い愚か者」が優等生と見做され、国の指導的立場を獲得してきたことだ。すると様々な弊害が現れる。

直接的には富の海外への流出である。首相の安易な謝罪により、謝罪するなら金を出せにより、これは散々失ってきた。次は、ウソに基づく反日自虐教育が子供に与える影響である。これが子供の精神を腐食させ、深刻な自己否定の基底をなす。

子供たちはある日、自分は悪人の子孫であることを自覚するようになる。その結果、「何で日本人に生まれてきたんだろう」という自己否定に苛まれ、日本への反感となり左翼へ転落する誘い水となる。しかも一度洗脳され、左傾した頭は容易に更生しない。ソ連が崩壊し、中共や北朝鮮で何が行われているか知りながら、今も左翼の頭目、日本共産党員が何の恥じらいもなく活動していることがその左証である。

また自己否定が嵩ずると「誰でも良かった」なる他殺や自殺に至る。それ程でなくとも、自己否定するものが自己の分身を増やすのは矛盾であり、成り立たない。つまり高等教育を受け、「日本国民を、ウソを駆使して卑しめ、蔑み、劣れる者として見下す思考」が社会に注入され続ける限り、自己否定、繁殖の停止、人口減少の連鎖は止まらない。

日本の若者は自己否定という精神の殴殺とアイデンティティの消滅により、無自覚のままアウシュヴィッツに向けて歩み始めていた。それは「結婚しない、子供を産まない」なる「緩慢なる集団自殺」であり、その先には日本の衰退が待っている。「人口が減ってもＧＤＰは減らない」などと嘯《うそぶ》いてきた者は、「真実は両極端にあり」という公理を理解していない。人がいなくなればＧＤＰはゼロになるからだ。人口減少に歯止めがかからない日本は必ず滅亡に至る。

「進化論」が教えてくれること

生物の淘汰、滅亡というと、次なるダーウィンの進化論（『種の起源』1859）を連想するのは私一人ではあるまい。そこには国家や民族の「興亡の歴史」との類似性が見て取れる。
1 生物にはその形態と生理に著しい連続的な変異（歴史的事件）がある。
2 この変異は様々な要因で生じ、遺伝（民族の言葉や文字で伝えられ）していく。
3 動物や植物は非常に高い増殖能力を持つ。（ヒトは幾何級数的に増えていくはずである）
4 しかし生きていく環境は限られており、ある個体群（民族や国家）や個体（ヒト）は自分と子孫の生存を目指して闘争しなければならない。
5 その結果、闘争に勝ち残った個体群や個体が生き残り、子孫を残すことができる。
6 この繰り返される最適者の自然選択・淘汰を通して、種（地球上の人類）はよりよく適応した個体群や個体によって構成されるようになる。（愚かな民族は滅亡する）

進化論は『聖書』の「創世記」概念と相容れず、当時から反論があったことは確かである。しかし、地球上の生物の多様性はあらかじめ創造主によって設計され創られたものではなく、長い年月の変異と選択を経て獲得された歴史的産物である、という理解の枠組みは確立されたと云って良いだろう。人類も同様であり、多くの民族が誕生しては消えていった。闘争と淘汰は永遠に繰り返されることを進化論と歴史は教えてくれる。そして今も国際法など無視し、力で「弱者を淘汰していく」なる生物原則で行動しているのがロシアと中共である。

中共は、満洲族を滅ぼしその地を奪い、チベット族を滅ぼしその地を奪い、ウイグル族の滅亡を推し進め、彼らの故地も奪おうとしている。次に狙っているのが台湾と沖縄であり、南シナ海、東シナ海を封鎖することで日本への石油ルートを遮断し、日本の滅亡を目論んでいることが見て取れる。

だがわが国は、未だ「検閲史観」の影響下にあり、歴史から学べない、世界の動きが分らない、ウソで頭が汚染された「平和ボケ」が蔓延っている。

「戦争しない」が戦争を招く

平成三十年八月二日、「集団的自衛権の行使を容認した安全保障関連法案は憲法に違反し、平和的生存権が侵害され精神的苦痛を受けた」として、愛知県、岐阜県、三重県などに住む百四十三人が一人当たり十万円の損害賠償を国に求め、名古屋地裁に集団提訴した。この中にノーベル物理学賞の受賞者、益川敏英氏も加わっていた。

氏の参加理由は「日本を戦争ができる国にしたくない」とのことだが、この法案を通過させないと、次なる五条件が満たされ、戦争が起こる可能性が高まることに気付いていない。

1　日本を仮想敵国とした独裁国家が近隣に存在し、彼らと領土問題を抱えていること。

2　日本の軍事力が相対的に貧弱なこと。
3　それにも関わらず集団安全保障体制をとっていないこと。
4　国民の団結が弱く、国を守る気概が希薄なこと。
5　日本が周辺国に比べて豊かであること。

日本には戦争する動機も意図もないが、中共やロシアは、日本に戦争をしかけるつもりであり、その証拠に、常に彼らは日本の領空や領海への侵入を試みている。更に、中共、ロシア、北朝鮮は核ミサイルで東京、大阪、名古屋を始め、日本の主要都市を狙っている。だからこそ彼らは、日本のミサイル防衛システム構築に反対しているのだ。

益川氏らは現実に目を向けず、なぜ中共などが強大な軍備を持ち、日本侵略を試みているのか理解できないでいる。

歴史を学べば分る通り、中共は周辺国を滅ぼしてきたのだが、彼らは進化論に従って行動してきただけなのだ。次なる標的は、豊かで、防衛力が貧弱な日本であることは明らかである。

仮に戦争が起こると、自衛隊は外国の基地攻撃能力を持たないので絶対に勝てない。だから戦争を抑止するため、米国との同盟（集団的自衛権の確立）が不可欠なのだ。

そして、米国人が日本のために血を流すのなら、日本人も米国ために血を流す覚悟がないと軍事同盟は維持できない。日米の同盟、それは自由、民主主義、人権の保障、国際法の順守という価値観を共有しているからこそ可能であり、それ以外の国家との同盟は不可能、それが歴史の教訓であった。中共が日米でしきりに反日虚偽宣伝を行っているのは、邪魔な日米同盟を破綻に追い込み、日本を孤立させるためである。これは戦前、中国が行って来たことなのだ。

中共に侵略された国の運命とは

日本の豊かさは、彼らにとって喉から手が出るほど欲しい「ごちそう」である。だが多くの日本人は、周辺国が涎《よだれ》を垂らして牙をむき、爪を研いでいることに気付いていない。

仮に米国が、「片務的な日米安保条約を破棄する」と宣言して撤兵すれば、戦争が始まる五条件が満たされ、チベット同様、中共軍が日本の解放を目指して行動を開始するだろう。

その時、益川氏らの願い通り、「日本が戦争できない国になっている」なら、残された選択肢は無条件降伏となる。その後、日本に何が起こるか歴史から推定してみよう。

日本に平和が訪れた後、敗北した日本民族の「淘汰」が始まる。中共では儒教思想故、適齢期の男女比はバランスを欠いており、あぶれた最貧層の中国人男性が征服者として日本に流入するだろう。その結果、満洲の日本人の運命がそうだったように、妻や娘が掻き淩われ、輪姦、陵辱され、止めに入ったものは殺されるだろう。女性は抵抗して殺されるか、侵略者男性の慰み者になって生きるかの選択を迫られる。これが敗北し、淘汰される民族の運命なのだ。

この過程で、抵抗する男は殺され、従順な男は捕らえられ、強制労働に従事させられる。逆らえば、チベット人が受けたように、有刺鉄線入りのムチが振りおろされるだろう。

宗教関係者は男女を問わず、殺されるか、徹底的な拷問を受け、棄教を迫られる。これもチベット人が受けてきたことだ。

家は略奪対象となり、日本人は家から追い出され、衣類、食料が奪われ、路上に逃げた個人は襲われ、スマホ、時計、着衣や靴まで奪われ、抵抗すれば殺されるので抵抗できず、何とか生き延びた者は身ぐるみ剥がれ、ボロを身に纏い、食を求めて彷徨することになる。これは満洲の日本人が中国人により受けた仕打ちだ。食べ物は路傍の草や木の葉となり、草木が枯れる冬になると餓死していく。

これが侵略を受けても戦わず、平和を求めて無条件降伏した日本人の運命となる。それは生存競争の結果であり、敗者が淘汰される過程として中国人により当然の如く実行されてきた。

「益川先生、妻や孫子が受けるであろうこの運命を甘受するのですね」と云えば、「それでも戦争するよりまし」と言うだろうか。

ルバング島から生還した小野田寛郎元少尉は、このような戦後の日本人を「卑怯で臆病者になり果てた」と評した。国を守らない、即ち、女性や子供を守ろうとしないで淘汰される、「この様なオスはメスから見ればカスであり、子孫を残す価値がない」という進化論の生物原則が忘れ去られて久しい。だが日本の危機は「平和ボケ」だけではない。

こうすれば一歩が踏み出せる

今のままではマルサスの人口論の逆、幾何級数的に人口が減少していき、わずか百年の後、日本という国は消滅する恐れがある。その過程で、日本民族は淘汰される悲劇に見舞われるかもしれない。ではどうしたら良いか。

意外かもしれないが、人口増加の障碍となっているのが、今まで指摘した「検閲史観」と「左翼思想」である。これらは日本の滅亡を願ってGHQとマルキストより注入されたペストであり、それが若者の精神を蝕んできたからだ。だが、この駆除方法は本書にて明らかにしたので、もはや恐れることはない。

日本はいい国である。来日外国人が「日本は素晴らしい国だ」と言うように、日本は古代から現在に至るまで輝かしい歴史と文化を持っている。故に、真実の歴史を知れば私たちの精神は生気を取り戻し、それは自虐史観に苛まれる者がアウシュヴィッツから脱却する礎《いしずえ》となる。

自国の歴史と祖国日本に誇りを持てるようになれば、これだけで人口は増えていった。古事記を読めば分る通り、日本的価値観では子は何物にも代えがたい宝だったからだ。

だがそれだけでは不十分な時代となった。子育て家庭と子を持たない者の間に横たわる社会的・経済的不公正が拡大し、それを是正せねばならないからだ。

と云うのも、独身者や子供を持たない夫婦などの老後は、本人が好むと好まざるとに関わらず、他人が時間と金をかけて生み育てた子供に支えてもらうことになる。それ故、子のない者は、「他人の子を自分の子供と思って、子育て費用と親御さんが子育てにかかった労働の対価を分担しなければならない」ということだ。即ち、子育て家庭への強力な経済的支援が不可欠であり、子育てを行う女性には、豊かな生活ができる十分な支援が必須なのだ。こうして公正な社会が実現すれば人口問題は自ずと解決に向かい、時間軸の彼方にある日本の滅亡を免れることができる。

だが「人はパンのみで生きる者ではない」と先生は次のような言葉を残された。

「公的な価値の自覚とは、自分たちの、つまり共同体の運命の主人公として、滅びるも栄えるも、全てそれを自分の意志に由来するものとして引き受けるという覚悟である。それが生き甲斐というものであり、この覚悟のないところには生き甲斐は存在しない」。

戦後は、知恵の宝庫、古事記や日本書紀が否定され、アイデンティティが希薄になり、個人が浮遊し始め、社会は崩壊の危機に瀕している。それは今の日本には、古代史から近現代史まで、戦後に偽造されたウソの蓄積があり、それが正気を失わせているからだ。

だから私たちが歴史の真実を知るようになれば、ウソも次第に浄化され、正気を取り戻し、日本の主人公としての自覚が復元するだろう。それが、「私たちの素晴らしい日本を滅ぼしてはならない」という気概を蘇らせ、日本再生の原動力となるはずである。今からでも遅くはない。やることはいくらでもある。

おわりに

わが国が復元力を回復し、生気を取り戻すことはさして難しいことではない。話は簡単であり、日本に堆積し、腐敗、悪臭を放つウソを真実に置き換えれば良いだけだ。

だがそれが出来ない。では何故出来ないのか、本当のことが言えないのか、書けないのか、孫子に教えられないのか、それでいてウソには躊躇なくシンクロし、話し、書き、孫子に教えられる頭の持ち主は真《まこと》に興味深く、理解困難故、格好の研究対象となった。研究材料を提供して下さった方々に感謝申し上げたい。そして本書に於いて、わが国に堆積するウソの構造と解決方法が余すところなく明らかにされた、と自負している。

本書は「悪口を書いている」のではない。祖国日本のため、孫子のため、ウソとペテンの主犯格、朝日やＮＨＫなどの更生を願って真実を書いているに過ぎない。人は自《みずから》の過ちに気付かないものだ。それ故本書は、彼らが更生する〝バイブル〟になるだろう。

文脈上、敬称は略したところはあるが、マザーテレサの金言、「愛情の反対は無関心」を思い出して頂ければ、喩えペテン師であっても、筆者が朝日やＮＨＫなどに一方《ひとかた》ならぬ愛情を持っていることが分るだろう。そして読まれた方々は必ずや随喜《ずいき》の涙を流すに違いない。

最後に、本書の出版を決断して下さった展転社に衷心より感謝申し上げたい。

平成三十一年四月　長浜　浩明

長浜浩明（ながはま　ひろあき）

昭和22年群馬県太田市生まれ。同46年、東京工業大学建築学科卒。同48年、同大学院修士課程環境工学専攻修了（工学修士）。同年4月、(株) 日建設計入社。爾後35年間に亘り建築の空調・衛生設備設計に従事、200余件を担当。主な著書に『文系ウソ社会の研究』『続・文系ウソ社会の研究』『日本人ルーツの謎を解く』『古代日本「謎」の時代を解き明かす』『韓国人は何処から来たか』（いずれも展転社刊）『脱原発論を論破する』（東京書籍出版刊）などがある。

［代表建物］

国内：東京駅八重洲口・グラントウキョウノースタワー、伊藤忠商事東京本社ビル、トウキョウディズニーランド・イクスピアリ＆アンバサダーホテル、新宿高島屋、目黒雅叙園、警察共済・グランドアーク半蔵門、新江ノ島水族館、大分マリーンパレス

海外：上海・中国銀行ビル、敦煌石窟保存研究展示センター、ホテル日航クアラルンプール、在インド日本大使公邸、在韓国日本大使館調査、タイ・アユタヤ歴史民族博物館

［資格］

一級建築士、技術士（衛生工学、空気調和施設）、公害防止管理者（大気一種、水質一種）、企業法務管理士

新文系ウソ社会の研究

悪とペテンの仕組を解明する

平成三十一年四月三日　第一刷発行

著　者　長浜　浩明

発行人　荒岩　宏奨

発　行　展　転　社

〒101-0051　東京都千代田区神田神保町2-46-402

ＴＥＬ　〇三（五三一四）九四七〇

ＦＡＸ　〇三（五三一四）九四八〇

振替〇〇一四〇―六―七九九九二

印刷製本　中央精版印刷

定価［本体＋税］はカバーに表示してあります。

ISBN978-4-88656-475-7